한국의 일본
일본의 한국

* 이 도서의 국립중앙도서관 출판예정도서목록(CIP)은 서지정보유통지원시스템 홈페이지(http://seoji.nl.go.kr)와 국가자료공동목록시스템(http://www.nl.go.kr/kolisnet)에서 이용하실 수 있습니다.
(CIP제어번호: CIP2016009447)

일러두기

1 이 책은 2015년 6월 15일부터 12월 15일까지 〈동아일보〉에 연재된 "수교 50년, 교류 2000년―한일, 새로운 이웃을 향해" 시리즈를 수정하여 엮은 것입니다.

2 인명과 지명은 문맥에 따라 우리말 발음이 필요한 경우를 제외하고 모두 일본어 발음대로 표기하였습니다. 다만 절을 가리키는 '寺'는 우리말 식으로 '사'로 표기하였습니다.(예: 도다이사〔東大寺〕)

3 '府(부)' '県(현)' '市(시)' '町(정)' '村(촌)'과 같은 행정 구역 명칭의 경우에는 우리말 식으로 표기하였습니다.

4 서적이나 문학작품의 경우 모두 우리말 식으로 읽거나 그 뜻을 풀어 썼는데, 지명이 들어가는 경우에는 2를 따랐습니다.(예: 〈나니와쓰의 노래(難波津歌)〉)

5 일본의 군주는 모두 '왕' '일왕'으로 통일하되, 일본에서 작성된 문서를 인용한 경우에만 맥락을 존중하여 '천황'으로 남겨두었습니다.

6 사진은 모두 저자들이 촬영한 사진으로, 출처가 따로 있는 경우 명기하였습니다.

이 천 년 한일 교류의 현장을 가다

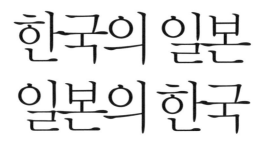

한국의 일본
일본의 한국

허문명 외 **지음**

은행나무

 4년 전 이맘때 교토의 고류사를 들렀을 때의 충격을 지금도 잊을 수 없다. 일본 국보1호 목조미륵반가상의 모습이 우리 것과 너무 똑같았기 때문이었다. 안내 책자에는 1960년대 초등생 관람객이 반가상의 손가락을 부러뜨려 수리를 위해 나무를 분석하던 중 당시 일본에는 나지 않고 한국에서만 나는 적송으로 만들어진 걸 알았다는 식으로 매우 간단하게 한국과의 연관성을 적어놓고 있었다.

 조명으로 문화재가 손상되는 것을 막기 위해 전시장 안은 전체적으로 어두웠다. 유일하게 머리 위 불빛 하나만이 불상을 비추고 있었다. 불상 앞에 서니 여러 생각이 오갔다. 저것을 만든 이는 누구였으며 어떻게 지금 여기에 놓이게 된 것일까. 일본의 국보 1호가 어떻게 한국의 불상과 똑같이 생긴 것일까 하는 생각에서부터 만약 저것이 한국에 있었다면 저토록 잘 보존이 되었을까 하는 생각도 들었다.

고류사에서의 이 작은 경험은 오랜 한일 간의 인연을 취재해 장기 기획으로 만들어보아야겠다는 결심으로 이어졌다. 최악으로 치닫고 있던 한일 관계를 풀기 위해서는 정치 외교적 상상력이 아니라 양 국민의 정신 속에 흐르고 있는 문화적 상상력이 필요한 때라고 생각하고 있던 차였다.

마침 이듬해 국제부장으로 발령이 나 한일 관계를 비롯해 한반도를 둘러싼 변화하는 국제 정세 뉴스를 실시간으로 전달하고 분석하는 일을 하게 되었다. 2,000여 년의 역사가 있는 한일 교류의 현장을 샅샅이 돌아보아야겠다는 생각은 더욱 굳어졌고, 마침 한국언론재단의 지원도 결정되었다. 나를 비롯해 국제부 전원이 팀을 이뤄 시리즈 작업에 착수했다.

쉬운 일은 아니었다.

애초에 시작된 가졌던 문제의식을 팀 전원에게 설득하는 일에서부터 각기 다른 관심사와 문장 작법을 어떻게 일관되게 꿰어 시리즈를 만들 것인지, 서로 다른 의견들을 모아나가는 과정 자체가 해보지 않은 도전이었다. 3개월간의 공부를 끝내고 각자 지역을 정해서 취재한 결과를 다시 취합해 순서를 정한 뒤, 마침내 40여 회에 걸친 장기 연재를 할 수 있었다.

일본어를 하나도 못하고 일본과도 인연이 없었던 기자들이 취재가 쉽지 않은 사찰 관계자들을 만나 어려운 인터뷰들을 해내고, 대중교통 수단이 없어 현지인들도 잘 모르는 오지까지 찾아 취재할 수 있었던 것은 평소 몸과 마음에 새겨왔던 기자 정신이 없었다면 불가능했으리라.

시리즈를 마치면서 처음에 가졌던 "해낼 수 있을까"란 의심이 "해냈다"라는 자신감으로 바뀐 것도 우리 모두가 얻은 큰 수확 중 하나였다.

이번 시리즈가 지난해 서재필 언론문화상에 이어 올해 일한문화교류기금이 주는 일한문화교류기금상을 받게 된 것도 큰 보람으로 남는다. 한국의 첫 신문인 〈독립신문〉을 만든 독립운동가 서재필 선생의 정신을 기리는 상을 받은 것도 영광스러운데 일본 외무성 산하인 일한문화교류기금에서 상을 받은 일은 말할 수 없이 기쁜 일이었다. 한일 양국에서 이렇게 수상한 것 자체가 우리가 바라마지 않던 한일 간 뜨거운 교류를 보여주는 것 같아 큰 보람이 느껴진다.

과거사의 아픈 기억과 상처들은 잊을 수도 없고 잊어서도 안 되지만 우리의 시선은 과거보다는 미래에 닿아 있어야 한다고 생각한다. 그것이 우리 후손들을 위하는 길일 것이다.

일본과 더 친하고 가까워져야 한다. 우리의 작은 출발이 그런 밝은 미래를 향한 디딤돌이 되었으면 한다. 기획 의도를 충분히 이해해주고 책으로 펴내준 은행나무출판사에 감사의 말씀을 드린다.

2016년 9월
동아일보 광화문 사옥에서
필자들을 대신하여 허문명 씀

교토 시 ❾ ❿

히라카타 시 ❹ ⑭

가카라시마 섬 ❼ ❽

가라쓰 시 ❷

다자이후 시 ❶ ⑬

간자키 군
요시노가리 정 ❸

오사카 시 ❺

사카이 시 ❻

덴리 시 ⑪

히가시우스키 군
미사토 정 ⑮

히다카 시 **❶**

도쿄

1부
일본 안의 백제에 가다

1
한일 관계
길고 깊은 우애의 역사

사이타마 현 히다카 시 고마 신사
후쿠오카 현 다자이후 시 규수국립박물관

일본 도쿄에서 서북쪽으로 70킬로미터 떨어진 사이타마 현 히다카[日高] 시에 가면 고려천, 고려산, 고려치(峙, 고개), 고려역, 고려소학교 등 도처에 '고려'로 시작하는 지명이나 시설 들이 있다. 히다카 시 역시 통폐합* 전 '고려군(고마군)'으로 불렸다. 여기서 고려란 '고구려'를 뜻한다.** 지금으로부터 1,300여 년 전인 668년 나당 연합군의 공격으로 평양성이 무너지면서 나라를 잃게 된 고구려 유민들이 대거 건너와 뿌리를 내린 곳이기 때문이다. 유민 1세대에서 시작해 장자 상속으로 무려 60대를 이어온 가족이 있으니 고마 신사, 즉

* 1889년 정촌제가 시행되면서 성립된 고마 군은 1896년에 폐지되어 이루마 군에 편입되었다가, 이후 1955년과 1956년에 걸쳐 과거 고마 군이었던 촌들이 합병되어 히다카 시의 전신인 히다카 정이 되었다.
** 일본에서는 고구려를 '구(句)'를 빼고 '고려(高麗)', 즉 '고마'라고 한다. 고려는 '고라이'라고 부른다. 사이타마 현 히다카 시에는 고구려가 망하면서 일본으로 건너온 '약광'을 시조로 형성된 '고마 촌'이 있다.

'고구려 신사'를 지키고 있는 궁사(宮司)* 고마 후미야스다.

신사에서 만난 고마 궁사를 보니, 피는 속일 수 없는지 언뜻 봐도 선 굵은 외모가 전형적인 일본인보다는 한국인과 가깝다는 느낌이 들었다.

"임진왜란 때에는 세 형제가 뿔뿔이 흩어져 두 명은 전사하고 장손만 숨어 살아남아 겨우 대를 이을 수 있었다고 합니다. 그래서 32대 할아버지는 절대 전쟁에 나가거나 나랏일에 끼어들지 말라는 유언을 남겼고, 이후 자손들은 종교인으로서 이곳 신사를 지키는 것을 평생의 과업으로 알고 살고 있습니다."

한국의 생활한복과 비슷한 궁사 유니폼에 왼손에는 최첨단 명품 시계를 찬 그의 모습에서 과거와 현재를 잇는 시간의 연속성이 느껴졌다.

"한일 관계를 생각할 때 언뜻 임진왜란이나 일제강점기만 떠올리기 쉽지만 그 뿌리가 고대부터 깊다는 것을 우리 집안을 증거로 하여 알 수 있습니다. 한일 근대사에는 전쟁도 있었고 지배와 피지배 관계도 있었지만 그것만이 전부가 아닙니다. 한일 교류 2,000년의 역사에는 좋은 시절이 더 많았습니다."

* 신사를 운영하는 책임자.

일본 도쿄에서 차로 한 시간가량 떨어진 히다카 시의 고마 신사에는 고구려 조상들을 모셨다는 것을 명확하게 밝힌 '고려왕묘'라는 현판이 걸려 있다.

그에게서는 한국인의 후손으로서 일본에서 겪어온 차별이나 소외라는 말 대신 "나의 뿌리는 한국이지만 내가 크고 자란 곳은 일본이다. 내 조국은 둘"이라는 말이 나왔다. 옛 조상들처럼 한국과 일본이 다시 새로운 이웃으로서의 인연을 이어가면 좋겠다는 말도 했다.

2015년 2월, 후쿠오카 현 다자이후[太宰府] 시에 있는 규슈국립박물관 1층 전시장은 관람객들로 발 디딜 틈이 없었다. 조용히 줄을 지어 관람하던 일본인들은 유물 앞에 서서 한동안 뚫어지게 보거나 뭔가를 열심히 적는 등 매우 진지한 모습이었다. 관람객들은 대부분 50대 이상의 중년들이었다. 전시를 보기 위해 멀리서 온 사람들도 있었다. 금융회사에서 일하다 은퇴했다는 기시모토는 "도쿄에서 신칸센 기차를 타고 다섯 시간 걸려서 왔다. 평소 일본 고대 문화에 관심이 많았는데 신문에 난 전시 소식을 듣고 짬을 내 왔다"라고 했다.

올해로 개관 10년째를 맞는 규슈국립박물관은 후쿠오카 시에서도 차로 30여 분 가야 닿는 비교적 외곽에 있지만, 규모와 건물 디자인 면에서 동서양의 미학을 제대로 살린 건축물이라는 평을 듣는 곳이다. 원래도 연평균 관람객이 10만여 명에 달할 정도로 시민들에게 인기가 있는 공간인데, 그중에서도 이번 전시가 두 달 동안 무려 5만 명을 불러 모을 정도로 각별한 주목을 받았던 것은 보통 '고대 일본과 백제의 교류'라는 제목을 내건 특별전 때문이었다. 일본 미술관이나 박물관들에 가보면 전파되어 온 문화를 언급할 때 '중국에서 건너왔다'라는 식으로 두루뭉술하게 표현되어 있기 일쑤다. 그러나 이번 전시에서는 제목에서부터 아예 '백제'를 내걸고 일본과의 문화 교류를 강조했다는 점에서 눈길을 끌었다.

실제로 둘러본 전시장 곳곳에 걸린 시대별 유물을 설명하는 글들에서는 백제인에 대한 존경과 헌사의 내용들로 가득했다. 전시장 입구에서부터 백제가 일본과 연합군을 이뤄 신라와 중국에 맞서 전쟁을 치른 백촌강 전투를 조명하면서 두 나라가 혈맹이었음을 강조하는 대목이 나오는데, 파격적으로 느껴질 정도로 강렬한 문구로 이뤄져 있었다.

> 신라와 당나라(나당) 연합군의 공격으로 660년 백제가 패하자 백제 유민들은 너도나도 규슈로 왔고, 3년 뒤 유민들을 중심으로 백제 부흥 운동이 일어나자 일본은 그들의 손을 잡았다. 663년 백제와 일본 연합군은 백제왕조 복원을 위해 백촌강(지금의 금강 하류) 전투에서 나당 연합군과 싸우지만 대패한다.

'백촌강 전투', 우리나라 식으로 '백강 전투'는 일반인들에게는 생소하지만 한일 고대 사학계에서는 익히 알려진 사건이다. 한반도에 고대국가가 성립된 330년부터 백제와 고구려가 잇따라 멸망하는 660년대까지 백제는 고구려, 신라와는 적으로 싸웠지만 일본에게는 문명을 전해주고 군사적 지원을 받았다. 백강 전투 때 일본군은 무려 3만여 명의 군사를 파견했다가 대부분 희생됐다. 전시를 기획한 구스이 다카시 전시과장은 "전투 후 신라와 중국이 쳐들어올 것을 우려한 일본인들은 백제의 병법과 건축 기술을 활용해 수성(水

후쿠오카 규슈국립박물관이 개관 10주년 특별전으로 연 〈고대 일본과 백제의 교류〉전 풍경. 전시장 입구에는 우리에게도 친숙한 반가사유상을 내걸고 있다.

城, 미즈키), 오노조[大野城], 기이조[基肄城] 세 성을 쌓았는데,《일본 서기》*는 이 건축물들에 '백제에서 망명한 관료들이 관련돼 있다'라고 분명히 기록하고 있다"라고 말하며 백제인들이 고대 일본이 국가를 건설하는 과정에 깊이 관여한 매우 중요한 사람들이었음을 강조했다. 전시에는 백제와 고대 일본의 문화 교류를 상징하는 토기, 장식품, 기와, 불상 등이 공개됐는데 이중 가장 눈길을 끈 것이 백제 칼 '칠지도'였다. 일본 국보로 지정된 칠지도는 고대 일본의 수도였던 나라 현 덴리[天理] 시 이소노카미[石上] 신궁에 보관된 것으로 일본인들에게조차 잘 공개되지 않는 국보 중의 국보로 통한다. 비록 일주일 한정이긴 했지만 이번 전시에서 진품이 공개되자 일본인들은 물론이고 한국인들까지 관람하러 몰려들었다고 했다.

전시를 보고 나오는데 박물관 관계자들이 이구동성으로 "지금으로부터 1,350년 전 이곳 규슈로 이주한 백제인들을 떠올리며 전시를 기획했다"라던 말이 귀에 생생히 울려오는 듯했다. 위안부 문제와 독도 문제 등의 현안으로 작금의 한일 관계가 매우 답답한 형국이지만, 동아시아 문명사의 전래와 확장이라는 역사적 시각을 잊어서는 안 됨을 되새길 수 있었다.

동아시아 문명사는 북에서 남으로, 바이칼 호와 황하 등의 물에서 땅으로, 기마민족에서 농경민족으로 확산되었다. 우리 선조들이 수

---

* 720년에 편찬된 일본의 역사서. 일본의 건국신화로부터 41대 지토 왕이 사망한 697년까지의 역사를 연대순으로 기록하고 있다. 《고사기》와 더불어 일본 고대사 연구의 핵심 사료로 꼽는다.

렵과 어업이 주축이던 일본에 벼농사와 문명을 전파하며 진출한 것은 어쩌면 역사적인 필연에 가까운 것이었다. 이를 잊지 않고 지구촌 공영에 함께 기여하기 위한 미래 지향적인 마음을 가진다면, 이러한 양국의 역사를 젊은이들과 함께 기억해나간다는 것은 양국의 평화를 도모하는 데에 큰 도움이 될 것이다.

한일 두 나라의 관계가 단순한 일방적 교류나 식민 피지배 시기로만 한정되는 적대적 관계만이 아니라 오랜 시공간을 놓고 볼 때 지구상 어느 나라에서도 찾아볼 수 없을 정도로 동질적인 문명적 복합체 성격이었음을 드러내는 것은 그래서 중요하다. 차제에 한일 젊은이들이 미래에 함께할 수 있는 공통분모를 2,000년간 이어진 한일의 교류사 속에서 재발견해야 하는 이유다.

일본인에게 백제인의 피가 흐른다

일본인들 스스로의 피 속에 백제인의 피가 흐르고 있음을 고백하면서 한국과 일본인들이 서로를 더 잘아야 한다고 말한 사람이 있으니 다름 아닌 아키히토 왕이었다. 한일 월드컵 공동 개최를 1년 앞둔 2001년 12월 23일 아키히토 왕은 68세 생일을 맞아 왕실에서 가진 기자회견에서 한국에 대한 생각을 묻는 질문에 "간무 왕*"의

＊　일본의 50대 왕으로, 도읍을 나라에서 지금의 교토인 헤이안쿄로 옮겨 일본 고대 문화의 전성기인 헤이안 시대를 열었다. 재위 기간 781년~806년.

생모가 (백제) 무령왕의 자손이라고 《속일본기》*에 기록돼 있어 한국과의 인연을 느끼고 있다"라고 말한 바 있다. 그리고 그는 뒤이어 "두 나라는 서로의 과거를 한층 더 정확하게 알기 위해 노력하고, 개개인으로서는 서로의 입장을 이해해나가는 것이 중요하다"라고도 했다. 아키히토 왕의 이 말은 같은 날 〈아사히 신문〉 석간 1면과 4면에 대서특필되었다.

옛 조상들의 흔적을 살피며 과거 고대부터 이어진 두 나라의 인연을 되살려 새로운 이웃으로 만드는 것이야말로 이제 우리 두 나라 후손들에게 남겨진 몫일 것이다.

---

* 헤이안 시대 초기인 797년에 스가노노 마미치 등이 697년부터 791년까지 94년간의 역사를 40권 분량으로 편찬한 책. 《일본서기》(720년)에 이은 두 번째 역사서이며 일본 고대사 연구의 필수 자료로 평가받는다.

2
일본에
벼농사를 가르치다
사가 현 가라쓰 시 마쓰로칸

한국과 더불어 수천 년 동안 자포니카(단립종) 쌀을 주식으로 먹고 살아온 나라는 일본이 유일하다. 둥근 모양의 자포니카 쌀은 밥을 지으면 차진 것이 특징으로 동남아에서 생산되는 길고 점성이 없는 인디카(장립종) 쌀과 밥맛이 확연히 다르다. 일본의 논농사는 2,500~2,600년 전 한반도에서 전해진 것으로 알려졌다. 일본에서 가장 오래된 벼농사 유적이 있는 곳은 규슈 사가 현 가라쓰[唐津] 시다. 가라쓰 시는 규슈의 최대 도시 후쿠오카에서 서남쪽으로 약 40킬로미터 떨어져 있다. 인구는 약 13만 명. 후쿠오카 공항에서 내려 JR 지쿠히[筑肥]선을 타고 환승 없이 한 시간 만에 닿을 수 있었다. 가라쓰는 부산까지의 거리가 약 180킬로미터로 일본에서 한국과 가장 가까운 도시다. 가라쓰의 '가라'는 일본말로 '외국'이란 뜻으로, 본래는 한국을 의미한다는 게 일본 학계의 정설이다. 현재 가라쓰를 표기하는 한자 '唐津(당진)'은 옛날에는 '韓津(한진)'이라고 쓰고 가라쓰라고 읽었는데, 이후 당나라와의 교역이 늘어나면서 '韓'만 '唐'으로 바뀐 것이라고 일본 고서들이 기록하고 있다. 이런 지리적 요인 때문에 가라쓰는 오래전부터 한반도와의 교류가 활발했다. 훗날 조선 도자기가 처음 전해진 곳도, 도요토미 히데요시가 임진왜란을 일으키기 전 병력을 집결했던 히젠 나고야 성도 이곳에 있다. 이런 지역에서 일본 최초의 벼농사 유적이 발견된 것은 결코 우연이 아닐 것이다.

논농사가 전파된 교두보

유적이 발견된 가라쓰 나바타케에는 '마쓰로칸[末盧館]'이라는 이름의 벼농사 박물관이 있다. 기원전 가라쓰 지역에 존재했다는 원시국가 마쓰로의 이름을 따온 것이다. 마쓰로칸은 가라쓰 시내를 울타리처럼 둘러싼 산자락 안에 있었다. 가라쓰 역에서 걸어서 15분밖에 걸리지 않는다. 일본식 주택들이 늘어서 있는 동네에 높은 통나무 울타리로 가려져 있어 대문에 표지판이 없었다면 그냥 지나치기 쉬울 듯했다.

현장에 와보면 왜 옛날 사람들이 이곳에 터를 잡았는지 고개가 끄덕여진다. 뒤에는 울창한 산이 있고, 1킬로미터 정도 평지를 사이에 두고 바다가 있다. 수렵과 채집, 어업이 가능한 데다 산골짜기로 흘러내려오는 물을 이용해 논농사를 짓기엔 최적의 장소로 보였다.

다지마 류타 관장의 안내를 받으며 박물관을 둘러보았다. 마쓰로

기원전 5세기경 일본 규슈 가라쓰 지역의 고대 부락 모형물 앞에서 다지마 류타 마쓰로칸
관장이 당시의 생활상을 해설해주고 있다.

마쓰로칸 내부에 전시된 고대 가족의 움막 생활 모습. 다지마 관장은 "한반도에서 건너온 아버지와 딸이 닮았고, 원주민인 어머니와 아들이 닮았다"고 설명했다.

칸은 땅에 기둥을 박고 그 위에 집을 짓는 고상식(高床式) 형태의 특이한 2층 목조건물이다. 고상식 가옥은 맹수나 독충을 피하고 장마철 습기를 최소화할 수 있다는 장점 때문에 동굴을 벗어난 신석기 시대 원시인들의 대표적 주거 형태다. 나바타케 유적에서도 고상식 가옥 흔적으로 보이는 나무 말뚝이 두 개 발견됐다.

박물관에 들어서니 입구에 이 일대에서 발굴된 검은색 탄화미(炭化米)*를 확대경으로 볼 수 있게 전시해놓았다. 나바타케 유적에서 발견된 탄화미는 기원전 600년경 재배된 것으로 분석됐다.

주요 전시물은 2층에 있었다. 2층 중앙에는 조몬 시대** 말기 이 지역에 존재했던 마을을 상상으로 복원해 만든 큰 모형이 놓여 있었다. 당시 사람들이 벼농사와 수렵, 축산업, 어업을 어떤 방식으로 진행했는지를 한눈에 볼 수 있다. 이때 이미 제사를 지내는 풍습도 있었다. 마쓰로칸에 전시된 유물들을 보면 한반도 고유 문명의 흔적들이 고스란히 남아 있다. 발굴된 독, 항아리, 사발, 굽접시 등은 토기의 주둥이 부분에 검은 반점이 있거나 쇠뿔형 손잡이로 마무리한 점이 눈에 띈다. 이는 한반도와 규슈 지역을 중심으로 공통적으로 발굴되는 유물의 특징이다. 홈자귀라고 불리는 돌도끼나 손잡이 부분을 깊게 판 마제석검, 버들잎 모양의 석촉 등 한반도에서 고유

* 불에 타거나 지층 안에서 자연 탄화된 쌀. 방사성탄소연대측정법을 통해 분석한 재배 연도는 벼농사의 기원과 전래를 밝혀내는 중요한 기초 자료가 된다.
** 기원전 1만 3,000년부터 기원전 300년까지의 일본 선사시대. 마지막 빙하기가 끝나고 일본 열도가 대륙으로부터 단절된 시기로, '조몬[繩文]'이라는 명칭은 이 시대의 토기에서 볼 수 있는 새끼줄 문양의 이름에서 따왔다.

하게 발굴되는 석기들도 이곳에서 나왔다. 다지마 관장은 석검 하나를 가리키며 그 재질의 돌이 일본에 없는 것이라 한반도에서 넘어온 것으로 보인다고 말했다. 마쓰로칸을 둘러보면 일본의 농경문화가 한반도에서 농경문화를 향유하던 주민들이 직접 일본 열도로 이주함으로써 개화한 문화라는 확신이 굳어진다. 박물관 안내문에도 "나바타케는 2,500~2,600년 전 조선 반도에서 건너온 사람들에 의해 벼농사가 전해진 곳으로, 이는 일본 벼 재배의 시작으로 알려졌다"라고 적혀 있다.

눈에 띄는 것은 이곳 유적의 발굴 과정에 다양한 석기와 함께 세형단검, 청동거울 등의 청동기 문화 유물도 나온 것이다. 벼농사와 청동기의 도입은 수렵과 채집에 의존하던 일본의 신석기시대 조몬인들을 농경문화에 기반을 둔 야요이 시대*로 이끌었다. 동국대학교 사학과 윤명철 교수는 이렇게 말한다.

> "한 나라가 다른 나라에 벼농사를 전했다는 것은 단순한 식량 문제의 해결을 넘어 농업 기술력은 물론이고 식량을 담는 그릇 문화(토기)에서부터 무기까지 전파되는 과정으로, 원시인 공동체를 촌락을 거쳐 국가로까지 만드는 결정적 계기가 됩니다. 한반도인이 일본에 벼농사를 전한 것은 명실상부하게 일본인들이 공동체를 만드는 데 매우 중요한 전수였다고 할 수 있습니다."

* 기원전 300년에서 기원후 400년에 이르는 시대. 한반도로부터 벼농사와 청동기, 철기 등의 금속기 기술이 들어와 일본 사회와 문화가 비약적으로 발전했다.

윤명철 교수의 주장은 나바타케 유적에서 산 하나를 넘어 약 40킬로미터 떨어진 일본 청동기 문화 유적 요시노가리[吉野ヶ里]에서 확인할 수 있었다.

한일의 가운데서 길라잡이가 된 쓰시마 섬

그렇다면 한반도인들은 어떻게 일본으로 건너갔을까? 지금으로부터 1만여 년 전 지구의 마지막 빙하기가 끝날 때쯤 중국, 대만, 한반도와 일본 열도는 하나의 땅덩어리였다. 빙하기가 끝나 수천 년 동안 해수면이 상승하면서 낮은 지대에 바닷물이 차오르기 시작함에 따라 서해가 생겨나 우리가 지금 살고 있는 땅은 반도가 됐고, 대한해협이 생겨나 동해가 태평양과 연결되면서 일본은 섬나라가 됐다.

일본이 떨어져나간 뒤에도 한반도와 일본의 교류는 이어졌다. 한반도와 가장 가까운 규슈는 일본 열도와 한반도를 이어주는 통로였다. 가라쓰 시에 가면 우리 옛 조상들이 뗏목을 타고 거친 바다에 나가 위험한 항해 끝에 일본에 도착했을 것이라는 추측이 오해라는 것을 알게 된다. 다름 아닌 쓰시마[對馬] 섬 때문이다.

경남 함안 지역에 존재했던 아라국(561년 멸망) 후예들의 일본 이주를 연구한 동의대학교 정효운 교수에 따르면 쓰시마 섬은 양국 해상 교류를 쉽게 만드는 결정적 역할을 했다. 부산에서 멀리 쓰시마 섬이 보이듯 가라쓰에서도 쓰시마 섬이 보인다. 이는 일본으로 배를 타고 간 우리 조상들이 정처 없이 항해한 것이 아니라 정확한 목적지를 보면서 항해했다는 것을 뜻한다. 정효운 교수는 "전라도 영산강이나 섬진강 하구 등의 한반도 서남해안에서 출발하여 남해안의 섬들을 거점으로 삼아 쓰시마 섬까지 가는 해로가 백제가 주로 이용한 해상 교통로였을 것"이라고 추정했다.

바다의 흐름인 해류도 한일 간의 교류에 결정적으로 기여했다. 요즘도 가라쓰 해변을 거닐다 보면 한국 상표가 붙은 생수병이나 라면 봉지 등 한국에서 떠내려온 각종 쓰레기를 볼 수 있다. 가라쓰 시 국제 교류과의 이데 겐조 과장은 "그 옛날 한반도인들도 이 해류를 타고 일본 섬에 이르렀을 것"이라고 했다.

가야, 고구려, 백제에 살았던 우리 조상들 일부는 자신들의 국가가 멸망하자 때로는 좌절하고 때로는 부흥의 꿈을 안고 일본으로 건너갔다. 멀리 보이는 일본 땅은 그들에게 또 다른 희망이었다. 그리고 한반도와 매우 비슷한 이곳 규슈에서 일본인들과 함께 새로운 나라 건설에 힘을 보탰던 것이다.

3
일본에
청동과 토기를 전하다
사가 현 간자키 군 요시노가리 역사지구

미국의 문명사학자 재레드 다이아몬드는 2003년에 세계적 베스트셀러이자 퓰리처상 수상작인 《총, 균, 쇠》의 개정 증보판을 내면서 야요이 시대에 선진 농업기술을 갖고 이주한 한국인들이 오늘날 일본인의 조상이라고 주장해 파문을 불러일으켰다. 그의 주장은 막연한 것이 아니라 DNA 분석이라는 과학적 연구 결과에 따른 것이었다. 즉, 일본 고대인인 조몬인과 야요이인의 두개골 유전자를 채취해 현대 일본인과 일본에 살던 원주민인 아이누족과 비교·분석해보니 조몬인의 경우에 현대 일본인이 아니라 아이누족을 닮았다는 것이다. 이와 달리 현대 일본인의 유전자는 야요이인의 것을 닮았는데, 충격적인 것은 이 유전자가 한국인과도 닮았다는 것. 다이아몬드 교수는 유전자 분석 외에 고고학·분자생물학·인류학·언어학 등의 연구 결과를 바탕으로 한 논문 말미에 "과거 현재의 여러 요소를 종합적으로 고려해볼 때 한국과 일본은 성장기를 함께 보낸

'쌍둥이 국가'와도 같았다"라며, "이런 사실은 이후 역사를 거듭하며 불편한 관계를 맺었던 양국을 생각한다면 아이러니한 사실이 아닐 수 없다"라고 말했다.

가혹한 식민 지배와 아직도 자신들의 잘못을 인정하지 않고 있는 일본 정치인들의 후안무치를 생각하며 '쌍둥이 국가'라는 말에 불편해하는 한국인들이 있을 것이다. 일본인 또한 자신들이 조몬인으로부터 진화해 최소 1만 2,000년간 독자성을 지켜왔다는 학설을 선호하는 사람이 많기에 한반도에서 건너온 사람들이 조상이라는 다이아몬드 교수의 주장이 말도 안 된다고 생각하는 사람이 많을 것이다. 하지만 고대 한국과 일본의 교류사 흔적이 짙게 배어 있는 현장을 돌다보면 다이아몬드 교수의 주장이 무리가 아니라는 것을 느끼게 된다. 그 대표적인 유적지를 우리는 한반도와 가까운 일본 규슈에 위치한 사가 현에서 만났다.

포근하고 친근한 들판에 자리한 마을

한반도와의 직선 거리가 200킬로미터 정도밖에 되지 않아 과거부터 현재까지 매우 긴밀한 교류가 이뤄진 한일 교류 현장인 사가 현 일대에 위치한 간자키[神崎] 군 간자키 정과 미타가와[三田川] 촌, 히가시세후리[東背振] 촌 등 세 개 마을 87만 제곱미터(약 26만 3,000평) 너비의 부지에 요시노가리 역사공원이 넓게 펼쳐져 있다. 이곳은 야요이 시대 말기의 생활상이 정밀하게 복원된 역사지구다.

후쿠오카 역에서 한 시간가량 기차를 타고 요시노가리공원 역에 도착했다. 역 밖으로 나서니 '요시노가리'가 '좋은 들판이 있는 마을'이라는 뜻이란 것이 새삼 실감 났다. 멀리 보이는 산들을 배경으로 풍요롭고 넓은 들판에 청명한 날씨는 일본이 아니라 호남평야인 것만 같은 포근함과 친근감을 주었다. 배를 타고 건너온 낯선 땅이었지만 전혀 낯설지 않은 이곳에 도착한 우리 조상들이 정착하기에는 최상의 조건이었을 것 같았다.

실제로 해양교류학자인 윤명철 교수는 "가라쓰를 굳이 인천으로 비교한다면 요시노가리는 서울이라 할 수 있다. 배를 타고 도착한 이들이 정주하기 좋은 땅을 찾아 육지로 들어와 정착한 곳이 바로 요시노가리이기 때문"이라며, 일본 고대 문화의 최전성기를 보여주는 야요이 시대의 유물이 요시노가리에서 대거 쏟아져 나온 것은 당연한 일이라고 했다. 역에서 내려 10여 분 걸어가니 '요시노가리 역사공원'이라는 간판이 나타났다. 문 안으로 들어서자 성 밖을 둘러 판 도랑인 해자가, 해자 바깥쪽으로는 끝이 뾰족한 굵은 나무 말뚝으로 만든 울타리가 있었다.

한국인에게도 친근한 옹관묘

야요이 시대 전문가이자 1986년부터 22년간 요시노가리 유적 발굴 책임자로 일했던 사가 성 혼마루[本丸] 역사관의 시치다 다다아키 관장이 동행하며 안내해주었다. 시치다 관장은 나무 울타리를 가리키며 논농사를 시작하면서 생긴 잉여 생산물을 지키고, 식량 쟁탈이 일어난 뒤에는 외부의 적을 막기 위해 만든 방어물이라고 설명했다. 공원을 통과하면 '내곽(안쪽 테두리)'이라는 이름의 울타리가 쳐진 특별한 구역과 만난다. 북쪽과 남쪽에 하나씩 있어 북내곽, 남내곽이라 불린다. 북내곽 안에는 건물 여러 채가 복원되어 있었는데 가장 중심이 되는 건물이 주제전(主祭殿)이고 나머지는 제당 망루 등이었다. 2층에는 지배층이 회의하는 모습을, 3층에는 제사장이 제의를 진행하는 모습을 모형으로 꾸며놓고 있었다. 시치다 관장에 의하면 북내곽은 당시 지배층이 모여 중요한 일을 결정하는 회의를 하거나 제사를 지내던 곳이었고, 남내곽은 거주 공간이었다고 한다.

북내곽을 나와 북서쪽으로 조금 걸어가니 대형 항아리가 두 줄로 묻혀 있는 특이한 곳이 나왔다. "한국인에게도 익숙한 옹관묘열(甕棺墓列)"이라고 했다. 일부 항아리 안에는 뼛조각이 그대로 있는 것도 있었다. 옹관묘는 초벌구이한 대형 토기에 시신을 구부려 넣고 흙 속에 묻는 매장 방식으로, 한반도 마한 지역에서 유행하던 장례 방식으로 알려져 있다. 학자들은 마을 공동체 안에 이와 같은 매장 문화가 있었다는 것이 많은 의미를 준다고 했다. 1990년대 초 옹관묘 발굴 당시 현장을 볼 기회가 있었다는 윤명철 교수는 "옹관묘는 지금으로 따지면 하이테크놀로지 기술이 응집된 초호화판 무덤이었다. 그만큼 지배층의 힘이 강했다는 것"이라고 해석했다. 더불어 그는 먹고사는 공간에 묘지가 함께 있는 것을 두고 공동체가 부족 수준이 아니라 초기 국가 형태로 본격적으로 진입했음을 의미한다고 덧붙였다.

혼마루 역사관의 시치다 다다아키 관장이 요시노가리 유적을 둘러싼 해자와 적의 침입에 대비하기 위해 나무를 뾰족하게 깎아 만든 울타리에 대해 설명하고 있다. 아래는 유적을 둥 글게 둘러싸고 있는 해자의 모습.

북내곽 안에서 가장 중심이 되는 건물인 주제전. 나무 계단을 따라 올라가면 2층에는 지배층이 회의하는 모습을, 3층에는 제의 장면을 모형으로 꾸며놓았다. **사가 현 제공.**

한국은 문명 전수자, 일본은 매개자

공원 안 유물 전시실로 발길을 옮겼다. 논농사의 발전이 필연적으로 가져온 농경사회의 변화를 상징하는 다양한 유물들이 있었다. 보통 벼를 재배하기 시작하면 생활 체계나 경제활동에 일대 변화가 일어난다. 종자 선택, 모 키우기, 물 대기, 피 뽑기, 벌레 제거하기, 비료 주기, 수확하기에 이르는 일련의 과정을 효율적으로 통제해야 하기 때문이다. 또 가래나 괭이 같은 목제 농기구가 필요해지고 이를 만들기 위한 돌도끼, 돌자귀, 대팻날 같은 도구와 돌칼이나 돌낫 등 수확용 도구도 필요해진다. 요시노가리 유물 전시실에도 이런 다양한 유물이 있었다. 시치다 관장은 이런 유물들이 한반도의 영향을 깊이 받았다고 했다.

"야요이 시대 유물들에서는 수렵 채집 시대와는 다르게 저장용 단지, 취사용 항아리, 음식용 굽다리 접시 등이 많이 나왔는데요, 한반도에서 발견된 것과 비슷해 한반도에서 전파된 농경문화 요소를 기반으로 만들어진 것으로 보입니다. 청동기 유물에서도 한반도계 토기가 출토됐는데 당시 청동기 주조 기술은 아무나 가질 수 없는 고급 기술이었다는 것을 감안하면 이전부터 청동기 주조 기술을 가진 한반도인이 요시노가리에 정착했다는 것을 의미합니다."

이 같은 문명 교류에 대해 서울시립대 정재정 교수는 이렇게 말했다.

"누가 누구에게 무엇을 전했다는 것만 강조하며 우위를 내세울 것이 아니라 한국과 일본이 각자의 문명 전환기에 상대방에게 매개자 또는 촉매자로서 중요한 역할을 했다는 점을 상기할 필요가 있습니다. 즉, 일본의 선사시대와 고대에는 한국이 중국 문명을 전한 전수자였고, 한국 근현대 문명 형성기에는 일본이 서구 문명의 매개자 역할을 한 셈이니까요. 고대 문명 교류도 이런 관점에서 보아야 합니다."

4
일본 문화의 아버지
백제인 왕인

오사카 부 히라카타 시 왕인 박사 묘역

백제인 왕인은 4, 5세기 무렵 일본으로 건너가 고대 일본에 백제 문화, 나아가 선진적 한반도 문화를 전한 대표적인 지식인이다. 그는 백제에서도 박사(博士) 칭호를 받은 당대 석학으로서 일본으로 건너가 문자를 만들어주고 학문을 가르쳤으며 도자기, 기와 기술까지 전해줬다. 일본 고대 역사서들은 그에 대한 이야기를 이렇게 기록한다.

15대 왕인 오진왕이 백제국에 "만약 현인이 있다면 보내달라"라고 청했다. 백제왕은 왕인을 추천했다. 일왕은 백제에 사신을 보내 왕인을 초청해 왔다. 왕인은 《논어》 열 권과 《천자문》 한 권을 갖고 일본으로 건너왔다. 16년 봄 2월의 일이다 (…) 태자는 그를 스승으로 모시고 전적(典籍)*을 배웠는데 (왕인은) 통달하지 못한 것이 없었다.

이는 712년에 쓰여진 《고사기(古事記)》**, 720년의 《일본서기》, 797년의 《속일본기》를 종합한 것으로, 이러한 일본 고대서의 기록들은 왕인이 당시 얼마나 대단한 사람이었고 일본 문화에 지대한 영향을 끼친 인물이었는지를 잘 보여주고 있다. 덧붙여 고대 일본과 백제왕실이 당대 석학을 청하고 또 선뜻 보내주는 관계였다는 것을 보면 두 나라가 매우 가까운 관계였으며 또 백제가 일본에 문명 전달자 역할을 했다는 것을 알 수 있다.

일본 전역에 흩어진 왕인 박사의 흔적

왕인 박사의 흔적은 일본 전역에서 쉽게 찾을 수 있다. 1699년 건립된 사가 현 간자키[神埼] 시에는 왕인 신사와 왕인천만궁이 있는데, 이중 '천만궁(天滿宮, 덴만구)'은 학문의 신을 모시는 신사다. 교토 야사카[八坂] 신사 경내에도 왕인 신사가 있으며 오사카 마쓰하라[松原] 시 왕인성당지(王仁聖堂址), 사카이[堺] 시의 다카이시[高石] 신사 등도 왕인을 신으로 추앙하고 있다.

일본인들에게 마음의 고향이라 불리는 도쿄 우에노 공원에서도

---

*   여러 사상 등이 적힌 책.
** 덴무 왕 시절에 기획되어 그의 사후 겐메이 왕 시절인 712년에 완성된, 일본에서 가장 오래된 문헌으로, 일왕가의 신화를 기록하고 있다.

왕인의 흔적을 만날 수 있다. 수목 울창한 경내에 높이가 각각 3미터, 1.5미터에 달하는 두 개의 대형 대리석 비가 있는데, 비석 앞뒷면에 박사의 위업이 앞뒤로 빼곡히 적혀 있다. 뭐니 뭐니 해도 박사의 흔적이 가장 많이 남아 있는 곳은 오사카 히라카타[枚方] 시에 있는 박사의 묘다.

관광 책자에 적힌 대로 시내에서 동북쪽으로 약 30킬로미터 정도 떨어진 히라카타 시 나가오[長尾] 역에 내렸다. 작은 간이역이 말해주듯 일본의 작고 조용한 전형적인 시골 마을이었다. 하지만 그 옛날에는 이 일대가 일본 고대국가 형성의 요람으로서 군사 외교적으로 매우 중요했던 가와치[河內]국의 영역이었다고 한다. 왕인묘가 역에서 멀지 않다고 책자에 적혀 있어서 금방 찾으리라 생각했지만 오산이었다. 어디에서도 표지판을 찾을 수 없었던 것이다. 길 가던 현지인을 붙잡고 '왕인묘'의 일본식 발음인 "와니쓰카"라고 물으며 종이에 한자로 "王仁"이라고 적어 보여주었다. 그는 대번에 알아들었다. 손짓 발짓으로 그가 가르쳐준 길을 따라 걸으며 일본 정부가 과거의 기록들을 왜곡하고 은폐하려 노력하는 와중에도 다행히 일본인들이 왕인 박사를 아직 잊지 않고 있는 것 같아 으쓱했다.

10분 정도 걸으니 기와를 얹고 '백제문'이라는 현판을 단 한국식 전통 문이 나왔고 그 앞에 사람 키만 한 커다란 돌에 "오사카 부 지정 사적 전 왕인묘"라고 한자로 새겨진 조형물이 보였다. 드디어 왕인 박사 묘에 온 것이다. 묘역에는 한국인들의 흔적이 곳곳에 보였다. 백제문 왼쪽에 설치된 철제 표지판에는 "이 백제문은 2006년

10월 한일 양국의 문화친선협회가 건립했다"라는 내용과 더불어 "왕인 박사는 왕실의 사부로 학문과 경사(經史)를 전수하시어 일본 문화의 원류인 아스카 문화의 시조라고 전해지고 있다"라는 소개 글이 적혀 있었다. 문 안으로 들어서니 김종필 전 국무총리가 1999년에 기념식수했다는 나무가 보였다. 전남 영암군수가 2008년에 기념식수한 무궁화도 있었다. 정자도 하나 세워져 있었는데, 이곳에서는 왕인묘가 사적으로 지정된 지 60주년을 축하한다는 내용으로 1998년에 남긴 김대중 전 대통령의 글이 적힌 액자가 보였다.

눈을 돌려 앞을 보니 '박사왕인지묘(博士王仁之墓)'라고 해서체로 쓰인 비석이 있었다. 높이는 1미터 정도 됐고 앞에는 누가 갖다 놓았는지 생화 몇 송이도 있었다. 묘비 앞에 서니 만감이 교차했다. 1,000년도 더 전에 이 낯설고 물선 땅에 와 일본인들에게 문자를 가르치고 학문을 전해준 왕인 박사의 혼이 시공간을 훌쩍 뛰어넘어 전해지는 듯 숙연해졌다. 짧은 참배를 하고 밖으로 나와 10~15분 정도 걸어가니 테니스장에 수영장까지 갖춘 꽤 큰 공원이 나왔는데 이름이 '왕인공원'이었다.

왕인 박사의 숨결을 그대로 간직한 묘역

백제인 왕인. 그는 일본에서 어떤 일을 했기에 이렇게 1,000년의 세월을 훌쩍 넘어서도 존경의 대상이 되고 있는 것일까. 고대 일본 역사서들은 왕인 박사가 일본에 문자를 만들어준, 이를테면 한국의

⊕ 히라카타 시에 자리한 왕인묘 입구. 출입문 격인 '백제문'은 2006년 10월 한일 양국의 문화친선협회가 건립한 것이다.

⊖ 백제문을 통과한 뒤 몇 발짝 떨어진 곳에 자리한 왕인묘. 가운데 비석에 '박사왕인지묘'라는 글귀가 적혀 있다.

'세종대왕'에 비견할 수 있는 사람이라는 것을 명확하게 밝히고 있다. 751년 편찬된 일본 최초의 한시집《가이후소[懷風藻]》는 "왕인은 왜어(倭語)의 특질을 훼손하지 않고서 한자를 이용해 왜어를 표현하는 방법을 개발했다"라고 표현해 그가 일본 문자 가나[假名]를 창안했음을 명시하고 있다. 또《고사기》와《일본서기》에는 "서수(書首)와 문수(文首)의 시조"라고 적고 있다. 즉, '책과 글을 다루는 전문직의 우두머리'라는 뜻이다.

왕인 박사는 또 고대 일본 귀족들이 짓거나 암송했던 전통 정형시 와카[和歌]의 창시자이기도 하다. 905년 발간된 노래집《고금화가집(古今和歌集)》은 "나니와쓰[難波津]에는/ 피는구나, 이 꽃이/ 겨울잠 자고/ 지금은 봄이라고/ 피는구나, 이 꽃이"라는 내용의 〈나니와쓰의 노래(難波津歌)〉를 소개하는 대목에서 "왕인 박사가 지은 최초의 와카"라며 박사를 '와카의 아버지'라고 적고 있다.《일본서기》는 또 박사가 오진 왕의 넷째 아들인 닌토쿠[仁德] 왕자를 '나니와쓰 천황'이라고 부르며 즉위할 것을 권고하며 〈나니와쓰의 노래〉를 지었다고도 했다. 이 기록들로 미뤄 볼 때 박사가 일왕에게 직접 조언할 수 있는 위치에 있었음을 추정할 수 있다.

왕인 박사의 위업은 당대에만 그치지 않았다. 그의 후손들이 대대로 일본 조정에서 문필과 외교, 군사 등 각 분야에서 활약한 것으로 전해진다. 불교계에도 진출해서 큰스님이 된 사람도 많다. 특히 나라 시대에 설법과 사회사업을 병행한 생활 불교를 펼쳐 일본인들이 '민중의 구제자'라며 흠모하는 교키[行基] 스님도 왕인 박사의 후손으로 널리 알려져 있다. 왕인 가문 전체가 일본 문화의 확립에 크게 기여한 것이다. 오사카에서 만난 오사카오타니대 역사문화학과의 다케타니 도시오 교수는 사실 고대 일본에도 한류가 불었다고 생각하면 된다며, "왕인 박사야말로 한류의 1대 전도사였던 셈"이라고 말했다.

5

오사카를 완성한
백제 도래인들

오사카 부 오사카 시 한인촌

　한반도의 주도권을 놓고 고구려, 백제, 신라, 가야가 본격적인 쟁탈전을 벌이던 4세기 무렵부터 고구려가 멸망한 668년까지 네 나라는 국호도 없이 초기 국가 형성 단계로 진입 중이던 일본과 긴밀하게 교류한다. 우리 조상들이 서로 피 튀기는 각축전을 벌이는 와중에 일본과는 각자 긴밀한 정치 경제적 교류를 했다는 사실은 생소하다. 뒤집어 말하면 그만큼 한반도 도래인*들이 일본에 끼친 영향이 크다는 이야기이다. 가장 활발히 교류한 나라는 백제였다. 지리적으로 가까운 데다 항로상으로도 제일 유리했기 때문이다. 문화적으로 수준이 높았던 백제는 점차 기울어가는 국가적 운명 앞에

＊　渡來人. 일본어로는 '도라이진'이라고 읽으며, '물을 건너온 사람'이라는 뜻으로 한반도에서 일본으로 건너온 한반도인을 일컫는다. 도래인의 유형은 크게 왕인 박사처럼 일본에 문명을 전해주러 왔다가 정착한 사람과 백제처럼 나라가 망해 삶의 기반을 잃자 어쩔 수 없이 고향을 떠나온 유민으로 나뉜다.

일본에 문명과 기술을 전해주고 군사적 지원을 받으며 상생을 도모했다.

일본에서 백제의 흔적이 두드러지는 곳으로 일본 제2의 도시이자 항구도시인 오사카가 꼽힌다. 이는 지리적 위치 때문이다. 일본 열도를 이루는 네 개의 큰 섬 중에서 한반도와 가장 가까운 규슈에서 세토나이카이[瀬戸內海]라는 내해를 거치면 열도에서 가장 큰 섬인 혼슈의 오사카 항에 닿게 된다. 오사카를 초입으로 삼는 혼슈 간사이 일대에는 이코마[生駒] 산을 경계로 두 개의 큰 평야(오사카 평야, 나라 평야)가 자리 잡고 있다. 생활환경이 우리와 비슷하고 물산도 풍부해 백제인들이 생활의 터전으로 정착하기에 안성맞춤인 땅이었다.

오사카 곳곳에서 만난 백제의 흔적들

오사카의 최대 중심지이자 한국인 관광객들이 가장 많이 찾는다는 난바[難波]. 이곳에서 차로 20분 거리에 위치한 이쿠노[生野] 구는 오사카 내 최대 한인촌이다. 구민의 4분의 1 이상이 한국인이다 보니 구청 홈페이지에 한글 버전이 따로 있을 정도다. 이쿠노 구에는 백제 관련 유래가 전해 내려오는 신사는 물론이고 '백제'의 일본식 음독인 '구다라'라는 명칭을 그대로 쓰는 지명이나 시설물이 많다. 미유키모리[御幸森] 신사만 해도 백제인들과 긴밀한 교류를 맺어온 왕인 박사의 제자 닌토쿠 왕을 모시는 신사다.

일본 오사카 시 이쿠노 구 한인촌 입구에 위치한 미유키모리 신사. 신사 관계자에 의하면 한일 관계, 북핵 문제 등 남북한 관련 뉴스를 전할 때면 한인촌의 상징인 이곳이 배경으로 사용된다고 한다.

이쿠노 구 옆 히가시스미요시[東住吉] 구도 한국과의 인연이 남다른 곳이다. 백제역(구다라에키), 백제천(구다라가와), 백제시계점(구다라도케이텐) 등 다양한 백제 관련 지명이 있다. 이 중에 '미나미구다라[南百濟] 소학교'가 있었다.

어찌된 연유로 일본 초등학교가 '남백제'란 이름을 갖게 되었는지 그 연유가 궁금해 학교를 찾아가보았다. 학교는 한적한 주택가에 위치하고 있었다. 백제의 역사를 알고 싶다는 청에 선뜻 응해준 오가 마사노리 교장과 나루세 모리카즈 교감이 직접 마중을 나왔다. 두 사람의 안내를 받아 교장실에 들어서자 양쪽 벽면을 가득 채운 역대 이사장과 교장 들의 사진들이 눈에 들어왔다. 1874년에 개교한 뒤로 140여 년에 이르는 학교의 긴 역사를 대변하는 사진이었다. 오가 교장에 따르면 학교는 처음에 '스미요시 구 제4번 소학교'라는 이름으로 출발했다가 '유타카 소학교'로 바뀌었고, 1889년 이쿠노 구의 행정 지명이 개편되면서 '미나미구다라 소학교'로 최종 이름이 확정됐다고 한다. 1950년에는 전교생이 2,400명일 정도로 컸지만 저출산 탓에 취학 아동이 대거 줄면서 지금은 규모가 작아졌다.

미나미구다라 소학교에 얽힌 사연

나루세 교감은 "오사카 지방에 백제 도래인이 대거 몰리자 서기 646년 이 일대는 백제 군(郡)이라는 정식 행정구역으로 지정됐다"

라며 이후 765년 일본 왕실이 펴낸《정창원문서[正倉院文書]》*나 791년에 일본 왕실이 펴낸 역사책《속일본기》에도 '백제군'이라는 명칭이 보인다고 전했다. 실제로 1098년에 제작된 오사카 고지도 〈난파팔랑화도(難波八浪華圖)〉에도 오사카를 '백제국'이란 지명으로 표기하고 있다. 이에 대해 동북아역사재단 역사연구실의 연민수 실장은 이렇게 말한다.

> 《일본서기》 등의 일본 고대 문헌에 따르면 5세기부터 백제 도래인들 이 본격적으로 오사카로 진출하기 시작했는데, 결정적인 계기는 660 년의 백제 패망이었습니다. 나라를 잃은 유민들이 이미 일찍이 일본에 정착해 있던 가족과 지인들을 찾아 집단으로 망명 이주한 것입니다. 왕 인 박사를 비롯해 5세기 이후 일본에 건너온 백제 도래인들은 다양한 유·무형의 선진 문물을 일본에 전파했습니다."

당시 일본 왕실도 오사카 히가시스미요시 구와 이쿠노 구 일대에 거주할 땅을 주고 생활 기반 시설을 만들어주는 등 도래인들이 정 착할 수 있게끔 배려했다고 한다.

오사카로 온 백제 도래인들의 활약은 눈부셨다. 일본 지배층들의 성씨 1,182개의 내력을 기록한《신찬성씨록(新撰姓氏錄)》(815년)에

---

* 나라 현 도다이사[東大寺] 쇼소인(정창원)에 보관되어 있던 문서 꾸러미. 1만 수천여 점에 달하는 문서들로, 현존하는 나라 시대 고문서의 대부분을 이루고 있다. 호적과 같이 당시의 사 회상을 알 수 있는 자료들이기에 고대사 연구에 필수적인 사료군으로 중요시되고 있다.

'백제'는 일본식으로 '구다라'로 읽으며, 고대에는 오사카를 구다라스[百濟州]로 불렸다. 백제를 일본말로 '구다라'라고 부르게 된 것은 부여의 백마강 나루터인 '구드래'에서 유래했다는 설이 유력하다.

는 "4세기 대규모 치수공사, 제방 공사 등은 백제인이 설계했다"라고 기록되어 있다. 이들은 토목·직물·제철·도기·농경·목축 등의 분야에서 기술력을 인정받아 지역 엘리트로 자리 잡았다. 미나미구다라 소학교 오가 교장은 처음부터 이런 사실들을 잘 알았던 것은 아니라면서, "기자와 학자들이 찾아와 학교의 역사를 묻는 일이 많아 교사들과 함께 공부를 시작했다"라고 했다. 여러 문헌을 통해 백제인들이 건너오면서 오사카가 비로소 도시의 기틀을 갖추기 시작했음을 알게 되었다는 것이다.

실제로 오사카에는 백제인들의 손끝에서 탄생한 유적들이 셀 수 없이 많다. 가장 대표적인 것이 오사카 항 근처에 자리한 높이 15.4미터, 폭 62미터에 달하는 대형 저수지 사야마이케[狹山池]다(28장 참조). 홍수 방지는 물론이고 현재까지 오사카 주민들의 농업용수와 생활용수를 담당하고 있는 이 저수지 역시 백제의 기술로 만들어진 것이라고 사야마이케 박물관이 밝히고 있다. 오사카 시 최초의 다리 '닌토쿠하시[仁德橋]'를 세운 것도 도래인이었다. 이쿠노 구를 설명하는 책자에는 "닌토쿠하시는 서기 323년 구다라 강(백제강)에 건설된 다리로, 일본 문헌에 나오는 다리로서는 가장 오래된 것으로 전해진다"라고 소개되어 있다.

일본인의 생활에 혁명을 선사한 백제 도래인

백제 도래인들은 도시의 형성뿐 아니라 학문이나 사상(불교), 나아가 의식주까지 고대 일본인들의 생활을 통째로 바꾸었다. 2005년, 히라카타 시 인근 나스즈쿠리[茄子作] 유적에서 나온 5세기 백제 베틀은 백제인들이 일본인들에게 재봉술을 가르쳤다는 문헌 기록을 고고학적으로 입증했다. 백제 역사를 연구하는 일본인들의 시민 단체 백제회를 이끌고 있는 하나무라 회장에 의하면 《일본서기》에 5세기 초반 백제 재봉사가 일본 왕실에 건너왔다는 내용이 나오는데, 방사성 연대 측정을 한 결과 발굴된 베틀과 시기가 일치한다고 했다.

주거 형태도 일대 변화를 맞았다. 5세기 전까지만 해도 벽이 없이 지붕만 있는 움막집에서 살던 일본인들이 본격적으로 단단한 지붕과 흙벽을 만들어 살게 된 것도 백제인들로부터 영향받은 바가 크다. 나라 현 가시하라[橿原] 시에서 이런 형태의 집터가 처음 발견됐는데, 1990년대 중반에 한국 공주에서도 비슷한 형태의 집터가 발굴되면서 백제식 주택이라는 주장이 제기됐다. 이에 대해 연민수 실장은 6세기에 백제식 부뚜막이 널리 퍼져 일본의 식생활을 크게 바꿨다고 말한다. 그전까지 일본인들은 캠핑장에서처럼 야외에서 취사를 했다는 것이다.

사비를 들여가며 한일 고대사를 연구하고 있는 하나무라 회장은 "어린 시절 친구들이 건너온 나라(한국)와 내 조국(일본)의 역사를 들여다보면 너무도 닮은 것이 많아 전율이 일 정도"라며 교류의 역사가 젊은 이들에게 널리 알려지기를 소망했다.

6
닌토쿠 왕가의
비밀

오사카 부 사카이 시 닌토쿠 왕릉, 오사카 역사박물관

오사카에 있는 일본 최대의 한인촌에 위치한 미유키모리 신사에
는 왕인 박사의 시비가 서 있다. 재일교포와 일본인들이 6개월간 모
금 운동을 해 한국 돈 4,600만 원을 들여 만든 이 비석에는 왕인 박
사가 일본 16대 왕인 닌토쿠 왕의 즉위를 축하하며 지은 것으로 알
려진 〈나니와쓰노우타〉가 적혀 있다.

나니와쓰에는
피는구나, 이 꽃이
겨울잠 자고
지금은 봄이라고
피는구나, 이 꽃이

시비 옆 안내판에는 "닌토쿠 왕이 왕위에 오르니 오사카에도 봄이

오고 매화꽃이 다시 피는 것처럼 새로운 왕의 즉위를 축하한다는 의미"라고 한국어와 일본어로 친절하게 적혀 있다. 미유키모리 신사는 일본 최초의 통일국가인 야마토 정권*의 기틀을 세운 닌토쿠 왕을 모시는 신사다. 이런 신사에 백제인 왕인 박사의 시비가 서 있는 연유는 무엇일까? 또 닌토쿠 왕은 누구이며 두 사람은 어떤 인연을 맺었기에 백제인이 일본 왕의 즉위를 축하하는 시까지 짓게 된 것일까? 이런 궁금증을 풀기 위해 닌토쿠 왕이 잠들어 있는 왕릉을 찾아 떠났다.

세계 최대 무덤을 만든 절대 권력자

닌토쿠 왕릉은 그 면적에서 이집트 피라미드, 중국의 진시황릉을 넘어서는 세계 최대 무덤으로 일본이 자랑하는 문화유산이다. 오사카 난바 역에서 전철을 타고 20분쯤 달려 사카이 시 미쿠니가오카 역에서 내리자 바로 거대한 구릉과 맞닥뜨렸다. 길이 486미터, 높이 35미터의 거대한 능이라고 해서 잔뜩 기대하고 왔는데 능 안으로는 들어갈 수가 없었다. 처음과 끝을 가늠하기 어려운 산 하나를 보는 게 전부였다. 7분 정도 걸어 내려가 참배소 앞에서 카메라를 꺼내 들었지만 능 규모가 너무 커서 한 화면에 담기지 않을 정도였다.

---

* 일본이 고대 국가를 형성하는 3세기 말부터 야마토(大和, 나라·교토·오사카 일대) 지방에 등장한 거대 무덤들의 흔적을 통해 이 일대를 중심으로 고대 통일정권이 만들어졌으리라 보고 '야마토 정권'이라 부른다.

세계 최대 면적을 자랑하는 닌토쿠 왕릉 앞에서 관광객들이 사진을 찍거나 참배를 하고 있다. 잡목이 우거져 거대한 구릉처럼 보인다. 참배소 뒤쪽 다이센 공원에서 바라본 모습.

능의 실체는 옆 다이센 공원 안에 자리 잡은 사카이 시 박물관에서야 어렴풋하게 접근할 수 있었다. 박물관은 닌토쿠 왕릉을 포함해 이 일대 20여 개 왕릉과 고분들을 관리하는 관리사무소 격이었다.

마침 박물관에서는 닌토쿠 왕릉 내부와 외부를 재현한 특별전이 열리고 있었다. 레이저 항공 촬영으로 내부를 찍은 사진을 보니 일부 경계선이 안 보이는 등 심하게 훼손된 모습도 보였다. 전시실 한쪽 벽에는 윗옷을 벗고 커다란 돌 더미를 진 남자들이 오르내리며 능을 조성하는 현장을 재현한 대형 그림이 걸려 있었다. 노예를 부리던 고대의 작업 방식이었다. 최근 일본 건설 회사들이 무덤 공사에 투입된 인력을 계산해본 결과 하루 2,000명의 장정이 15년 8개월간이나 동원되었으며 이들이 져 날랐던 돌과 흙만도 5톤 트럭으로 56만 2,300대 분량인 것으로 나왔다. 지금 기준으로 보아도 어마어마한 규모의 대공사였던 것이다. 무덤의 주인인 닌토쿠 왕은 고대에 그 정도 인력을 동원할 수 있을 정도로 강력한 통치력을 행사하며 중앙집권적 통일국가를 이끌었음이 분명해 보였다.

일본 고대사학자들은 일본 고대사에서 실질적 왕권이 시작된 시점을 닌토쿠 왕으로 보고 있다. 그가 집권하던 시절 오사카가 얼마나 큰 번영을 이뤘는지는 오사카 역사박물관에서 확인할 수 있었다.

시내 중심부에 있는 오사카 역사박물관에 도착했더니 입구에서부터 거대한 고대 양식의 건물이 관람객을 맞았다. 데라이 마코토 주임 학예원은 이 건물이 고대 오사카 궁에서 창고로 쓰이던 건물을 복원한 것으로, 5세기 왕실의 교역 물품을 보관했던 그 창고는 총 16동 이상이 있었던 것으로 추정된다고 했다. 창고 하나 길이만도 10미터에 너비가 9미터였는데 이런 건물이 16동 이상이나 있었다고 하니, 수천 년 전 고대에 교역이 얼마나 활발히 이뤄졌고 절대 권력이 또 얼마나 강력했으면 이 정도였는지 놀랍다는 생각이 들었다. 박물관은 오사카가 일본의 중심지로서 야마토 시대를 이끈 시대를 '나니와 대세(大勢)'라고 명명하며 이 시대를 열었던 인물이 바로 닌토쿠 왕이라고 밝혔다. 박물관 10층에 재현된 당시 궁전 내부 생활을 둘러보니 궁의 모습이 어렴풋하게 그려졌다. 가로 42미터, 세로 21미터의 대극전(大極殿)에는 화려한 색상의 옷을 걸친 인형들이 서 있었는데, 그 의상이 우리 눈에도 익숙한 백제나 신라 귀족들이 입었던 것과 비슷하여 눈길을 끌었다.

백제인을 사랑했던 닌토쿠 왕

닌토쿠 왕이 백제인들을 아끼고 사랑했다는 것은 여러 문헌에서 확인된다. 백제인 신하가 죽었을 때는 매우 슬퍼하며 따로 신사를 지어주었을 정도였다. 《일본서기》에 따르면, 왕은 43년 9월에 백제인 '아비코'로부터 사냥용 매를 선물받고 이 매를 백제인 신하 사케노기미에게 건네주며 잘 기르라고 했는데 그만 사케노기미가 죽고 만다. 왕은 이에 크게 슬퍼하며 따로 장례를 치러주고 그에게 '응견신(鷹見神, 매를 돌보는 신)'이라는 시호까지 내린다. 서울시립대 국사학과의 정재정 교수는 닌토쿠 왕에 대해 이렇게 말한다.

"한일 역사학계에서 닌토쿠 왕을 주목하는 이유는 그가 일본 고대 국가의 틀을 완성한 사람이기도 하지만 한반도에서 건너간 백제 도래인들과 매우 밀접하고 특별한 관계를 맺어 고대 한일 교류에 매우 중요한 역할을 했던 사람이기 때문입니다. 도래인이 대거 건너와 거주하던 오사카를 수도로 삼을 정도로, 왕실 차원에서 한반도와의 교류의 문을 활짝 열었던 상징적인 사람이라고 할 수 있습니다."

백제왕실과 닌토쿠 왕실의 관계는 닌토쿠 왕릉에서 발견된 각종 유물들이 백제 무령왕릉 고분에서 발견된 유물들과 매우 흡사하다는 사실이 나오면서 더욱 확신을 갖게 했다. 대표적인 것이 청동거울이었다. 1872년 닌토쿠 왕릉에서 출토된 것이 1971년 백제 무령왕릉에서 발굴된 것과 거의 비슷해 한일 역사학자들로부터 '쌍둥이' '복제품' 소리를 들었을 정도였다. 한국 삼국시대나 고대 일본 왕의 무덤에서 발견되는 청동거울은 왕의 권위를 상징하는 부장품으로 알려져 있다. 쌍둥이 유물은 또 있었으니 바로 두 무덤에서 각각 나온 환두대도(環頭大刀)*였다. 고리 안에 세 발 달린 새가 한 마리씩 들어가 있는 것이 똑같았다. 이런 양식은 중국에서는 볼 수 없어 한반도에서 전래됐다는 학설이 유력하다.

닌토쿠 왕은 오사카의 건설 과정에서도 백제인들의 도움을 많이 받았던 것으로 알려진다. 동오사카 문화재학회의 미나미 미쓰히로

* 손잡이 끝에 둥그런 고리가 달린 큰 칼.

회장은 "닌토쿠 왕은 홍수를 막기 위해 오사카의 물줄기를 바꾸는 제방 공사를 했는데, 이는 일본 최초의 대규모 토목공사였다"라며 공사 당시 백제인들이 기술자나 공사 감독관으로 일했다고 전했다.

닌토쿠 왕 시절에 오사카 거주 인구의 3분의 1이 백제인이었다는 설도 있다. 오사카 한국문화원의 박영혜 원장은 한일 역사학자들이 마음의 문을 조금 더 연다면 고대 문헌에만 갇혀 있던 한일 양국과 왕가들 간의 긴밀한 관계가 '신화'에서 깨어나 '역사'의 무대 위로 다시 올라올 수 있을 것이라고 기대했다.

7
일본에서 태어난
백제 무령왕
사가 현 가라쓰 시 가카라시마 섬

옛 문헌에는 백제인들이 일본으로 갈 때 이용하던 주요 해상로로 쓰시마, 이키[壹岐], 가카라시마[加唐島]의 세 섬을 표지로 삼고 갔다는 기록이 많다.

2013년 6월 규슈국립박물관은 한일 역사학자들을 모아 옛날 백제인들과 일본인들이 오가던 이 바닷길을 검증하는 시도를 했다. 그 결과 문헌 기록이 맞다는 결론을 얻었다. 실제로 이키 섬을 출발하면 앞에 보이는 섬은 가카라시마 섬뿐이다. 가카라시마 섬은 수천 년 동안 우리 선조들이 배를 타고 일본으로 갈 때 나침반 역할을 했던 중요한 섬이었던 것이다. 그런데 이곳 섬사람들에게는 전설처럼 '먼 옛날에 어떤 여인이 이 섬에서 아기를 낳고 샘물을 마셨다, 그때 태어난 아기는 훗날 매우 귀한 분이 되었다'라는 이야기들이 전해 내려오고 있었다. 그러다 720년 편찬된 《일본서기》에 그 '귀한 분'이 바로 '백제 무령왕'이라는 기록이 나오게 된다. 《일본서기》의 내용을 현대식으로 요약하면 이렇다.

461년 4월 백제 개로왕이 일본 유랴쿠 왕에게 백제 여인을 왕비로 추천해 보냈는데 그녀가 입궁하기 전 간통한 사실이 알려졌다. 이에 유랴쿠 왕은 분노해 그녀를 죽인다. 개로왕은 동생 곤지에게 유랴쿠 왕을 달래고 나라 운영을 보좌하라고 지시한다. 곤지는 "임금의 명은 어길 수 없으니 형님의 여인을 주시면 명을 받들겠습니다"라고 대답한다. 개로왕은 자신의 아이를 임신한 부인을 곤지에게 내주며 "여인이 산달이 가까워오고 있다. 만일 가는 도중에 아이를 낳으면 부디 배에 태워 속히 돌려보내도록 하여라"라고 했다. 개로왕과 곤지 두 사람은 작별 인사를 나누고 곤지는 일본으로 가는 항해에 나선다. 그러다 결국 임신한 여인이 곧 산통을 느꼈고 배는 가카라시마 섬에 정박했다. 곧 아이가 태어났고 아이의 이름은 섬에서 태어났다고 해서 '사마(斯麻)'라 하였다. 일행이 배 한 척을 내어 아이를 돌려보내니 이가 곧 무령왕이다.

한자 '사(斯)'는 일본어로 '시'로 발음되기에 시마 왕으로 읽는데, '시마'는 섬 도(島) 자를 훈독한 것이니 이는 곧 섬에서 태어난 '도왕(島王)'이라는 뜻이 된다.

《일본서기》의 내용들은 오랫동안 한국인들의 신뢰를 받지 못했다. 특히 일왕의 마음을 달래기 위해 동생을 보내면서 임신한 자신의 부인을 딸려 보냈다는 대목이 현대적 시각으론 도저히 이해가 안 갔기 때문이다. 하지만 이에 대해 고려대 역사교육과에서 교수를 역임한 김현구 선생은 《백제는 일본의 기원인가》를 통해 이렇게 말한다.

> 당시 한국과 일본에는 임신한 부인을 총신(寵臣)에게 하사하는 풍습이 있었다. 따라서 개로왕이 임신한 부인을 동생 곤지에게 하사했다는 기록도 못 믿을 이유가 없다. 1971년 무령왕릉이 발굴되면서 《일본서기》의 기록은 더욱 설득력을 얻었다. 발굴된 무령왕릉 지석*에 무령왕 이름이 《일본서기》와 완전히 일치하는 '사마(斯麻)'로 되어 있었기 때문이다. 그래서 오늘날에는 곤지가 일본으로 가는 길에 태어난 아이가 무령왕이라는 이야기나 무령왕이 일본에서 태어난 뒤 귀국해 즉위했다는 것이 사실이었을 가능성이 높다고 보고 있다.

시계를 돌려 1971년 무령왕릉이 발굴되는 장면으로 돌아가보자. 그해 7월 한여름, 전국은 긴 장마로 신음하고 있었다. 삼국시대 백제 고분군이 밀집해 있던 충남 공주시 서북쪽 송산리(오늘날의 금성동 자리) 언덕에서는 문화재 발굴단이 진땀을 흘리고 있었다. 7월 6일, 배수로 공사를 하느라 무심코 땅을 파던 한 인부의 삽에 뭔가 단단한 물체가 부딪혔다. 손으로 헤집어보니 흙을 구워 만든 벽돌이었다. 그런데 한두 개가 아니었다. 조금씩 더 파고들어가 보니 이 벽돌은 거대한 아치형 구조물의 일부였다. 처음엔 다들 기존에 발굴한 6호

---

* 죽은 사람의 인적 사항이나 업적, 자손 등을 기록하여 묻은 판석이나 도판을 말한다. 무덤의 내역을 밝힐 수 있기 때문에 고분 발굴에서 매우 중요한 가치를 지닌다.

고분의 연장이려니 생각했다. 하지만 이 구조물이 또 다른 무덤의 입구라는 것을 알고 현장은 충격에 빠졌다.

이튿날 서둘러 김원용 국립중앙박물관장을 단장으로 하고 문화재관리국 학예직 공무원들로 구성된 발굴단이 공주에 집결했다. 본격적인 발굴이 시작되자 무덤은 점점 모습을 드러냈다. 입구는 벽돌 구조물로 막혀 있었고 그 틈을 석회가 단단히 봉하고 있었다. 석회를 제거하고 입구 아래까지 내려간 시간이 오후 4시. 누구의 무덤인지는 모르겠으나 백제왕릉급이 분명해 보이는 옛 무덤 앞에서 발굴단은 왕의 영면을 방해하는 것을 사죄하는 위령제를 올렸다. 위령제라고 해봐야 흰 종이 위에 북어 세 마리, 수박 한 통, 막걸리를 올려놓는 게 전부였다. 맨 윗단의 벽돌 두 장을 제거하는 순간 마치 한증막처럼 흰 수증기가 뿜어져 나왔다. 1,400년 넘게 밀폐 상태로 있던 무덤 내부의 찬 공기가 바깥의 더운 공기와 만나 일어난 현상이었다. 숨을 죽이고 들어간 발굴단의 눈에 제일 먼저 들어온 것은 컴컴하고 깊은 연도*였다. 연도 중간쯤 엽전이 올려져 있는 석판으로 다가가자 석판 위에는 이런 글귀가 새겨져 있었다.

영동대장군백제사마왕(寧東大將軍百濟斯麻王)

발굴단은 다시 한 번 놀랐다. 사마왕은 다름 아닌 백제 무령왕이

---

* 고분 입구에서 시신을 안치한 방까지 이르는 길.

었기 때문이다.

지금으로부터 45년 전 무령왕릉이 1,400여 년의 시간을 뛰어넘어 후손들에게 모습을 드러내는 과정은 영화 〈인디애나 존스〉의 한 장면을 보는 것처럼 긴장과 박진감이 넘친다. 일제강점기 전국 각지의 고분이 파헤쳐지고 도굴꾼들이 활개를 치던 상황에서도 용케 온전한 형태로 살아남은 고분이 있다는 것 자체도 신기했지만 무덤의 주인이 꺼져가던 백제의 맥박을 다시 힘차게 돌려놓았던 무령왕이었다는 게 알려지자 한여름 전국은 뜨겁게 달아올랐다. 하지만 당시에는 먹고살기에도 바빴던 형편이라 조상들이 남긴 숭고한 문화유산을 감당할 수준이 못 됐다는 게 권오영 교수의 해석이다.

> 지석을 통해 무덤 주인이 무령왕과 왕비의 무덤이라는 발표가 나오자 현장은 집단 패닉 상태에 빠졌다. (…) 보도진들은 앞다투어 무덤 안으로 들어가려 했고 무덤 안에 들어가 유물을 촬영하다가 청동 숟가락을 밟아 부러뜨리는 불상사마저 일어났다. 밀려오는 구경꾼들을 통제해야 할 경찰마저 '나도 한번 구경하자'며 앞장설 정도였다.*

하기야 그때만 해도 그만큼 중요한 유적을 우리 손으로 발굴 조사한 경험도 없을뿐더러 발굴 조사와 관련된 행정 조치도 지금과는 비교할 수 없을 정도로 열악했을 터이니 어쩌면 당연한 일이었다.

---

* 권오영, 《무령왕릉—고대 동아시아 문명 교류사의 빛》, 돌베개, 2005.

그런데 한국 못지않게 무령왕릉 발굴 소식에 흥분한 나라가 있었으니 바로 일본이었다. 일본 언론들은 발굴 시점부터 비상한 관심을 보이며 이듬해까지 현장 답사기를 싣고 관련 심포지엄을 열면서 발굴의 의미를 찾고자 부산했다. 발굴 직후 〈아사히 신문〉은 백제왕릉 발굴 조사를 '역사적인 대발굴'이라고 일컬으면서 "일본에 불교를 전해준 백제 성왕의 아버지이자 《일본서기》에도 이름이 나오는 백제의 25대 무령왕과 왕비의 무덤이라고 판명됐다"라고 대서특필했다. 동시에 일본인들의 눈길이 쏠린 곳이 있었으니 다름 아닌 무령왕이 태어난 섬 가카라시마였다.

8
무령왕 출생지를
가다

사가 현 가라쓰 시 가카라시마 섬 무령왕 탄생지

가카라시마 섬은 후쿠오카에서 한 시간 동안 지하철을 타고 가라쓰까지 간 뒤 다시 버스로 갈아타고 요부코 항으로 와 여객선을 타고 20분 정도 가야 한다.

항에 도착하니 백제무령왕 국제네트워크협의회의 사카모토 쇼이치로 부회장이 맞아주었다. 이 단체는 백제 문화와 무령왕을 매개로 한일 양국의 민간 교류를 활성화하기 위해 한일 민간인들이 자발적으로 만든 단체다. 여객선에는 달리 탄 승객이 없었는데, 사카모토 부회장에 따르면 본래 평소에도 타는 사람이 없다고 한다.

거친 바다 동굴에서 태어난 무령왕

둘레가 약 12킬로미터인 이 섬의 인구는 불과 108명. 어업이 번창했던 1952년엔 560명이 살기도 했지만 지금은 거의 다 떠났다고 한다. 남아 있는 사람들은 주로 도미와 오징어잡이에 종사한다. 섬에 뚜렷한 관광자원도 없다 보니 낚시꾼들이나 오는 섬이라고 했다. 배에서 내리자마자 '백제무령왕생탄지(百濟武寧王生誕地)'라고 새겨진 커다란 기념비가 보였다. 2006년 6월 25일 충남 공주와 일본 가라쓰 시민들이 모금해 세운 높이 3.6미터의 기념비는 무령왕릉 입구의 아치 모양을 본떠 만들었다. 돌은 한국 최고의 화강암 산지인 전북 익산에서 다듬어 배로 실어 왔다고 한다.

기념비를 지나 15분 정도 더 걸어가자 오늘의 답사 목적지인 무령왕이 태어났다는 해안 동굴이 나왔다. 섬사람들은 동굴이 있는 해변을 '오비야우라[オビヤ浦]'라고 불렀다. '오비'는 일본어로 기모노 등을 묶는 허리띠를 의미하니 허리띠를 풀고 아이를 낳은 포구란 뜻이 된다.

오랜 기간 파도에 부딪친 탓인지 벼랑 아래쪽이 2미터 정도 깎여 들어간 작은 굴이었다. 사카모토 부회장에 의하면 예전에는 좀 더 깊었지만 풍화 작용으로 위가 무너져 내렸다고 한다. 동굴 안 판자 팻말에는 '백제 제25대 무령왕이 태어난 곳(百濟第二十五代武寧王生誕の地)'이라는 글이 적혀 있었고, 그 앞에는 누가 갖다 놓았는지 작은 화분과 술잔 몇 개가 놓여 있었다. 생각보다 너무 작아서 여기가 무령왕 탄생지 맞느냐고 묻자 사카모토 부회장은 고개를 끄덕이며 이 섬에 배가 정박하고 비를 피할 만한 곳은 이 동굴밖에 없다고 했다. 동굴과 바다는 거친 자갈밭을 사이에 두고 불과 5미터 정도 떨어져 있었다. 태풍이라도 불 때면 파도가 동굴 안까지 들어올 것 같

가카라시마 항구 앞에 설치된 무령왕 탄생 기념비. 2006년 6월 25일 충남 공주와 일본 가라쓰 시민들이 모금해 세웠다. 전북 익산의 화강암으로 무령왕릉 입구 아치 모양을 형상화했다.

일본 규슈 가라쓰 가카라시마에 있는 무령왕이 태어난 동굴 모습. 평범한 해안 동굴에 밧줄 한 가닥이 드리워져 있고, 안에 '백제 제25대 무령왕이 태어난 곳'이라고 적힌 나무 팻말이 놓인 것이 전부다.

왔다. 지금으로부터 무려 1,500여 년 전 이 낯선 땅 거친 야생 동굴에서 혹독한 산고를 치르며 아이를 낳았을 백제국 왕비 생각에 가슴 한구석이 짠했다. 이렇게 춥고 어두운 동굴에서 갓 세상 밖으로 나온 무령왕은 또 얼마나 두려웠을 것인가.

백제와 일본의 깊었던 친선 관계

무령왕이 이곳에서 태어나 백제로 다시 돌아가 훗날 왕위에 올랐다는 게 신기하게 느껴졌다. 건강한 성인 남자도 힘든 뱃길에 임신한 자신의 왕비를 태웠던 무령왕의 아버지 개로왕은 도대체 무슨 생각으로 그랬던 것일까…… 선뜻 이해가 가지 않았다.

하지만 뒤집어 생각하면 해로가 그만큼 안전했다는 뜻도 되고 무엇보다 당시 일본과의 친선 관계가 지금 우리가 생각하는 것보다 훨씬 깊었기 때문이었을 것이라는 확신이 들긴 했다. 동굴을 나와 50미터 정도 걸어가니 갓 세상 밖으로 나온 무령왕이 첫 목욕을 했다는 우물이 나왔다. 계곡 옆에 깊이 수십 센티미터 구덩이를 파놓고 판자 몇 개로 대충 둘러친 형태를 띠고 있었다. 물맛이 어떨까 궁금해 떠서 마셔봤지만 특별한 맛은 없었다.

가카라시마 섬은 침체돼가는 섬 경제를 살리기 위해 백제의 왕이 태어난 곳이란 점을 부각해 한국 관광객들을 끌어들이고 싶어 한다. 섬에서는 2002년부터 매해 6월 첫 번째 토요일에 한일 관계자들이 참석하는 무령왕 탄생제가 열린다. 14회째를 맞이한 2015년에도 한국에서 건너간 31명을 포함해 200여 명이 탄생제에 참석했다. 첫 번째 토요일이 현충일임을 감안해 그 다음 날인 7일에 열렸다. 섬이 속한 가라쓰 시내에서는 무령왕 관련 공연과 연극도 진행됐다. 한국과의 인연을 계속 이어가기 위한 노력에 고마움과 미안함이 동시에 들면서도 또 친근감이 느껴졌다.

교통이 문제였다. 가카라시마 섬에 당도하려면 후쿠오카에서 지하철, 버스, 여객선을 갈아타야 한다. 다른 관광자원이나 편의 시설도 별로 없는데 백제의 왕이 태어난 동굴을 구경하겠다고 한국 관광객이 한나절을 투자하기가 쉽지 않을 거란 생각이 들었다. 바다 건너를 바라보니 무령왕이 태어난 지 1,000여 년 뒤 도요토미 히데요시가 한반도를 바라보며 대륙 진출의 꿈을 꾸었다는 히젠 나고야 성이 있는 언덕이 보였다. 자신을 포함해 왕실 가족들이 수시로 오갈 만큼 가까웠던 일본과 먼 훗날 후손들이 동아시아 전쟁을 펼치게 될 줄 무령왕은 꿈에도 생각하지 못했을 것이다.

백제 부흥을 이끈 왕

무령왕은 당시로는 드물게 61세까지 장수하면서 외교·군사·경제·문화 등 모든 방면에서 백제의 비약적인 성장을 이끌어냈다. 종교와 사상 등 정신적인 측면에서도 커다란 발전이 있었다. 중국 남조를 통해 수입된 유학과 도교 사상은 백제에서 다듬어져 일본으로 전해졌는데, 국가를 운영할 제도와 이념에 목말라하던 일본의 지배층들은 백제를 통해 수혈되는 고급 학문과 사상에 크게 의지했다. 당시 백제와 일본의 긴밀한 교류는 무령왕릉에서 출토된 각종 유물로도 확인된다. 우선 시신을 모신 목관의 재료가 일본에서만 나는 금송이었다. 금송은 햇빛이 솔잎에 비칠 때 황금빛을 낸다고 하여 붙여진 이름인데 일본어로는 '고야마키[高野槇]'라고 한다. 곧게 잘 자랄 뿐만 아니라 내수성과 내습성이 좋아 일본에서는 후지와라[藤原] 궁*, 헤이조[平城] 궁** 등의 중요 건축물 자재로 이용되었으며 고대에는 귀족층의 목관 재료로 널리 사용되었다. 실제로 무령왕이 태어난 동굴 바로 위쪽 산허리에는 빼곡히 우거진 잡관목을 걷어내고 심은 수령 2~3년 된 나무 한 그루가 눈에 띄었는데 나무 앞에 '高野槇'라고 적힌 작은 팻말이 있었다. 권오영 교수는 저서 《무령왕릉》에 이렇게 적고 있다.

고대 일본인은 석관을 선호했고 목관을 사용하더라도 백제 것과는 달랐다. 따라서 무령왕 부부의 목관이 일본에서 제작되었다고 보기는 곤란하다. 통나무나 약간의 가공을 거친 상태로 백제에 들어왔을 것이다. 목관을 제작하려면 운반 후에도 건조, 가공, 못과 관 고리의 제작, 옻칠,

* 지금의 나라 현 가시하라 시에 해당하는 아스카 시대의 수도 후지와라쿄의 궁. 지토 왕 때에 완성되어 710년에 헤이조쿄로 천도할 때까지 사용되었다. 711년에 불에 탄 이후로 재건되지 않다가 1934년에 그 유적이 발굴되어 일부 재건되었다.
** 나라 시대의 수도였던 헤이조쿄의 궁. 794년에 헤이안쿄로 천도할 때까지 이용되었으며, 1907년에 발굴되었다. 지금은 터만 남아 있지만, 고대 유적으로는 도다이사 등과 함께 일본 최초로 세계문화유산에 등록되었다.

비단 제작 등 여러 공정이 필요하므로 오랜 시간이 소요되었을 것이다. 또한 주인공이 숨을 거둔 뒤 곧바로 관에 모신 채 무덤 안으로 이동하였을 것이므로 생전에 미리 관을 만들어두었을 것이 틀림없다. 따라서 당시 백제에서는 일본에서 금송을 입수하여 관리하는 체계가 이미 완성되었다고 보아야 한다.

이 밖에 무령왕릉에서 출토된 둥근고리자루칼이라 불리는 환두대도나 청동거울도 일본 내 고대 무덤에서 비슷한 것들이 발견되어 백제와 일본의 긴밀한 교류를 짐작하게 했다. 김현구 선생은《백제는 일본의 기원인가》에서 6세기에 한일 양국이 혈연적 관계로 묶였다면서 "개로왕의 동생 곤지뿐 아니라 여러 명의 백제왕자들이 일본에 건너가 일본의 왕녀와 결혼했을 가능성이 큰데 이는 당시 백제왕족들이 일본인들이 이상향으로 삼던 선진국 최고 신분의 인물들이었기 때문"이라고 전했다.

9
일본 왕실에 흐르는
백제인의 피

교토 부 교토 시 다카노노 니가사 왕후릉, 히라노 신사

한일 월드컵 공동 개최를 몇 달 앞둔 2001년 12월 23일, 아키히토 왕은 68세 생일을 맞아 왕실에서 연 기자회견에서 폭탄 발언을 한다.

"나 자신으로서는 간무 왕의 생모가 무령왕의 자손이라고 《속일본기》에 기록돼 있어 한국과의 인연을 느끼고 있습니다."

그의 말은 월드컵 공동 개최라는 한일 간의 대형 축제를 앞두고 한국과 일본이 더 가까워졌으면 좋겠다는 취지에서 한 것이었지만 일본 내에서 금기로 통하던 일본 왕가의 백제 유래설을 왕 스스로가 깼다는 점에서 파문을 일으켰다. 일왕가가 백제왕실과 밀접했다는 주장은 일부 한일 역사학자들 사이에서도 꾸준히 제기돼왔지만 일왕 스스로가 말한 것은 처음이었다는 점, 8세기 후반에서 9세기에 걸쳐 재위했던 간무 왕과 그 어머니를 구체적으로 거론했다는

점, 간무 왕 어머니가 무령왕의 자손이었다는 《속일본기》 내용을 그대로 인용해 자신도 그렇게 믿고 있다는 것을 우회적으로 밝힌 점 등은 파격으로 받아들여졌다.

하지만 한국이나 일본에서 일왕의 발언에 대한 후폭풍은 별로 없었다. 일본에서는 〈아사히 신문〉만이 그 내용을 보도했고 나머지는 모두 잠잠했다. 천황계는 만세일계(萬世一系)*로 전해져 내려와 일본에서 자생했다는 황국사관에 젖어 있던 우익들이 민감하게 반응했기 때문이다. 한국 사회에서는 "정치적 발언이므로 일희일비할 필요 없다"라고 일축하는 분위기가 지배적이었다.

그런데 그로부터 3년 뒤인 2004년 8월에는 아키히토 왕의 5촌 당숙이자 일본 왕족인 아사카노 마사히코가 수행원과 친척 두 명만 데리고 충남 공주의 무령왕릉을 찾아 참배하고 간 사실이 이튿날 공주시의 발표로 알려졌다. 이들을 안내한 부여문화원의 당시 원장이었던 이석호는 〈연합뉴스〉와의 인터뷰에서 "백제 무령왕의 후손인 일본 왕족들의 무령왕릉에 대한 관심이 매우 크다. 이번 참배는 일본 내 여론을 의식해 비공식적으로 이뤄졌다"라고 전한 바 있다. 이렇듯 일본 왕실과 백제의 인연은 단순한 전설이나 일부의 주장이 아니라 일본 왕실 스스로가 인정하는 대목이라는 점에서 한일 교류의 역사가 그렇게 간단한 수준이 아니라는 것을 알 수 있다. 한국과 일본이 더 가까워지려면 보다 오랜 역사로부터 비롯된 깊은 인연에

---

* 일왕가의 혈통이 기원전 660년의 진무 왕으로부터 단 한 번도 단절된 적이 없다는 주장.

주목할 이유가 있는 것이 바로 이 때문이다.

간무 왕의 생모 다카노노 니가사

그렇다면 아키히토 왕이 언급한 간무 왕의 생모는 누구일까. 또 무령왕과 어떤 관계가 있는 사람일까.《속일본기》는 이렇게 전한다.

황태후의 성은 화씨(和氏)이고 이름은 신립(新笠)이다. 황태후의 선조 는 백제 무령왕의 아들인 순타 태자다. 황후는 용모가 덕스럽고 정숙하 여 일찍이 명성을 드러냈다. 고닌 왕이 아직 즉위하지 않았을 때 혼인 하여 맞아들였다. (…) 백제의 먼 조상인 도모왕(都慕王)이라는 사람은 하백(河伯)의 딸이 태양의 정기에 감응해서 태어난 사람인데 황태후는 곧 그 후손이다.

여기서 언급된 고닌 왕은 간무 왕의 아버지다. 그의 부인이자 간 무 왕의 생모는 다카노노 니가사[高野新笠]다. 일본에 있는 그의 흔 적을 찾기 위해 교토에 있는 무덤을 찾아갔다. 능은 교토 시내 중심 부에서 서쪽으로 40분가량 떨어진 오에[大枝] 마을 이세코[伊勢講] 산 중턱에 있었다. 고대 한일 교류 연구에서 일본 내 최고 권위자로 불리는 교토산업대 고대사연구소의 이노우에 미쓰오 소장이 길을 안내해주었고, 〈동아일보〉에서 한일 고대 문화의 교류 흔적을 취재 한다는 사실에 흥미를 가진 〈아사히 신문〉 오사카 지국 사회부 나카

일본 교토 시 오에 마을 이세코 산에 있는 다카노노 니가사 왕후의 능. 울창한 숲 한가운데 있는 데다 마을 입구나 교토 관광책자 등에 능 위치를 알려주는 표지판과 설명이 없어 찾아가기가 상당히 어렵다.

노 아키라 기자가 동행했다. 산 입구에 있는 계단 몇 개를 오르자 빽빽한 대나무 숲이 일행을 에워쌌다. 그 광경이 장관이어서 굳이 대나무로 유명한 교토 근교 관광지 아라시야마[嵐山]에 갈 필요가 없다고 느낄 정도였다. 5분쯤 산을 더 오르자 능이 나타났다. 다카노노 니가사가 묻힌 능은 둥근 봉분이 밖으로 드러나 있는 한국식과는 많이 달랐다. 능 바로 앞에 일반인들의 출입을 제한한 작은 철문이 있고 능 중앙에 돌로 된 도리이* 형태의 구조물과 그 양측의 작은 석등 두 개를 다시 한 번 철문으로 감싼, 일종의 이중 잠금 구조였다.

두 철문 사이의 공간에는 오른편에 비석이, 왼편에는 제법 큰 기와지붕 아래 걸린 나무 편액이 있었다. 비석에는 '광인천황황후고야신립대지릉(光仁天皇皇后高野新笠大枝陵)'이라고 새겨져 있었다. 여기서 '광인천황'이란 남편 고닌 왕을 뜻한다. 편액에는 '천고지일지자희존(天高知日之子姬尊)'이란 글씨가 새겨져 있었는데 이는 '세상에서 가장 존귀하고 유일한 존재'라는 뜻으로 모친에 대한 효심이 지극했던 아들 간무 왕이 직접 내린 시호였다. 이노우에 소장은 "시호에 '태양 일(日)' 자를 쓰는 것은 고구려 시조이자 태양왕 후손인 주몽의 후손들에게 공통적으로 나타나는 현상"이라며 "간무 왕도 어머니가 백제계임을 강하게 의식하고 있었기에 이런 시호를 쓴 것"이라고 설명했다. 보통 신사 입구에서 보던 도리이 형태의 문이

---

* 두 개의 기둥을 세우고 윗부분을 가로대로 연결한 문. 흔히 일본 신사 정문에 서 있다.

무덤 안에 있다는 것도 특이했다. 이노우에 소장에 의하면 일본인들에게 도리이는 현세와 내세를 구분 짓는 상징물로, 도리이를 통과한다는 것은 혼탁한 현세를 건너 신성한 내세로 들어간다는 것을 의미하기에 그만큼 이 무덤에 신성한 의미가 부여된 것이라고 한다.

취재를 거절한 히라노 신사

교토에는 다카노노 니가사의 위패를 안치한 히라노[平野] 신사도 있다. 나라에서 헤이안쿄(교토의 옛 이름)로 천도를 단행한 간무 왕이 794년에 수도를 옮기면서 어머니의 혼이 담긴 위패까지 함께 옮겨 신사를 만들었다. 이때 그는 어머니에게 태황태후(太皇太后)라는 최고의 지위를 내린다. 히라노 신사는 서울로 치면 광화문 자리쯤으로 빗댈 수 있는 교토 기차역에서 시내버스로 30분 정도 북쪽에 있었다. 교토 시내 여러 신사 중 벚꽃이 가장 아름답기로 유명해 일본인들은 물론이고 한국인들에게도 익숙한 곳이다. 특히 65대 가잔 왕은 이곳에서 직접 벚꽃을 식수하기도 했다. 3월 말에서 4월 초에 이르는 벚꽃 절정기에는 신사 안에 전통 상품, 기념품, 각종 먹거리 등을 파는 노천 가게가 대거 들어선다. 흐드러진 벚꽃 아래 한국식 포장마차와 유사한 가게들이 줄지어 늘어서 있어서 이를 찾는 관광객들로 문전성시를 이룬다.

신사에 방문한 때는 4월 중순이 지나 벚꽃이 대부분 진 상태였다. 벚꽃도 관광객도 거의 없는 신사는 입구에서부터 다소 을씨년스럽

다카노노 니가사의 위패를 모신 히라노 신사. 신사의 역사와 관련한 취재를 요청했으나 "우리는 한국과 관련이 없다"라며 거절했다.

기까지 했다. 5분 정도 걸어 들어가면 신사 본관이 나타난다. 구도[久度] 신, 후루아키[古開] 신, 이마키[今木] 신, 히메[比賣] 신을 모시는 신전이 있는데 이 중 히메 신이 바로 다카노노 니가사를 모신 것이다. 방문하기 달포 전부터 히라노 신사 측에 백제와의 인연과 관련한 취재를 요청했으나 똑같은 대답만 되풀이되었다.

"우리 신사가 백제 또는 한국과 아무런 관계가 없다는 점을 분명히 강조하고 싶다. 따라서 취재에 응할 수 없다."

한국과의 관련성을 묻지 않을 테니 그냥 신사의 유래와 현재에 대한 질문 몇 개만 받아달라는 요청 또한 거부했다. 신사를 걸어 나오는 뒷맛이 썼다.

10
백제계를 중용한
'교토의 신' 간무 왕

교토 시 헤이안 신궁, 교토 고쇼

    간무 왕은 중국 당나라에 맞먹는 섬세하고 세련된 문화 예술을 꽃 피운 헤이안 시대(794~1185년)를 연 사람이다. 794년 수도를 나라에서 헤이안쿄, 즉 지금의 교토로 옮겨 1868년 메이지 왕이 수도를 지금의 도쿄로 옮기기 전까지 1,000년 이상 이어진 '교토 수도 시대'를 연 주인공이다. 현대 일본인들은 그를 '교토의 신(神)'이라 부른다. 일본의 대표적인 수도인 교토와 도쿄로 천도한 왕은 간무 왕과 메이지 왕이다. 그래서 교토 사람들은 간무 왕을 신으로 모시는 헤이안 신궁을 교토에 세웠고 도쿄 사람들은 메이지 왕을 신으로 모시는 메이지 신궁을 도쿄에 세웠다.

효자 중의 효자 간무 왕

간무 왕의 아버지이자 백제 여인 다카노노 니가사의 남편인 고닌

헤이안 신궁은 원래의 교토 왕궁이 불타 없어진 뒤 19세기에 와서 원래 있던 자리에서 동쪽으로 약 3킬로미터 떨어진 곳에 60퍼센트 크기로 복원한 건물이다. 이곳에 '교토의 신'으로 불리는 간무 왕의 위패가 모셔져 있다.

왕은 일본의 49대 왕으로 환갑이 넘은 61세의 나이에 왕위에 등극한 입지전적 인물이다. 고닌 왕은 나당 연합군과 싸우는 백제군을 위해 군사를 대거 보내 백강 전투를 함께 치른 38대 덴지 왕의 직계 후손이다. 고닌 왕이 태어나기 37년 전인 672년에 덴지 왕이 죽은 뒤 아들 고분 왕이 즉위하지만, 곧 작은 아버지 덴무의 쿠데타로 살해된다. 한국판 단종과 세조를 연상시키는 '진신[壬申]의 난'으로 왕권은 덴지 왕의 동생 덴무 왕에게로 옮겨간다. 덴무가(家)는 이후 48대까지 총 아홉 명의 왕을 배출한다.

이런 상황에서 고닌은 왕위 계승을 기대할 수 없는 처지였다. 그는 일찌감치 체념하고 전국을 떠돌며 방랑 생활을 한다. 이때 만난 여인이 바로 다카노노 니가사다.《일본서기》에 따르면 다카노노 니가사는 처음엔 외국인이라는 이유로 정실 자리에 앉지 못했다. 고닌 왕의 정실 부인은 45대 쇼무 왕의 딸로, 고닌 왕과는 9촌 사이였다. 일종의 근친혼이었던 셈이다. 두 사람은 사이가 좋지 않았다. 부인은 친정아버지가 왕이라는 것을 내세워 몰락한 왕가의 후손인 고닌을 무시하기 일쑤였다. 그런데 770년에 48대 왕 쇼토쿠가 별안간 후계자 없이 숨지면서, 왕위는 고닌에게 넘어가게 된다.

61세라는 나이에 왕위에 오른 고닌 왕은 후계 구도에 고민이 컸다. 순리대로라면 정실과의 사이에서 낳은 맏아들에게 물려줘야 했지만 니가사와의 사이에서 얻은 야마베를 더 마음에 두고 있었다. 결국 그는 부인과 맏아들을 왕후와 태자 자리에서 폐위한 뒤 10년간 야마베에게 후계자 교육을 한 뒤 780년에 왕위를 물려준다.

왕비부터 각료까지 백제계로

간무 왕은 왕위에 오르자마자 어머니 다카노노 니가사를 황태부인(皇太夫人)으로 추대해 아버지의 정식 부인으로 만들었다. 790년 어머니가 사망했을 때에는 정식 왕후로 받들고, 교토 이세코 산에 위치한 니가사의 능에 설치된 편액에서도 보았듯 세상에서 가장 존귀하고 유일한 존재라는 뜻의 '천고지일지자희존'이란 시호도 올린다. 간무 왕의 왕비들 중에도 백제계 여인이 많았다. 교토산업대 고대사연구소의 이노우에 미쓰오 소장은 이렇게 증언한다.

> "간무 왕에게는 왕비가 무려 스물일곱이 있는데 이 중 예닐곱 명이 백제 여인이었습니다. 일본 왕 중 이 정도로 많은 한반도 도래인을 부인으로 둔 사람은 간무 왕 말고는 없었습니다. 그만큼 어머니의 나라인 백제를 사랑했다는 뜻이겠지요."

간무 왕은 조정에서도 대놓고 백제인들을 중용하고 우대했다. 《속일본기》에 의하면 간무 왕이 어머니의 조카를 재상으로 발탁하였는데, 백제계 재상은 그가 최초였다고 한다. 간무 왕은 능력이 부족하다는 주변의 반대가 있자 "외척이기에 발탁한다"라고 공공연히 말했다고 한다. 오로지 외척이라는 이유로 백제인 관료의 직급을 두 단계나 올려준 경우도 있다. 이와 관련해 김현구 선생은 《백제는 일본의 기원인가》에서 "간무 왕이 백제계를 중용했던 것은 당시 핵심 인재들이었기 때문"이라고 주장한다.

간무 왕은 어렵게 왕권을 되찾았다. 그가 의지할 것은 부모 양계였고 당시 관료계의 핵심을 이루던 백제계밖에는 없다고 생각했을 것이다. 그렇기 때문에 공개적으로 백제계와 관계가 깊음을 강조하고 백제계를 우대한 것이다.

간무 왕의 흔적들

교토에는 간무 왕의 유적이 많다. 대표적인 곳이 왕궁으로 쓰이던 교토 고쇼[御所]와 간무 왕을 신으로 모시는 헤이안 신궁 두 곳이다. 교토 고쇼는 보통 일본 궁내청에 예약을 해야 방문할 수 있지만 1년에 두 번, 봄과 가을에 일주일씩 일반 방문객의 입장을 허용한다. 이곳을 찾은 날은 다행히 일반 개방 마지막 날이었다. 화려하고 아름다운 이 건축물에서도 한반도 도래인들의 흔적을 찾을 수 있었다. 건물을 지을 때 간무 왕의 명으로 신라인 건축가 이나베노 가문의 후예들과 백제인 건축가들이 동원됐다고 전해지고 있는 것이다. 고대 일본은 큰 토목 및 건축 공사를 벌일 때마다 고구려, 신라, 백제 등지에 기술자들을 요청했고 일본과 친교를 맺고 싶어 했던 한반도의 국가들도 기꺼이 기술자들을 파견해줬으니 자연스러운 일이었을 것이다. 이나베노 가문은 신라에서 선진 건축술을 갖고 일본으로 온 도래인들로 왕실 및 사찰 건축에 큰 영향을 줬다. 이나베노 가문의 모모요는 8세기 말 나라 지역 사찰 도다이사[東大寺]의 비로자나 대불과 대불전의 건립을 주도해 일본의 고위 관료직에도 올랐다.

도래인의 숨결이 묻어 있어서 그런지 교토 고쇼는 근엄하고 웅장하다기보다 경주의 안압지처럼 소박하고 절제된 신라 유적지와 비슷하다는 느낌이 들었다. 기와를 얹어 만든 흙담은 사람 키보다 조금 높은 정도여서 위압감을 주지 않았고 왕의 집무실이나 침소는 노송의 껍데기를 짜 얹어 강원도의 너와집을 떠올리게 했다. 돌아갈 수 없는 먼 길을 건너온 신라의 건축가들은 수도 경주와 닮은 분지에 자리 잡은 교토에 또 하나의 신라를 세우려고 애썼는지도 모른다. 그들은 간무 왕의 교토 천도가 도래인의 힘을 강화하기 위한 절호의 기회라고 생각했고 왕궁과 부속 건물인 교토 고쇼를 짓기 위해 혼신의 힘을 다했다. 1,000년을 이어간 고도(古都) 교토의 첫 출발은 백제인의 핏줄, 신라인의 기술, 고구려인의 신앙이 모두 어우러진 합작품이었던 셈이다. 비록 후대에 복원됐지만 당시의 건축 양식을 그대로 본뜬 헤이안 신궁에서는 헤이안 시대 초기 도래인들의 열정과 고뇌, 고국을 향한 향수가 함께 느껴졌다. 이들은 이런 복잡한 감정을 섬세한 건축술로 승화시켰고 지금은 양국 간 우정의 상징이 되어 지나가는 사람들의 발걸음을 붙잡고 있다.

교토 고쇼는 간무 왕이 교토로 수도를 옮기면서 별궁으로 지어졌지만 1331년부터 500여 년간 정식 왕궁으로 쓰였다. 봄가을에 일주일씩 일반 개방을 하여 많은 일본인이 이때에 맞춰 방문한다.

11
칠지도에 담긴
고대 한일 교류사
나라 현 덴리 시 이소노카미 신궁

고구려, 백제, 신라가 저마다 자신들이 주도하여 통일을 이루기 위해 이전투구를 되풀이하던 4세기, 세 나라 모두 일본을 끌어들여서는 군사 원조를 받거나 못해도 다른 나라에 군사 원조를 하지 못하도록 막으려 노력했다. 김현구 선생 말에 따르면 어떤 의미에서 당시 일본은 캐스팅보트 역할을 하고 있었던 셈이다.*

일본으로서도 한반도와의 교류가 절실했다. 고대국가로 나아가기 위해 필수적인 선진 문물을 도입해야 했기 때문이다. 그렇다면 일본은 어찌하여 유독 백제와 가까웠을까? 당시 중국은 남북조 시대였는데 문화의 중심을 이루고 있던 남조와 지리적으로 가장 빈번하게 교류하던 나라가 백제였다. 백제는 왕인 박사를 통해 그리고 남조에

---

* 김현구,《백제는 일본의 기원인가》, 창비, 2002.

서 수입한 최신 문물을 일본에 제공해 일본을 동맹국으로 만들었다. 이를 상징하는 유물이 바로 칠지도다.

복제품조차 보기 어려운 칠지도

칠지도는 백제 근초고왕이 일왕에게 주었다는 칼이다. 쇠로 된 긴 몸체에 좌우 여섯 가지가 엇갈려 배열돼 몸체와 함께 모두 일곱 개의 가지를 가진 칼이라 해서 붙은 이름이다. 몸체에는 백제왕이 일왕에게 전한 외교 문서가 담겨 있다.

일본은 1953년에 칠지도를 국보로 지정한 뒤 여간해서 공개하지를 않는다. 이 때문에 2015년 2월에 규슈국립박물관에서 열린 〈고대일본과 백제와의 교류〉전에서 단 열흘간 공개했을 때, 말로만 듣던 진품이 나온다는 소식에 관람객들이 대거 몰렸다. 도쿄 한국문화원을 통해 이소노카미[石上] 신궁에 보관된 칠지도를 보고 싶다고 했으나 신궁의 대외 홍보를 맡고 있는 이치무라 겐타는 칠지도의 역사에 대한 설명은 해줄 수 있으나 보여주기는 어렵다고 했다. 복제품이라도 좋다고 지속적으로 청했지만 답이 없었다. 무작정 찾아가기로 하고 비행기 티켓을 끊었다. 떠나기 이틀 전에야 신궁에서 참배를 하면 복제품만큼은 보여줄 수 있다는 답이 왔다.

이소노카미 신궁은 나라 현 덴리 시에 있었다. 덴리 역에서 택시를 타고 5분가량 산속으로 들어가니 울창한 숲 속에 신궁이 있었다. 아침부터 비가 추적추적 내려서인지 한적한 시골 마을에 풀과 나무

향기가 가득했다. 이 일대는 원래 늪지대였으나 지반이 융기하여 지금의 지형이 됐기에 아예 신궁 이름을 '石上'이라 지은 것이라고 한다. 이소노카미 신궁은 일본에서 가장 오래된 신궁이다. 3세기 말 일본 최초의 통일 정권인 야마토 정권 때에는 무기고로 이용되기도 했다.

이곳에서 칠지도가 발견된 이야기도 흥미진진하다. 이소노카미 신궁은 근대 왕가의 보물창고라는 인식 때문에 숨겨진 보물들에 함부로 손을 대서는 안 된다는 금기가 있었다고 한다. 그중 누구도 발을 디뎌서는 안 된다는 뜻의 '금족지(禁足地)'에는 여섯 개의 가지를 지닌 신기한 창이 보물 상자 안에 모셔져 있어서 이 상자를 여는 사람에게는 저주가 내린다는 전설이 전해 오고 있었다. 그러던 차에 1873년의 어느 날, 신궁의 대궁사*로 부임한 간 마사토모가 구석진 창고에서 1,500여 년 동안 봉인돼 있던 보물 상자를 열었다. 칠지도가 세상의 빛을 보는 순간이었다. 떨리는 손으로 상자를 연 간 대궁사는 깜짝 놀랐다. 녹이 심하게 슬었지만 녹 사이로 금빛이 반짝거리고 있었던 것이다. 그는 칠지도를 발견할 당시에 대해 "녹슨 칼에 금빛이 보여 녹을 제거하니 칼 몸체에 금으로 상감**된 글자가 보였다"라고 기록했다. 간 대궁사가 계속 칠지도를 닦아내자 글자들이 보이기 시작했는데 앞면에 34자, 뒷면에 27자, 총 61자가 새겨져 있었다.

---

* 신궁을 지키는 우두머리.
** 글자를 예리하게 파낸 뒤 금을 밀어 넣어 새기는 기법.

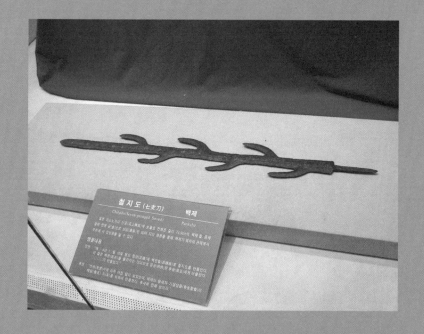

백제 근초고왕이 369년 일왕에 전한 것으로 추정되는 칠지도는 양면에 새겨진 61글자를 둘러싸고 한일 역사학자들 간의 논쟁이 100여 년간 이어져오고 있다. 사진은 용산 전쟁기 념관에 전시된 칠지도의 복제품. ©Kai Hendry

지은 지 900년이 넘어 국보로 지정된 이소노카미 신궁의 배전. 지붕 끄트머리에 잔뜩 이끼
가 끼었다. 한 참배객이 가족의 건강과 행운을 빌기 위해 무릎을 꿇고 참배하고 있다.

액운을 막아주는 신성한 물건

신궁으로 들어서니 한국에서 연락을 주고받았던 이치무라가 기다리고 있었다. 그의 안내를 받아 배전(拜殿)*으로 갔다. 가마쿠라 시대**의 건축물인 배전은 900년이 넘은 고건축물로, 국보로 지정되어 있었다.

배전에 들어가 무릎을 꿇자 북소리가 크게 울렸다. 머리를 두 번 조아리니 직원 한 사람이 기자의 머리 위로 하라이우시[祓串]라고 불리는 흰 종이를 붙인 나뭇가지를 세 번 흔들었다. 다마구시[玉串]라는 나뭇가지를 건네받고 제단 위에 뿌리를 앞쪽으로 두고 무릎을 다시 꿇은 뒤 머리를 다시 두 번 조아리고 박수를 쳤더니 참배가 끝났다.

사무실로 들어서자 잠시 후 두 명의 직원이 유리 액자에 눕혀놓은 칠지도 복제품을 내왔다. 신줏단지라도 모시듯 종종걸음으로 들어오더니 복제품을 받치고 있는 나무 받침대를 바닥에 내려놓으면서도 무릎을 꿇고선 일어나지도 않았다. 사진도 찍을 수 없었다. 손잡이를 포함한 전체 길이 74.9센티미터, 칼 길이는 65센티미터로 진품과 동일했다. 얇은 철심에 겉은 플라스틱 수지로 모양을 만든 후 색을 입혔다고 했다. 앞뒤에 새겨진 글자에는 금빛이 돌았다. 이치무라 씨에 의하면 두 동강 나 있는 진품과 달리 복제품은 완전체로

＊　참배하는 장소.
＊＊　일본 최초의 무신정권시대. 미나모토노 요리토모가 가마쿠라 막부를 창립한 1180년대부터 1333년까지로, 전기 봉건사회라 칭한다.

복원했는데, 진품은 복제품과 함께 수장고에 보관하고 있다고 했다.

> "칠지도는 액운을 막아주는 신의 힘이 깃들어 있어 신성한 물건으로 모시고 있습니다. 요즘도 매년 1월이 되면 첫 사흘인 1~3일에 소원을 빌기 위해 10만 명이 찾을 정도지요. 이렇게 훌륭한 물건을 백제가 일본에 보냈다는 것 자체가 한반도와 일본의 오래된 우호 관계를 보여주는 것이기에 한일 교류 역사에 큰 의미가 있는 유물입니다."

실제로 이곳 신궁에서는 칠지도를 신이 내려준 보물이라며 '신보(神寶)'라 부르고 있었다.

칠지도에 새겨진 백제와 일본의 관계

칠지도는 칼 앞뒷면에 새겨진 총 61개의 글자 중 지워진 앞면 여덟 개 글자와 뒷면 다섯 개 글자를 어떻게 유추하느냐에 따라 다른 해석이 나올 수 있어서 논쟁이 된다. 보이는 글자도 어떻게 해석하느냐에 따라 당시 백제와 일본의 상하 관계가 뒤바뀐다. 한국 학자들은 백제왕이 일왕에게 하사했다고 주장하고 일본 학자들은 백제왕이 헌상한 것이라고 주장한다. 한국 학계의 해석에 따르면 칠지도에 새겨진 글귀는 근초고왕의 아들 귀수세자(훗날의 근구수왕)가 369년에 적군을 물리치라며 하사했다는 뜻이다. 서법도 주는 쪽이 받는 쪽에 내려주는 명령적 하행 문서 형식으로 되어 있다고 본다.

실제로 백제와 일본이 동맹 관계를 맺은 시기도 근초고왕 재위 때다. 당시 일본은 오진왕 또는 닌토쿠 왕이 재위하던 때로, 이 시기에 백제의 왕인과 아직기가 건너가 유학과 여러 문물을 전했다. 인제대 역사고고학과의 이영식 교수는 "주는 사람은 왕세자인 반면 받는 사람은 일본 왕이므로 백제가 우위인 것을 알 수 있다"라고 말한다.

하지만 일본 학자들 중에는 칼을 제작한 귀수세자가 일본과의 동맹 관계를 강화하기 위해 헌상한 것이라고 해석하는 사람들이 있다. 당시 백제가 고구려의 침략 위협을 받고 있어 일본의 군사적 지원이 절실했기 때문이라는 것이다.

현재 대부분 한일 학계의 견해는 귀수세자가 일본에 하사했거나 최소한 동등한 관계에서 선물했다고 해석하는 쪽으로 기우는 추세다. 칠지도가 제작됐을 것으로 추정되는 369년은 백제의 세력이 강했던 시기이기 때문이다. 교토대 사학과의 우에다 마사아키 명예교수는 논문 「이소노카미 신궁과 칠지도」에서 "칠지도 글귀는 한일 관계가 좋으냐 나쁘냐에 따라 학계에서 다르게 해석해왔다. 명문 해석이 정치적 상황과 이어지는 것은 칠지도의 숙명"이라고 언급하기도 했다. 이와 관련해 이소노카미 신궁 측은 한반도와 일본의 상하 관계를 가리기보다는 고대의 훌륭한 보물을 어떻게 보전할까가 더 중요하다는 입장이다.

글귀의 실체에 다가가려는 학계의 노력도 계속되어야 하지만, 칠지도에 담긴 백제와 일본의 우정에 대한 한일 국민들의 관심이 무엇보다 필요할 것이다.

12

한반도와 일본의 역사를 뒤바꾼
백강 전투

금강 하구

수학자이자 문명 비평가인 김용운 전 한양대 교수는 저서 《풍수
화—원형사관으로 본 한중일 갈등의 돌파구》에서 663년에 지금
의 금강 하구 자리인 백강에서 신라와 당의 연합군과 백제와 일본
의 연합군이 맞붙은 백강 전투가 오늘날 한중일 관계의 틀을 만든
핵심적 사건이라고 주장한다. 대부분의 사람들에게 생소한 데다 우
리 역사 교과서에서조차 거의 언급되지 않는 전투를 그는 왜 이렇
게까지 주목한 것일까. 여기에는 그럴 만한 몇 가지 이유가 있다. 우
선 전투에 참여한 군사의 수만 봐도 백제군 5,000명, 일본군 4만
2,000명, 신라군 5만 명, 당군 13만 명으로, 총 22만 7,000여 명에
달하는 군사가 참전한 대규모 전투였다. 김현구 선생은 "백강 전투
는 당시 가장 많은 국가와 군사가 참전해 가장 많은 희생을 치른 동
북아 최초의 대전이었다"라고 평한다. 백제는 이 전투를 계기로 역
사 속에서 사라진다. 신라는 당과 더욱 가까워지고 일본과는 멀어진

다. 한반도와 일본은 각자 통일국가를 형성하면서 독자적인 정치 체제와 문화를 갖게 된다. 중국은 백강구(白江口), 일본은 백촌강(白村江) 전투로 기록하고 있는 백강 전투가 일어났던 1,300여 년 전 한반도로 가보자.

백제의 항전

우리는 흔히 의자왕 하면 백제의 마지막 왕으로 삼천 궁녀에 둘러싸여 나라를 망친 망국의 대표 인물로 생각한다. 하지만 백제는 멸망 직전까지 융성했고 막강한 국력도 갖추고 있었다. 의자왕은 즉위 이듬해인 642년부터 659년까지 총 여덟 차례 신라를 공격했고 대부분 승리했다. 《삼국사기》〈김유신전〉에는 백제를 치자고 건의하는 김유신에게 진덕여왕이 "큰 나라를 침범했다가 위험하게 되면 어찌하려는가?" 하고 말했다는 대목이 나온다. 당시만 해도 백제가 큰 나라, 신라는 작은 나라였던 것이다.

655년에 김춘추가 무열왕으로 즉위하자 백제는 고구려와 함께 신라 북부를 침공해 30여 개 성을 무너뜨린다. 659년 4월 백제가 다시 신라를 침입해 두 개의 성을 함락하자 신라는 당에 구원을 요청한다. 이에 당의 소정방은 이듬해인 660년 6월, 13만 대군을 이끌고 한반도로 내려온다. 당군은 김유신이 이끄는 신라 병사 5만 명과 함께 백제 도성인 사비성을 공격한다. 계백 장군이 5,000여 병사와 황산벌에서 결사 항전했지만 결국 사비성은 함락된다. 의자왕은 왕자와 장군 88명, 백성 1만 2,807명과 함께 당의 수도 장안으로 끌려간다.

사비성이 함락된 이때를 백제의 멸망 연도로 보지만 사실 백제의 저항은 이후 3년간이나 이어질 정도로 끈질겼다. 우리가 역사책에서 배운 '백제부흥운동'이 시작된 것이다. 백제 유민들은 사비성 함락 4개월 만인 660년 10월 주류성(周留城)*을 임시 왕성으로 삼는 한편 일본에 긴급 지원군을 요청한다. 20년 넘게 일본에 머물고 있던 의자왕의 아들 왕자 풍을 급거 귀국케 해달라는 청도 함께였다.

이후 일본이 보여준 대응은 마치 혈육을 대하는 듯 헌신적인 것이었다. 당시 일본의 왕이었던 사이메이 왕은 백제와 가까운 후쿠오카로 직접 가서 구원군을 꾸리고 오사카로 가서는 무기를 준비한다. 그런데 예순을 넘긴 나이에 동분서주하니 몸에 무리가 올 수밖에 없었는지, 사이메이 왕은 661년 1월에 오사카 항을 출발해 여러 곳을 돌며 군사를 모으다 7월, 갑자기 세상을 떠난다.

혈맹이었던 백제와 일본

출병은 아들 덴지 왕 대에서 이뤄진다. 덴지 왕은 어머니의 시신을 당시의 수도였던 아스카로 옮긴 다음 11월에 상을 치르자마자 출병 준비를 한다. 그리고 2년 뒤인 663년 총 4만 2,000명이나 되

* 위치는 아직 밝혀내지 못했지만 지금의 충남 서천군 한산이라는 주장이 힘을 얻고 있는 가운데 충남 청양군 정산이라는 주장, 전북 부안군 위금산성이라는 주장도 있다.

는 일본군을 주류성으로 파견한다. 육로는 신라군이 지키고 있어 바다로 갈 수밖에 없었다. 신라의 요청을 받은 당나라 수군은 663년 8월 주류성과 가까운 백강에서 백제와 일본 연합군을 맞닥뜨린다. 《일본서기》는 당시 일본군의 전투 과정을 이렇게 전한다.

> 당나라 장군이 전선 170척을 이끌고 백강에 진을 쳤다. 일본의 수군 중 먼저 온 군사들과 당 수군이 대전했다. 일본군이 패해 물러났다. 당은 진을 굳게 해 지켰다. (…) 다시 일본군이 대오가 난잡한 병졸을 이끌고 진을 굳건히 한 당의 군사를 나아가 쳤다. 당군은 좌우에서 군사를 내어 협격했다. 눈 깜짝할 사이에 일본군이 적에게 패했다. 물에 떨어져 익사한 자가 많았다. 뱃머리와 고물을 돌릴 수 없었다.

당시 동원된 일본 수군의 배는 무려 1,000여 척에 이르렀다고 한다. 중국의 《구당서(舊唐書)》*는 이 전투에 대해 "왜국 수군의 배 400척을 불태웠는데 그 연기가 하늘을 덮었고 바닷물이 왜군의 시체들로 핏빛이었다"라고 적고 있다. 막대한 희생을 치른 덴지 왕 치하의 일본은 정권 자체가 흔들리게 된다. 그가 죽자 아들 고분 왕이 이어받지만 곧 작은아버지 덴무에게 살해당한다. 덴무는 백강 전투를 치른 지 9년 만인 672년 왕위에 올랐다. 10장에서 이야기한 진신의 난이다.

---

* 1060년에 송나라 시절 편찬한, 당나라 왕조의 정사를 기록한 책.

백제인들의 집단 이주

나라를 잃은 백제인들은 너도나도 배를 타고 일본 열도로 건너간다. 3년 전 사비성이 함락되었을 때에도 일본으로 건너간 백제인이 많았지만 대거 집단 이주가 시작된 데에는 백강 전투가 결정적 계기였다는 게 역사학자들의 주장이다.

일본 고고학회 회장을 지낸 규슈대의 니시타니 다다시 명예교수는 백제의 멸망과 유민의 대규모 이주가 일본 역사를 새롭게 쓰는 계기가 됐다며, 백강 전투 7년 뒤인 670년에 국호를 일본으로 바꾸고 새롭게 태어난다고 전했다.

김용운 선생도 일본으로 망명한 백제인 중에는 왕족은 물론이고 귀족과 지식인이 많았는데 이들의 지식과 기술을 바탕으로 일본이 통일국가 수립에 박차를 가한다고 전한다.

> 전투 이후 한반도(통일신라)와 일본 열도가 각각 통일 정권을 이룬 것까지는 공통적이었지만 신라는 당의 눈치를 살피느라 군사력을 축소할 수밖에 없었고, 일본은 개척과 확대의 노선을 택하여 한일 민족 간의 원형이 크게 갈라지기 시작했다.*

반도와 열도라는 지형적 차이 때문이기도 했지만 한국과 일본은 백강 전투 후 각각 율령제와 봉건제, 문과 무, 중국으로의 질서 편입

---

* 김용운, 《풍수화—원형사관으로 본 한중일 갈등의 돌파구》, 맥스미디어, 2014.

과 이탈이라는 정반대의 국가 체제로 갈라진다는 것이다.

> 백강 전투 후 한국인들은 일본으로 건너간 백제인들을 거의 잊었으나
> 일본인들의 집단 무의식 깊은 곳에서는 멸망한 백제에 대한 한과 복수
> 심이 도사리고 있었다. 663년 《일본서기》는 "오늘로서 백제의 이름은
> 끝났다. 고향 땅 곰나루(웅진)에 있는 조상의 묘를 언제 다시 찾을까"라
> 는 비통한 글로 '백제의 한'을 기록하고 그 좌절감을 일본 신국론으로
> 조작해 억지스러운 우월의식으로 전환한다. 이는 조선과 중국(신라와
> 당) 땅을 뺏어야 한다는 정한론으로 이어진다.*

백강은 오늘날 금강이 서해와 만나는 군산 앞바다로 추정되고 있
다. 이곳 주변은 가을이 되면 은빛 갈대밭이 장관을 이루는 곳으로
도 유명하다. 한국과 일본 고대사에서 매우 중요한 역사적 사건이
벌어졌던 주변에 표지판이라도 하나 세워 한일 관계의 과거와 현재
를 성찰하는 장소로 만든다면 이것이야말로 미래의 새로운 한일 관
계를 만드는 첫걸음이 되지 않을까 하는 생각을 해본다.

---

*　김용운, 앞의 책.

13
백제 유민들의
마지막 방어선
후쿠오카 현 다자이후 시 수성

663년 백강 전투에서 치명적 피해를 입은 일본은 이후 나당 연합군의 공격에 대비한 전국적인 방어망을 구축한다. 일본으로 대거 건너온 백제의 귀족과 백성들도 여기에 동참한다. 사실 천신만고 끝에 바다를 건너온 백제 유민들에겐 또다시 건너갈 바다가 없었다. 그들은 필사적으로 방어 준비를 한다. 그 첫 번째는 바로 수성(水城)의 건설이었다.

수성은 규슈 후쿠오카에서 내륙으로 15킬로미터 정도 떨어진 작은 도시 다자이후 시에 있었다. 시내로 들어서 유명한 사찰인 덴만구[天滿宮]에서 후쿠오카 쪽으로 가다 보면 상록수와 대나무가 무성하게 우거진 높은 흙 제방 사이로 도로가 지나가는데 모르는 사람은 그냥 무심코 지나치기 십상이다.

조금 관심을 갖는다 하더라도 허허벌판에 왜 이런 제방을 쌓았지, 하며 머리를 한번 갸웃하고 지나갈 따름일 것으로 보인다. 길가에

'역사 유적 수성'이라는 표지판이 없다면 말이다. 표지판 옆으로는 주차장이 있는데 길 건너편으로 잘려나간 수성 한쪽 자락 위까지 올라가면 반대편에 있는 수성의 자취를 한눈에 내려다볼 수 있다. 수성은 백강 전투에서 대패하고 일본으로 대거 건너온 백제 유민들이 눈물을 삼키며 일본인들과 함께 쌓은 성이란 점에서 백제인들의 한이 서린 흔적이라 할 수 있다.

물로 방어한다는 의미의 수성

수성이 있는 다자이후는 바다로 향하는 서쪽만 벌판으로 열려 있고 동, 남, 북이 모두 산으로 둘러싸여 있다. 수성은 이 서쪽을 막기 위해 쌓은 것이다. 길이 1.2킬로미터, 높이 10미터, 하단 폭 77미터에 이르는 이 거대한 성을 불과 1년 만에 쌓았다고 하니 당시 사람들이 나당 연합군의 추격에 얼마나 공포를 느끼고 있었는지 짐작이 간다. 이런 역사를 알고 보면 바람에 설레는 대나무 숲 사이에서 적군이 쳐들어오기 전에 빨리 성을 쌓으라고 독려하는 백제 장수의 목 쉰 소리가 들려오는 듯하다. 수성 아래 누런 황토엔 거친 숨을 몰아쉬며 밤낮으로 흙을 메고 날랐을 백제 유민들의 땀방울이 배어 있으리라. 수성은 얼핏 3~4세기에 건설된 서울의 몽촌토성과 흡사하다는 평을 듣는다. 하지만 몽촌토성보다 진일보한 기술이 숨어 있다는 게 전문가들의 견해다. 수성의 특이점은 바로 성벽을 꿰뚫고 있는 목통(木桶)이다. 이 목통은 세 군데에 설치되어 있는데 이는 평소에 안쪽 해자에 물을 채워두고 바깥 해자는 비워두고 있다가 외부의 침공이 있을 때 목통을 통해 바깥쪽 해자로 물을 내보내 침공을 막도록 설계된 것이다. 백제 유민과 일본인 들은 숨 가쁘게 성을 쌓았지만, 다행히 나당 연합군은 공격의 칼끝을 고구려로 돌리고 일본으로 건너오지 않았다. 성은 점차 허물어지고, 숲 속에 묻혔다.

수성 외에도 다자이후에는 백제 유민들이 건조한 백제식 산성의 흔적이 많다. 다자이후 뒷산이기도 한 해발 410m의 오노[大野] 산에는 665년에 산허리를 따라 8킬로미터 정도의 성벽이 축성됐다. 같은 시기에 다자이후 남쪽에도 기이[基肄] 성이 만들어졌다. 수성이 무너질 경우에 대비한 2차 방어선이었던 셈이다.《일본서기》는 이 성들이 망명한 백제 귀족 출신인 달솔 억례복유와 달솔 사비복부의 지휘하에 건설됐다고 기록하고 있다. 달솔은 백제의 16관등 중 2품에 해당하는 고위직이다. 수성 역시 이들의 지휘로 건설됐을 가능성이 크다.

당시 일본은 피란 온 백제 고위직 70여 명에게 관직을 주었다고 한다. 백제 유민을 단순한 피란민으로 간주하지 않았다는 뜻이다. 당시 관직의 자리가 많지 않았음을 감안할 때 70여 명이라는 수는 상당한 비중으로 추정된다. 이를 통해 백제의 멸망과 함께 많은 유민들이 왔다는 것, 양국 언어가 소통에 큰 불편함이 없었다는 것 등을 유추할 수 있다.

오늘날 오노 성은 불과 수백 미터 구간만 보존돼 있다. 이 수백 미터의 성벽이 백제에는 마지막 성이며, 동시에 일본엔 최초의 성이기도 하다. 일본에서 그때까지는 방어를 위해 해자를 파는 것이 고작이었던 것이다. 하지만 오노 성 축성 이후 일본의 성 건축 기술은 비약적으로 발전하여 훗날 성벽과 해자가 결합돼 방어력이 뛰어난 일본식 성으로 이어졌다. 오노 성이 있는 오노 산에 오르면 무연한 벌판 너머 멀리 후쿠오카 시내와 바다가 바라보인다. 1,500년 전 고향 땅을 떠난 백제의 어느 병사가 눈을 비비며 매일 바라봤을 그 바다일 것이다. 뒤로 돌아서면 905년에 건립된 덴만구가 발밑에 보인다. 학문의 신 스가와라노 미치자네를 모시는 덴만구는 매년 약 600만 명이 찾아오는 유명 관광지인데, 특히 소원을 빌면 자녀가 좋은 대학에 간다는 설이 전해 내려와 입시철이면 일본 학부모나 학생 들로 발 디딜 틈 없이 붐빈다.

최대 관청이 있던 다자이후

지금의 다자이후 시는 규슈에서 가장 큰 도시인 후쿠오카 그늘에 가려진 인구 6만 명 정도의 작은 변두리 도시지만 율령국가*였던 나라와 헤이안 시대 내내 일본 서부의 군사·행정·외교·무역 등을 관할하는 특수 지방 관청이 자리했던 중심 도시였다. 일본 서부의 9국 3도, 즉 규슈에 있던 아홉 개의 소국(오늘날의 9주)과 쓰시마, 이

---

* 율령(律令)을 기본으로 통치되는 국가. '율'은 형법(刑法)을 의미하며 '영'은 행정 조직과 백성의 조세, 노역, 관리의 복무를 규정한 것이다. 모든 토지가 국가의 소유였다는 점에서 토지의 사적 소유가 허용된 봉건국가와 구별된다.

일본 규슈 다자이후에 있는 옛 관청 터. 잔디밭 가운데 옛 건물의 주춧돌만 보인다.

키노시마, 다네가시마 등 3도를 다스리는 총독부로, 당시 일본에서 헤이안(교토의 옛날 이름) 다음으로 중요한 행정기관이었다. 현재 시 이름도 그대로 옛날 관청 이름을 따 붙인 것이다. 사실 수성과 오노 성도 백강 전투 이후 다자이후를 앞뒤에서 지키는 방위 시설이었다고 할 수 있다.

　다자이후는 당나라, 신라 등에서 오는 외교 사절을 맞을 때 의전을 베푸는 곳이기도 했다. 8세기에 들어서 청사 앞에 광장이 만들어졌고 주변에 20여 개의 관아가 배치되었으며 학교 지구도 조성되었던 것으로 확인된다. 7세기 말경 축조된 것으로 알려진 다자이후 청사의 위상과 권위는 시대에 따라 부침을 겪었다. 번영기에는 관청 부지만 25만 4,000제곱미터에 달했다고 하니 현재 여의도 국회의 총 부지 면적(33만 579제곱미터)과 거의 맞먹는 수준이었다. 941년 후지와라노 스미토모의 해적 반란 때에는 불에 타고 약탈당해 제 모습을 잃었다가 1019년 여진족이 규슈에 쳐들어온 것을 계기로 다시 방어 거점으로 부상했다. 그러다 1192년 일본에 막부 정권 시대가 시작되면서 점차 쇠락해 아예 관청이 헐리고 그 터는 논밭으로 변했다. 일본 정부는 1968년부터 이곳에서 발굴 조사를 시작했고, 이후 유적 공원으로 지정했다.

　다자이후 관청 터를 방문했던 5월의 넓은 풀밭에서는 종이비행기 동호회 회원들로 보이는 노인 몇 명이 열심히 하늘에 비행기를 날리고 있었다. 풀밭 가운데 과거 관청 건물 주춧돌들만 드문드문 보였다. 눈길을 끄는 점은 주춧돌들에 바람개비 형상을 한 파형동기

(巴形銅器)의 문양이 새겨져 있다는 것이었다. 파형동기 문양은 일왕을 상징하는 문양으로, 욱일승천기가 이 문양을 본떠 만들어진 것이다. 그러나 1990년 우리나라 김해시 대성동의 고분에서 일본보다 150년이 앞선 파형동기 아홉 개가 발굴됐다. 일왕의 상징 역시 한반도에서 건너간 것이었다.

관청 터 옆에 있는 박물관에는 발굴 과정에서 출토된 유물들이 전시돼 있다. 이곳에서 나온 기와 막새와 도깨비 문양 기와는 한반도 백제 유적에서 출토된 기와와 모양이 똑같았다. 다자이후 관청 역시 백제 유민들이 건설했음을 짐작할 수 있었다. 귀신을 쫓고 화재를 막기 위해 붙이는 귀와(鬼瓦)에는 "디자인은 신라의 영향을 받았다"라는 설명이 붙어 있었다.

다자이후 관청 터에서 출토된 유물들. 도깨비 기와나 기와 막새의 모양이 백제 유적에서 출
토된 유물들과 모양이 동일하다.

14
'리틀 백제'
신도시 히라카타
오사카 부 히라카타 시 백제사 터, 백제왕신사 터

2015년에 공주, 부여, 익산 등에 분포되어 있는 백제 역사 유적지구가 유네스코 세계유산에 등재되었다. 유네스코 측은 백제 유적들이 한중일 세 고대 국가들 상호 간의 교류사를 잘 보여준다고 평가했다. 1,400여 년 전 동아시아 문화 교류의 중심이었던 백제의 문화유산이 비로소 세계인의 문화유산으로 거듭난 것이다. 백제의 유적은 일본에도 많이 남아 있다. 고대 일본에 문화와 문명을 전수하며 함께 성을 쌓고 절을 지었으니 당연한 일일지 모른다. 앞에서 소개한 수성과 다자이후에 이어, 백제인이 대거 일본으로 건너와 아예 도시를 만든 곳이 있다.

망국의 비애를 품고 새로운 땅으로

《삼국사기》 등은 멸망 당시 백제 호구 수가 76만 호에 이르렀다고 기록하고 있다. 호당 다섯 명으로 계산하면 인구가 약 380만 명으로 추정된다. 663년 백강 전투에서 패하며 나라를 완전히 잃은 백제인들 중 3,000명 이상이 일본으로 향하는 배에 올랐다. 그로부터 3년 전 사비성이 멸망한 때를 전후로 대략 20만 명의 백제인이 건너간 것으로 추산된다.

이미 많은 친척과 가족이 터를 닦고 살았을 것이니 백제인들에게 일본은 남의 땅이 아닌 혈육의 땅이었을 것이다. 그래서 가슴속에 망국의 한을 그대로 간직한 채 형제의 나라에서 새로운 삶을 일궜을 것이다. 그 흔적이 남아 있는 대표적인 곳이 오사카 부 동북부 히라카타다. 오사카 시 중심 난바에서 차로 50분 거리에 자리하고 있는 도시다. 한적한 시골 마을에 들어서니 고목들이 뿜어내는 푸른빛이 눈부셨다. 일본 내에서도 명당으로 알려져 있는 히라카타 시의 여러 문헌과 유적 들은 오래전 이 땅의 주인이 백제인들이었다는 것을 말해준다. 대표적인 유적지가 백제사였다. 지금은 주춧돌만 남아 있지만 히라카타 시는 이 백제사 터를 '백제사적공원'이라는 이름으로 조성해놓고 있었다.

일본 속 '리틀 백제'

33년간 이곳에서 발굴 담당으로 일해온 시 교육위원회 사무국의 문화재과 매장 문화재 담당 오다케 히로유키에 의하면 1932년에 처음으로 발굴 조사를 시작한 이후 1962년에 이어 2005년까지 총

3차에 걸쳐 조사를 진행했다고 한다.

평범한 땅인 줄 알았던 이곳이 고고학자들의 주목을 받게 된 건 1932년. 오사카 부 사적명승기념물 보존 조사회가 소규모 발굴을 시범적으로 실시한 뒤 이곳에 유적이 있을 것이라는 의견을 내자 1940년대에 정식 발굴이 시작된 것이다. 결과는 놀라웠다. 비교적 정확한 형태로 8세기 것으로 추정되는 절터가 나온 것이었다.

"백제사에 대한 기록은 1679년의 《하내감명소기(河內鑑名所記)》에서 처음 발견됩니다. '백제왕의 궁', '가람의 옛터'란 표현이 등장했습니다. 절을 지은 사람들이 백제인이었다는 사실에 일본 사회가 술렁였습니다."

백제사가 끝이 아니었다. 발굴이 지속되면서 백제왕조를 모시는 백제왕신사 터와 도로 주거 흔적까지 발견됐다. 더 놀라운 것은 백제사를 중심으로 동서남북으로 뻗은 도로, 북쪽의 집터와 우물, 기와 굽는 터 등이 가지런히 배열됐다는 점에서 계획도시의 모습을 갖추고 있었다는 것이었다. 히라카타는 한마디로 '리틀 백제'였던 것이다. 2차 발굴 조사가 끝날 즈음인 1952년 일본 문부성은 이 일대를 특별 사적으로 지정했다.

오다케 선생에 의하면 추가 발굴 과정에서 도시 규모가 훨씬 크고 도시가 존속했던 기간도 훨씬 더 길다는 사실이 알려지면서, 문부성이 이곳을 고대 한일 문화 교류를 상징하는 중요 유적으로 인정하며 특별 사적으로 지정했다고 한다.

바람이 거세져 오다케가 사무실로 쓴다는 허름한 창고로 옮겼다. 창고에 들어서니 플라스틱 정리함 수백 개가 눈에 들어왔다. 정리함엔 지난 10년간 이어진 3차 발굴 작업에서 나온 유물들이 비닐 팩에 담겨 가지런히 이름표를 달고 있었다. 8세기의 토기, 석탑, 기와 지붕 등의 조각 더미를 보고 있자니 타임머신을 타고 그 시절로 돌아간 듯한 기분이 들었다.

출토된 유물들의 연대기 측정 결과로 미루어 백제사는 8세기 중엽 창건돼 11세기경 소실된 것으로 보인다고 한다. 백제사는 본격적인 발굴에 들어간 2차 조사 때 구체적인 모습을 드러냈는데, 동쪽과 서쪽에 각각 탑을 배치하고 북쪽에 금당과 강당을 배치한 구조가 경주 불국사와 유사한 가람배치였다. 백제사에서는 또 왕족 관련 유적에서 주로 발견되는 대형 다존전불* 조각들도 발굴됐다.

"2007년 〈요미우리 신문〉이 1면 기사로 백제사의 대형 다존전불 발굴 소식을 전하면서 이곳을 다스리던 백제왕(구다라노코니키시)씨가 일왕에 버금가는 권력을 누렸다는 사실이 증명된 것이라고 보도했습니다."

백제 유민 이끈 경복왕

오다케가 언급한 '백제왕'씨란 말에 귀가 솔깃해졌다. 나중에 알

---

* 흙 틀로 찍어내 제작하는 불상.

⬆ 백제사의 구조를 알려주는 비석.
⬇ 백제왕신사 정문.

고 보니 '백제왕'씨란 바로 이 히라카타에 백제신도시를 만들었던 주인공들이었다. 백제사 터 왼쪽에 자리한 백제왕신사가 이 마을의 유래에 대해 더 자세히 전하고 있었다. 백제왕신사는 백제 마지막 왕 의자왕의 아들인 선광왕과 신라계 신인 우두천왕을 함께 모시는 신사이다. 옛날 모습으로 복원된 신사 안으로 들어가니 신사를 소개하는 비석이 나왔다. 비문에는 일본어로 이렇게 적혀 있었다.

> 백제 선광왕은 조국이 멸망했을 때 일본에 망명해 왔다. (…) '백제왕'이라는 성을 하사받아 오사카 시 난바에 거주했다. 선광왕의 증손인 경복왕은 도다이사 대불 주조에 금을 헌상해 하내수에 임명됐다. 경복왕은 일족 결합의 상징이자 일족의 명복을 위한 백제사, 씨족 신사인 백제왕신사를 축조해 일족 다 같이 이 땅에 자리 잡고 산 것으로 보인다.

《일본서기》에는 663년 백강 전투에 대규모 군사를 보냈던 덴지왕이 일본으로 건너온 선광왕 일족을 이듬해인 664년에 나니와에 살게 했다는 기록이 나온다. 이들은 나라 시대인 8세기경 히라카타 시로 옮겨오는데 단순히 거처를 옮기는 차원이 아니라 아예 도지사 자격으로 지역을 다스리며 도시를 이루고 살게 된 것이다. 아무리 나라에서 살 곳을 마련해준다 해도 거기서 일족을 이루고 후대까지 번성해나간다는 것은 독자적인 노력 없이는 힘든 법. 백제왕씨족들이 히라카타에 정착하게 된 배경에는 선광왕의 4대손인 경복왕의 탁월한 능력이 있었다. 《속일본기》에 따르면 당시 도다이사 건설에 모든 열정을 쏟아붓던 쇼무 왕이 금이 부족해 발을 동동 구르고 있었는데 경복왕이 무려 황금 900냥을 바쳤다는 것이다. 연민수 실장에 의하면 당시 백제인들이 갖고 있던 많은 기술 중 하나가 바로 금을 채취하는 기술이었는데, 경복왕이 무쓰노쿠니[陸奧國]란 곳에서 금을 발견하여 진상할 수 있었던 것이다. 이로 인해 경복왕이 일약 도지사격인 궁내경으로 승진하면서 백제왕씨 번영의 결정적 계기가 마련되었다.

백제사는 817년을 끝으로, 백제왕씨는 9세기를 지나면서 문헌에서 자취를 감춘다. 이후 문헌에 기록된 백제왕씨의 마지막 발자취는 오사카 부 가타노[交野] 시의 사냥터에서 하급 관리로 일한 것이었다.

15
백제 마을
난고손
미야자키 현 히가시우스키 군 미사토 정 난고손 마을

　일본 규슈 남동쪽 미야자키 시에서 차로 두 시간 정도 달리면 '난고손[南鄕村]'이라는 작은 마을을 만난다. 협곡 사이로 흐르는 하천을 따라 굽이굽이 나 있는 좁은 도로를 따라가다 보면 현실이 아닌 신화 속 공간으로 들어선 듯한 착각에 빠질 정도로 경치가 좋다.

　마을이 가까워지면 일본 땅이지만 '백제 마을 난고손'이라는 한글 도로 표지판이 보이기 시작한다. 인구 2,300여 명에 불과한 이 작은 마을에서는 역사 속 백제를 현재로 만드는 '백제 마을 만들기' 운동이 한창이다. 한국도 아닌 일본 땅에서, 그것도 작은 산골 마을에서 우리 조상들 마을을 재현하겠다는 운동이 벌어지고 있다는 것이 놀랍다는 생각을 하며 마을 입구로 들어섰다.

백제 마을로 거듭나자

마을 입구에는 돌장승까지 서 있었다. 산천 풍경도 비슷해서 얼핏 여기가 한국인지 일본인지 구별이 안 됐다. 마을의 모든 이정표와 교통 표지판이 한글로 되어 있고 심지어 한글 공부방과 김치 공장까지 있었다. 우리도 마찬가지지만 일본의 지방 도시들에도 농사 지을 젊은이들이 없고 아기 울음소리가 그친 지 오래다. 난고손도 인구가 감소하고 고령화가 진행돼 마을 존립까지 걱정해야 하는 상황이 됐다. 그러던 1980년대 후반, 일본 전역에는 경쟁적으로 '마을 만들기' 운동이 펼쳐졌다. 각자 특징을 살려 자기 고장을 전국에 알리자는 움직임이었다. 난고손 주민들 걱정은 더 커졌다. 내세울 만한 것이 없었기 때문이었다. 그러던 중 마을 회의에서 백제를 살리자는 아이디어가 나왔다. 당시 미야자키 현 난고지소에서 기획관광과장으로 일했던 하라다 스미오는 당시 회의 분위기를 정확하게 기억하고 있었다.

"무엇으로 우리 마을을 알릴 것인가 하는 주제로 열린 회의였는데 다들 이렇다 할 묘책이 나오지 않아 고심하고 있었습니다. 그때 60대 초반의 촌장이 '우리 마을에 1,300여 년 전 백제왕에 대한 전설이 내려오고 있지 않느냐, 백제왕을 모시는 신사도 있다, 백제를 살려 마을 부흥 운동을 하자'라고 제안했지요. 다들 맞아, 우리가 왜 그동안 백제를 잊고 살았지, 하는 표정들이었습니다."

118

주민들의 이 '다소 엉뚱한' 시도는 출발부터 난관에 부닥쳤다. 백제에 대해 제대로 알고 있는 사람이 없었기 때문이었다. 고민 끝에 내린 결론은 '현장으로 가보자'였다. 하라다를 포함한 마을 대표 세명은 백제의 마지막 도읍이었던 충남 부여로 가기 위해 비행기에 몸을 실었다. 한국어도 모르고 전문 지식도 없는 일본인들이 찾아와 백제 마을을 만들겠다고 하니 당황한 쪽은 부여군 공무원들이었다. 하지만 이내 이들의 진정성을 믿고 적극 도와주기 시작했다.

우선 부여 왕궁 터에 있었던 객사를 실제 크기로 복원해 '백제관'을 세웠다. 1990년의 일이다. 주일 한국대사관과 후쿠오카 총영사관의 도움으로 설계도를 얻어 실물과 동일하게 만들었다. 단청도 한국에서 온 장인들이 직접 했고 기와와 백제 전통 문양이 찍힌 보도블록도 한국에서 특별 주문해 온 것들이다. 부여 출신 김종필 전 총리가 직접 현판 글씨를 쓰고 낙성식 때 김덕수 사물놀이 공연을 주선하기도 했다. 이곳 미야자키 현 난고지소장 사무실에는 김 전 총리가 1990년 마을을 방문했을 때 선물한 대형 인삼주도 전시돼 있었다.

신으로 받들어진 백제왕

그렇다면 이 마을에 전해 내려오는 백제 전설의 주인공은 누구일까. 바로 백제왕족 정가왕 부자다. 이들은 백제 신도시 히라카타를 만든 의자왕의 아들 선광왕처럼 663년 백강 전투에서 패하고 일본으로 건너온 백제왕족이다. 당시 일본의 야마토 정권은 이들을 혈육처럼 맞이한다. 《일본서기》에 "백제인 400여 명을 오미국 간자키군(지금의 오사카 일대)에 거주하도록 했으며 (…) 도래한 2,000여 명에게 3년간 관식(官食)을 급여했다."라는 문구가 나오는데, 정가왕 부자는 이 집단에 섞여 있었던 것으로 추정된다.

정가왕 일행은 처음엔 나라와 오사카 인근에 머물다가 9년 뒤인 672년에 정권 내부 권력 투쟁으로 내란이 일어나자 배를 타고 피란을 떠난다. 가던 중 태풍을 만나, 정가왕은 이곳 난고손에 정착하고 아들 복지왕은 90킬로미터가량 떨어진 히키[比木]에 정착하게 된다. 하지만 이내 반란군의 추격으로 정가왕은 난고손에서 일본 호족 일곱 가문의 지원을 받아 전투를 벌이지만 화살에 맞아 목숨을 잃는다. 급하게 소식을 듣고 달려온 아들 복지왕이 반란군을 제압한다.

이후 마을 사람들은 각각 정가왕을 신으로 모시는 미카도[神門] 신사와 복지왕을 신으로 모시는 히키 신사를 세운다. 정가왕의 시신은 마을 입구에 묻혔다. 시녀 등 왕을 모시던 열두 명이 시신을 둘러싸고 자결했다는 전설이 내려온다. 난고지소 국제 교류 담당 직원인 아라타 겐이치는 이와 관련된 일화를 들려줬다.

"1980년대 말 정가왕 무덤 인근 논밭을 소유한 땅주인이 찾아와 하는 말이 '나쁜 일만 계속 생긴다. 무덤 근처에서 농사를 짓다 보니 그런 것 같다'며 관청에서 땅을 사주면 어떻겠냐는 거였다. 마침 방치됐던 무덤을 정비할 계획도 있던 차여서 땅을 사들였다. 신기하게도 땅주인이 그때부터 일이 잘 풀린다며 고마워했다."

정가왕 부자는 어떤 사람들이었기에 마을 주민들이 신으로까지 받들게 됐을까? 난고지소의 마을 소개 자료에는 이렇게 적혀 있었다.

백제인들은 의학과 농업, 문화의 정취가 높았다. 왕족의 인격과 식견을 접한 마을 사람들이 경탄과 함께 존경과 동경의 마음을 품었기에 신으로 받들게 됐다.

미카도 신사를 직접 찾아가보았다. 마을 사람들에게 거의 신성시되는 공간인 신사에서는 주민들이 참배를 하고 있었다. 주변 나무들도 족히 300~400년은 되어 보이는 고목들이었다. 찬찬히 둘러보니 신사 뒤로 붉은빛이 감도는 작은 목조건물이 눈에 띄었다. 아라타는 그 건물이 진짜 미카도 신사로 추정되는 건물이라며 국가 중요 문화재로 지정돼 있다고 소개했다. 신사에 쓰인 나무도 이세[伊勢] 신궁*과 같은 자재로 밝혀졌다. 난고지소의 구니노베 아키오 소장은 "일본 옛 문헌에 이세 신궁을 만들 때 쓰던 나무들이 일본 각 지역으로 보내졌다는 기록이 나오는데 미카도 신사도 그 나무로 지

＊   혼슈 미에 현 동부 이세에 있는 신궁. 도쿄의 메이지 신궁, 오이타의 우사 신궁과 더불어 3대 신궁으로 불린다. 매년 참배객이 600만여 명에 달하는 이세 신궁의 가장 큰 특징은 20년에 한 번씩 건물을 신축하고 이전 건물을 헐어버린다는 것이다. 나무를 소재로 하며 오래된 건축 양식으로 짓기에 건물 연한이 짧기 때문이라고 한다.

백제왕족 정가왕을 신으로 받드는 미카도 신사의 모습. 신사가 위치한 난고손 마을 소개 자료에는 "왕족의 인격과 식견을 접한 마을 사람들이 경탄과 함께 존경과 동경의 마음을 품었기에 신으로 받들게 됐다."라며 신사를 만들게 된 배경이 적혀 있다.

어진 매우 귀한 건물 중 하나"라고 전했다. 지붕 또한 무려 1,000여 년 전에 나라 지역 건축물과 같은 기법으로 짜여져 있어서 국가 문화재로 지정됐다는 것이다.

2002년에 작성된 미카도 신사 조사 보고서에 따르면 신사 창건 시기는 718년으로 추정된다. 붉은색 건물은 그 이후에 지어진 것으로 보이는데 여기서 구리거울 등 정가왕의 유물 24점이 쏟아져 나왔다. 전설로만 내려오던 정가왕이 실존 인물이었음을 보여주는 물적 증거가 나오자 일본 사회가 술렁였다.

따뜻한 마음의 교류

이곳 주민들은 지금도 매년 음력 12월이 되면 '시와스마쓰리[師走祭]'라는 축제를 열고 미카도 신사에서 히키 신사까지 90킬로미터를 걷는 행사를 한다. 1년에 한 번이라도 정가왕 부자의 영혼을 만나게 해주자는 취지이다. 이 축제는 1991년에 무형 민속 문화재로 지정되었다. 또 정가왕이 남긴 유물 24점을 특별 관리하기 위해 도다이사 왕실 유물 창고인 쇼소인[正倉院]을 본뜬 서(西)쇼소인까지 세웠다. 주민들은 서쇼소인을 세우느라 빚을 내기도 했지만 관광객들이 많이 찾아온 덕분에 입장료 수익만으로 부채를 다 갚을 수 있었다고 한다. 난고손의 백제 마을 만들기는 산토리 문화상 등 22개의 지역 발전 공로상을 받기도 했다. 이곳에서의 경험은 마치 타임머신을 타고 백제로 돌아간 듯한 것이었다.《한일 교류 이천 년, 새로운 미래를 향하여》의 저자인 동서대 일본연구센터 정구종 소장은 이에 대해 "언어와 풍습이 다른 이국 출신 왕족을 서슴없이 받아주었던 옛 난고손 주민들의 따뜻한 마음과 그런 선조들의 뜻을 되새겨 백제를 오늘날에 환생시킨 주민들의 열정이야말로 한일 우정과 협력이 만드는 미래 모습을 보여주는 구체적 사례"라고 평가했다.

백제왕족 정가왕과 아들 복지왕은 1,300여 년 전 일본 내란을 피해 미야자키의 서로 다른 마을에 정착했다. 백제인들이 전해준 문화와 기술에 감명받은 현지 주민들은 고대 백제인들의 의상을 복원해 입고 백제왕 부자의 재회를 주제로 한 축제를 매해 열고 있다. **난고지소 제공**

가모 군 히노 정 ⑲

오쓰 시 ㉛

교토 시 ⑰ ⑱ ㉖ ㉚

나라 시 ㉗ ㉘ ㉙

이코마 군 ㉔

니시마쓰우라 군
아리타 정 ㉜

이마리 시 ㉝

오사카 시 ㉑ ㉕

사카이 시 ㉑

미나미카와치 군
가난 정 ⑯

하비키노 시 ⑲

다카이치 군 군
아스카 촌 ⑳ ㉓

히오키 시
히가시이치키 정 ㉞

사야마 시 ㉘

도쿄

2부

일본에 뿌리 내린
한반도 문화를 찾아

16
일본 문화의 거름이 된
철, 말, 토기를 전하다

오사카 부 미나미카와치 군 가난 정 지카쓰아스카 박물관
오사카 부 사카이 시 스에무라 유적지

취재를 하면서 일본 땅에 우리가 잊은 조상들의 흔적이 많다는 것
에 새삼 놀랐지만, 고대 한일 교류사에 정통한 일본인이 많다는 사
실에 더 놀랐다. 세계적 건축가 안도 다다오가 설계한 독창적인 건
물로 유명한 지카쓰아스카[近つ飛鳥]* 박물관에서 만난 시라이시 다
이치로 관장이 그 대표적인 사람이었다.

가야로부터 온 철기 문명

그가 갖고 있는 고대 한일 문명의 교류에 대한 해박한 지식과 정
보가 놀라운 것은 당연하고, 일본 주류 학자들 중에는 아직도 고대
한반도로부터의 문화 전수를 감추거나 말하지 않는 경우가 많은데

*   가까운 아스카라는 뜻.

그는 매우 단호하게 관련 사실을 주장한다는 점에서 인상적이었다. 그의 사무실에서 이뤄진 인터뷰는 예정된 두 시간을 훌쩍 넘겨 진행되었다. 시라이시 관장은 일본이 초기 국가를 형성하는 과정에서 한반도로부터 받은 영향이 절대적이었다면서 가야에서 일본으로 건너온 철기 문명 이야기부터 시작했다.

"일본에 철이 처음 들어온 것은 1~2세기경인데 주로 한반도에서 온 것입니다. 6세기까지 일본에서는 제철 시설이 발견되지 않아요. 대신 철을 1차 가공해 다양한 형태로 전환할 수 있는 뎃테이[鐵鋌]가 도처에서 발굴되고 있습니다. 처음엔 가야에서 완제품 형태로 철기를 수입했다가 6세기에 들어서면서 원재료 형태로 수입해 각지로 보낸 뒤 필요한 제품으로 변형해 쓴 것으로 볼 수 있습니다. 한반도 도래인들이 가져온 문명의 선물은 철에 그치지 않습니다. 말과 마구, 한자는 물론 스에키[須惠器]*라고 불리는 토기까지 모두 한반도에서 건너온 것이지요."

시라이시 관장은 고고학자답게 유물 중심으로 이야기를 풀어갔다. 그중에서도 말 이야기가 흥미를 끌었다. 《고사기》와 《일본서기》를 보면 백제의 아직기가 일본 왕에게 좋은 말 두 필을 선물한 후 말 기르는 일을 맡았다는 이야기가 나온다. 그런데 시라이시 관장에 의하면 이 말이 단순한 선물 차원이 아니었다고 한다.

* 1,100도 이상의 가마에서 구워낸 경질 토기.

"4세기 후반까지 일본에는 말이 없었습니다. 백제와 국교를 맺으면서 비로소 말을 들여오게 된 것이지요. 그전까지는 말 유골이 발견되지 않다가 5세기가 되면 말을 순장해 함께 묻은 무덤이 대거 발견되는데, 이는 한반도에서 건너온 말이 권력의 상징이 되었다는 것을 의미합니다."

실제로 이 박물관에서 관람객들이 맨 마지막으로 만나는 전시품은 인근 고분에서 발굴된 말의 유골과 한반도에서 건너온 말 모형이다. 시라이시 관장은 4세기 이후 한반도 문화가 일본 열도로 대거 유입된 것은 동북아시아 전체 국제 정세와 맞물려 있다고 했다.

"4세기가 되면 중국 북방의 유목 민족들이 대거 남하해 남북조시대가 전개되면서 민족 대이동이 이뤄집니다. 그로 인해 고구려도 남하 정책을 펼쳤고요. 신라가 고구려의 철갑 기병을 이길 수 없다고 판단해 고구려에 머리를 조아린 반면 백제는 정면 대결을 택했습니다. 하지만 자력으로는 힘들다고 생각했는지 일본에 동맹을 제의합니다. 369년 백제가 일왕에게 보낸 칠지도가 그 징표라 할 수 있지요."

5세기 전까지 일본의 갑옷은 보병용 판갑(板甲)이었다가 5세기 후반부터 기병을 위한 비늘 갑옷인 찰갑(札甲)이 등장하는데, 이를 통해 백제가 고구려 철갑 기병에 맞서기 위한 기병을 대량으로 육성하기 위해 일본에 말을 공급했음을 알 수 있다는 것이다.

지카쓰아스카 박물관에 전시 중인 말의 유해. 원래 일본 열도엔 말이 없었는데 4세기경 백제를 통해 말이 전래되었다. 이후 일본에는 주인이 사망하면 말을 함께 매장하는 문화가 생겼다.

"백제는 일본에 말을 공급하면서 말을 키우고 마구를 만드는 기술자까지 대거 보낸 것으로 추정됩니다. 이후 일본은 간토 지역에 대규모 목장을 조성해 말을 키우고 기병도 육성하기 시작합니다. 말은 물론이고 스에키와 한자, 불교와 같은 선진 문화도 한반도에서 일본으로 건너갔습니다."

하지만 문화란 것이 받기만 한다고 저절로 꽃피는 것은 아니다. 일본인들은 한반도로부터 받은 문명을 토대로 자신들만의 새로운 역사를 써나갔다. 철기 문화를 흡수해 세계 최강의 일본도를 생산하는 독자적 문화를 만들었듯이 말이다. 또 다른 대표적인 예가 있으니 바로 그릇이다. 고향인 한반도에서는 찬밥 대접을 받던 도자를 국보로 우대하며 세계적인 도자기 문화로 꽃피운 배경에는 이들만의 스에키 문화가 있다.

한반도로부터 건너온 토기

일본 고대사 연구자들은 한반도로부터 토기가 전해진 시기를 대략 3세기로 추정하고 있다. 일본 요리에서 찜 요리가 시작된 시기도 한반도에서 '시루'가 전래된 이후로 잡고 있다. 나라대 문화재학과의 우에노 고소 교수는 쌀을 쪄 먹는 토기와 시루는 한반도에서 전래된 것이 확실하다고 말한다.

시루와 함께 전래된 토기는 쌍잡이항아리, 바닥이 납작한 사발,

몸체가 긴 장독이다. 대부분 경남 김해시 등 낙동강 유역에서 출토된 한반도 토기와 똑같다. 빗살이나 새끼줄, 새 발자국 무늬가 그려져 있다. 이런 토기는 시간이 지나면서 무늬가 약간씩 변형돼갔다. 이를 두고 전문가들은 처음에는 도래인들이 취사도구를 그대로 가져갔지만 나중에는 현지에서 직접 생산했다는 증거로 본다.

고고학자들의 조사 결과 4세기까지 한반도 토기는 오사카 만과 강변에 집중 분포했다. 한반도에서 이주한 사람들이 최초로 정착한 곳과 거의 일치한다. 그 후 토기의 출토지는 오사카 만에 흘러드는 강줄기를 따라 일본 본토 내륙 쪽으로 향하고 있어 도래인들의 이동 경로를 보여준다는 분석이 뒤따른다. 도래인이 갖고 온 것은 부드러운 연질 토기로 일본어로는 하지키[土師器]*라고 한다. 이후 하지키가 점차 단단하고 색깔도 다른 경질 토기로 바뀐 것이 스에키다.

일본 고고학계는 스에키 생산 시점을 5세기 초반으로 잡고 있다. 스에키를 굽던 사람들도 한반도에서 건너간 도래인일 가능성이 크다는 점은 오사카 남동쪽의 사카이 시에 있는 스에키 대량 생산지인 스에무라[陶村] 유적지에서 확인할 수 있었다. 오사카 난바 역에서 전철을 타고 사카이히가시 역에서 내린 뒤 차로 20분 정도 남쪽으로 내려가면 공원 안 언덕에 가마터가 나온다. 가마는 길이가 10미터 이상으로, 아래에는 불을 때는 입구가 보였고 꼭대기 부분은 연기가 빠져 나가는 부분이었다. 도공들이 빚은 토기는 가마 안쪽 아

* 가마 없이 500도 안팎에서 구워낸 연질 토기.

래부터 차곡차곡 계단 모양으로 올려진 뒤 1,100도 안팎의 고온에서 구워졌을 것이라고 상상할 수 있었다. 자료관 측은 "스에키는 중국 양쯔 강 남쪽에서 생산됐으며 생산 기술은 한반도에서 일본으로 전해 왔다" 정도로만 밝힐 뿐 생산 주체를 명시하지 않았다. 하지만 가마터 도공들이 한반도 도래인이라는 것은 1990년대부터 정설로 굳어지고 있다. 〈마이니치 신문〉은 1991년 9월 12일 자를 통해 '최고(最古)의 스에키 가마터, 사카이 시에서 확인'이라는 제목으로 첫 세대 도래인들이 사용한 것으로 보인다고 보도한 바 있다.

스에무라 유적지 일대에서는 한 가마터당 주거지가 다섯 곳씩 발견됐다. 4인 가구로 계산하면 20명이 한 가마터에서 스에키 생산을 맡았다고 볼 수 있다. 이런 가마터가 사카이 시에만 1,000곳이 넘었다고 하니 가마터를 삶의 터전으로 삼았던 도공과 그 가족이 2만 명이 넘었다는 추정도 가능하다. 스에키가 일본 사회에 미친 영향을 알지 못하면 지금의 일본을 알지 못한다는 말도 있다. 스에키가 도자기에 바통을 넘길 때까지 500여 년 동안 일본인들의 식생활과 문화를 바꾸었기 때문이다. 한반도에서 건너간 도공들은 고온으로 재료를 활용하는 기술을 전파하며 야금 기술과 철제 농구의 대량 생산의 길을 터줬다. 임진왜란 때 일본이 왜 그렇게 한국의 도공들을 끌고 갔는지 고개가 끄덕여지는 대목이기도 하다. 이 이야기는 후에 이어질 도공들의 이야기에서 자세하게 전할 것이다.

오사카 역사박물관에 소장되어 있는 스에키와 하지키.

17

고구려인의
흔적들

교토 시 야사카 신사

일본인들의 삶에서 신사는 떼려야 뗄 수 없는 공간이다. 새해 첫
날 건강과 재물을 기원할 때에도, 마쓰리(축제) 때에도 신사를 찾는
다. 아직도 매해 일본 각료들이 태평양전쟁 전범 신사 참배 문제를
일으키는 것에서 볼 수 있듯 신사는 아직도 일본인들의 정신세계를
지배하는 공간이라고 할 수 있다. 미국 유타대의 이정면 명예교수는
저서 《고대 한일관계사의 진실》에서 "일본 각지에 퍼져 있는 신사
들은 12만 곳에 달하며 이 중 8만여 곳이 한반도 이주민과 깊은 관
련이 있다"라고 말한다. 오늘날 일본에 남아 있는 신사들 중 가야와
관련된 것은 가야 신사, 백제는 구다라 신사, 신라는 시라기 신사,
고구려는 고마신사로 불린다. 이 교수는 일본은 메이지유신 때 근대
화와 새로운 과학 문명을 받아들이기 위해 신사와 사찰에 남아 있
는 한반도의 흔적들을 제거하고 변화를 시도했기에 고대 일본 신사
들이 한반도와 관련이 있다는 논의가 자세하게 다뤄지지 않고 있는

것이라며, 역사를 파고들어 가다 보면 한일 간의 진한 교류와 우정의 흔적이 깊게 배어 있다고 말한다. 그중 가장 대표적이라 할 수 있는 교토에서 가장 오래된 야사카[八坂] 신사로 먼저 떠나본다.

일본 신사의 총본사 야사카 신사

도쿄로 천도하기 이전 1,000여 년 동안 일본의 수도였던 교토의 중심지는 누가 뭐라 해도 기온[祇園] 거리다. 전통과 현대가 어우러진 이 거리 위로 매일 수천 명의 관광객이 오간다. 이곳에서 야사카 신사를 찾기는 어렵지 않다. 거리가 시작되는 지점인 히가시야마[東山]산의 기슭에 있기 때문이다.

일본으로 국호를 바꾸고 본격적인 고대 국가로의 도약을 시도하던 아스카 시대에 지어진 이 신사는 교토에 오는 여행객들이라면 반드시 들르는 여행의 시작점이기도 하다. 신사 초입으로 들어서니 우리나라 유명 사찰과 다름없는 관광지 분위기가 물씬 묻어났다. 다코야키, 고구마 튀김, 꼬치구이 등 다양한 간식을 파는 포장마차들이 쭉 늘어서 있었기 때문이다. 경내 일부 건물은 수리 중이어서 가림막이 쳐져 있었다.

교토에는 수백 개의 신사가 있다. 아스카 시대를 시작으로 국왕 체제의 중앙집권제가 이뤄진 고대국가 완성기라 할 수 있는 나라 시대를 지나 교토가 수도로 정해지는 헤이안 시대까지 왕실 문화가 지배하는 중심 터전이었기 때문이다.

야사카 신사는 교토에 있는 수많은 신사 중에서도 가장 오래되고 유명한 신사다. 7세기 고
구려 사신이 한반도에 있던 '폭풍의 신'을 모셔와 세운 이 신사에는 지금도 많은 사람이 찾
아와 건강과 행복을 기원하고 있다.

이런 신앙의 기틀을 세운 사람들이 고구려, 백제, 신라 등 한반도로부터 건너온 도래인들이었다. 교토에는 유독 '다이샤[大社]'라고 불리는 큰 신사들이 많은데, 이 신사에서 모시는 신들이 전국으로 퍼져 나가 수만 개의 분사(分社)와 말사(末社)가 되었다. 야사카 신사는 교토 신사의 총본사라고 할 수 있다.

야사카 신사의 주인공은 고구려인

여기서 주목할 점은 '야사카'라는 이름부터가 도래인의 이름이라는 것이다. 바로 고구려에서 건너온 사신 이리지다. 야사카 신사의 유래를 기록한 문헌을 보면 "이리지는 왕실로부터 야사카노미야쓰코[八坂造]라는 성을 받았다"라는 대목이 나온다. 이리지는 언제 어떤 경위로 일본에 왔을까? 《일본서기》에는 "사이메이 왕 2년 8월 8일에 고구려에서 대사 달사와 부사 이리지 등 모두 81명이 왔다"라고 적혀 있다. 당시 고구려가 일본으로 보낸 사절단에 이리지가 포함되어 있었다는 뜻이다. 사이메이 왕이 재위할 당시 고구려는 보장왕, 백제는 의자왕, 신라는 태종무열왕이 다스리고 있었으니 이리지는 보장왕이 일본에 보낸 사신으로 추정된다. 실제로 이 신사를 지키는 신관도 대대로 이리지의 후손들이 이어왔다. 야사카 신사에서 만난 도조 다카후미 신관은 "신사 창건에 대해 여러 학설이 있지만 고구려계 도래인들이 세운 것이 거의 확실하다"라며 지금은 아니지만 얼마 전까지만 해도 후손들이 신관직을 이어왔다고 말했다.

이리지는 어떻게 타국 땅에서 신으로 모셔지게 된 것일까? 이에 대한 의문을 풀려면 일본에서 전해 내려오는 신화를 짚고 넘어가야 한다. 신사의 유래를 기록한 문헌에는 "고구려 사신 이리지가 신라국의 우두산에 계신 스사노오노미코토를 교토 땅에 모시고 와서 제사 지냈다."라는 기록이 나온다. 스사노오노미코토는 일본 고대 신화에 나오는 신의 이름이다. '스사노오'라는 약칭으로 불리는 이 신은 일본 열도를 만든 창조주 이자나기의 아들이다. 일본에서 바다와 폭풍의 신으로 모시는 스사노오는 제멋대로인 성격에 각종 사고를 치다 인간 세상으로 추방되었다. 《일본서기》에 "스사노오가 인간 땅에 내려온 곳을 신라국의 소시모리[曾尸茂梨]"라고 기록되어 있는데, 소시모리는 한국말로 소 머리를 의미하는 '우두주(牛頭州)'로 풀이돼왔다. 이 때문에 일본에선 스사노오를 '우두천왕(牛頭天王)'이라 부르기도 한다.

교토인의 마음을 지켜준 오중탑

매해 7월 17일부터 24일까지 야사카 신사가 주관하는 축제인 기온마쓰리[祇園祭]는 스사노오를 받드는 축제다. 이때 교토에는 전국에서 수십만 명의 관광객이 몰려든다. 기온마쓰리는 오사카의 덴만마쓰리, 도쿄의 간다마쓰리와 함께 3대 축제로 불린다.

앞서 언급한 교토의 중심 거리나 마쓰리 이름 앞에 붙은 '기온'에도 사연이 있다. 당초 야사카 신사는 기온 신사, 기온샤[社], 기온

칸신인[感神院] 등으로 불렸지만 1868년 신사와 절을 분리하는 신불 분리령에 따라 지금의 '야사카 신사'라는 이름이 붙었다.《삼국사기》에는 신라 진흥왕 때인 566년 기원사(祇園寺)와 실제사가 지어지고 황룡사도 완성됐다는 기록이 나오는데, 신라의 기원사에서 기온샤가 유래됐다는 분석이 유력하다. 고구려계 도래인들의 흔적은 야사카 신사에서뿐 아니라 인근 지역에서 광범위하게 확인할 수 있었다. 대표적인 것이 '야사카 탑'이라고 불리는 중요 문화재, 호칸사[法觀寺] 오중탑이었다. 이 오중탑은 신사에서 기요미즈사[淸水寺]로 올라가는 언덕길 중간에 있었다. 교토에서 가장 오래된 목탑이라고 한다. 주택가 일반 가옥들 사이에 오중탑이 떡 하니 버티고 있어 매우 인상적이었다. 지금은 절터도 없고 탑만 남아 있지만 이 오중탑은 교토인들에게 정신적 지주나 다름없다. 하야시야 다쓰사부로가 쓴《교토》의 일부를 인용하는 것으로 오중탑을 바라보는 일본 민중의 마음을 대신 표현해본다.

> 호칸사는 도시와 함께 산다고 해도 좋을 것이다 (…) 고려 이리지의 후예가 창립한 곳이다. 고려의 귀화 씨족은 소라쿠 군 가미코마, 시모코마 지역을 근거로 고려사를 창건하여 씨족의 거점으로 삼았지만, 야사카노미야쓰코라는 이름으로 불렸던 이 지역의 씨족은 이 기온샤의 전신인 신사에 제사를 지내고 야사카사를 지었다. 사원 자체는 유감스럽게도 얼마 안 돼 재해를 당해 쇠망했지만, 무로마치 시대 에이쿄 12년(1140년) 재건된 오중탑이 홀로 서서 동산의 전망에 운치를 더하고 있

다 (…) 오닌·분메이의 대란으로 교토가 초토화되고 모든 문물이 불타 버리는 진화를 잘도 피하고 살아남은 것이리 감회기 깊다. 그 당시 교토의 낮은 가옥들 중에서 눈에 띄게 치솟은 이 탑은 매일 아침 올려다 보는 것만으로도 살아가는 시민들의 큰 버팀목이 됐을 것이다.

메이지 무렵까지는 탑 최상층에 전망대가 있어서 교토 시내를 한눈에 볼 수 있었다고 한다. 중세에 교토를 쟁탈한 군사들이 가장 먼저 탑 위에 휘장을 둘러치는 것으로 교토 지배를 표시했다는 설도 있다. 오중탑 뒤로 해가 지고 있었다. 시간을 훌쩍 뛰어넘어 2,000여 년 전 이곳에 와 정착했던 조상들도 저런 석양을 마주한 적이 있으리라는 생각을 하며 기온 거리를 빠져나왔다.

호칸사 오중탑은 교토를 소개하는 엽서에 빠지지 않고 등장하는 교토의 상징물이다. 벚꽃이 피는 봄에는 '일본 최초의 보탑(寶塔)'이라고 적힌 팻말이 내걸린 탑 밑에서 결혼사진을 찍는 예비부부들을 흔히 볼 수 있다.

18
교토 번영의 씨앗을 뿌린
신라인들의 흔적
교토 부 교토 시 아라시야마

《고사기》와《일본서기》등 일본 주요 고대 역사서들은 기원전 3세기에서 기원후 3세기인 야요이 시대에 이미 한반도 도래인들이 일본으로 건너오기 시작했다고 기록하고 있다. 이때 중요한 인물이 신라 왕자 천일창이다. 일본 고대사 연구가인 홍윤기 선생은 2012년 국학원 창립 10주년 기념 학술 세미나에서 "야요이 시대 사람들은 나무 열매 따 먹기, 바닷가 조개 줍기 등 원시적인 채집 생활을 하고 있었는데 천일창이 건너가 태양신 숭상을 전파하고 선진 벼 농사법을 전수했으며 대장간 철기 제작 기술까지 전했다"라는 요지의 주장을 펼쳤다.

이들이 정착한 곳은 효고 현 일대로 추정된다. "오진왕 31년에 효고 현 아마가사키와 가까운 무코 항에 정박 중이던 배가 신라인들의 거주지에서 일어난 화재로 소실되는 사고가 일어나 신라에서 조선 기술자 집단을 보내 선박을 건조해줬다"라는 기록이 《일본서기》

에 남아 있다.

신라 왕자 천일창과 함께 일본으로 건너온 많은 신라인들은 제철을 비롯해 도자기 제작과 직물 분야에서 당시 한반도 선진 기술을 전하며 일본의 국가 형성에 크게 기여한다. 이들 중에서 우리가 잊지 말아야 할 씨족이 5세기경 일본으로 건너간 것으로 추정되는 '하타[秦]'씨족이다. 이정면 명예교수는 신라인들의 씨족인 하타씨족이 백제에서 건너온 아야[漢]씨족과 함께 일본에 직조 기술을 전수하는 데 중요한 역할을 했다며 "특히 닌토쿠 왕부터 유랴쿠 왕 시대에 걸쳐 양질의 비단과 면, 방수 비단까지 생산했다"라고 소개했다.*

일본 고대국가 형성에 결정적으로 기여한 신라인들

하타씨족은 명주실 뽑는 기술 외에 상업을 운영하고 발전시키는 일도 전했으며 배나 말을 이용해 무역을 하는 기술도 전했다고 한다. 이들에 의해 교토를 포함한 주변 지역이 농업과 직물 산업 이외의 수단을 통해 점점 부를 축적해갔다.

이들의 흔적이 가장 많이 남아 있는 곳이 교토 현 아라시야마 지역이다. 교토가 수도로 정해지는 헤이안 시대 때 귀족들의 별장지로 개발될 정도로 수려한 풍광을 자랑한다.

오사카와 인접한 교토 서부 끝에 있는 아라시야마는 한자 뜻 그대

---

* 이정면, 《고대 한일 관계사의 진실》, 이지출판, 2014.

로 '바람이 부는 산'이다. 아라시야마 산 아래쪽에는 가쓰라가와[桂川] 강이 펼쳐져 있다. 이둑이둑할 무렵 기쓰리기와 강을 찾았다. 유유히 흐르는 물줄기를 바라보며 1,600여 년 전 이곳으로 온 신라인들을 생각했다. 그들에게 이곳은 휴양지가 아니라 치열한 삶의 터전이었다.

그렇다면 하타씨족들은 어떻게 이곳에 터를 잡게 되었을까?

사실 가쓰라가와 강 일대는 가도노[葛野], 즉 갈대 벌판으로 불릴 정도로 사람이 살기에 좋은 땅이 아니었다. 지금도 태풍만 왔다 하면 강물이 넘쳐 주변 주택가가 온통 물에 잠겨버린다. 하타씨족들이 처음 건너온 5세기 때에는 지금처럼 제방 시설도 없었을 터이니 피해가 더욱 심했을 것이 분명했다. 신라인들은 현지인이 버린 땅에 둥지를 틀고 서로를 의지해가며 이민 생활을 시작했을 것이다. 이들이 가장 먼저 한 일은 강 상류에 제방을 쌓는 것이었다. 낮게 둑을 쌓아 강물이 한 번 머물다 지나가도록 해 유속을 조절했으며 양옆으로 수로를 파서 인근 들판으로 물을 댔다. 당시 신라인들이 제방을 쌓았던 곳을 지금 일본인들은 오이가와[大堰川]라고 부르는데 이는 '큰 제방을 쌓은 강'이라는 뜻이다. 당시의 제방은 지금은 찾아볼 수 없지만 오이가와 주변에 양옆으로 매끈하고 길쭉한 수로가 건설돼 있는 것으로 보아 하타씨가 만든 제방이 현대판으로 업그레이드 되었음을 알 수 있었다.

취재에 동행한 교토산업대 고대사연구소 이노우에 미쓰오 소장은 한일 고대사에 정통한 학자로, 칠순이 넘었음에도 가는 곳마다 당시 제방 상상도까지 수첩에 일일이 스케치해가며 열정적으로 설명해주었다.

"신라인들이 교토의 역사를 바꿔놓았습니다. 그들이 없는 교토의 역사는 상상할 수 없어요. 이전까지 밭농사밖에 지을 수 없었던 교토는 신라인들 덕분에 안정적으로 용수 공급이 가능해지면서 농업 지역으로 탈바꿈했습니다."

진지한 그의 모습에선 '당신들이 잘 모르는 당신들 조상의 이야기를 내가 전하고 싶다'라는 마음이 느껴졌다. 제방과 함께 이곳 사람들이 가장 사랑하는 건축물이라고 하는 다리 도게쓰쿄[渡月橋]도 신라인들의 작품이다. 이 다리는 본래 목조로 만들어졌으나 전란과 홍수로 수차례 불타거나 유실되면서 1934년에 콘크리트로 재건축된 것이다.

일본인들을 위해 제방을 쌓은 도쇼 스님

그런데 이곳에서 제방과 다리 건설을 진두지휘한 신라인이 있었으니 다름 아닌 하타씨 출신의 도쇼 스님이었다. 그는 교토 고류사[廣隆寺] 9대 주지로 부임해 고류사를 크게 중건한 인물이기도 한데, 강물이 넘쳐 오이가와 제방이 무너지자 직접 가래를 들고 제방 축조 공사에 나서 사람들이 '보살이 환생했다'라며 머리를 조아렸다고 한다. 도쇼 스님은 836년 제방 공사를 벌이던 중 도게쓰쿄를 지었는데 멀리서도 잘 보이도록 다리 난간에 붉은색 칠을 했다고 한다. 도게쓰쿄 오른쪽에는 교토의 최고급 음식점들이 즐비한 거리가 나온다. 음식점 구경을 하다 보면 거리 입구에 서 있는 긴 비석을 놓치기 쉽다. 비석에는 '법륜사도창유업대언지(法輪寺道昌遺業大堰址)'라고 쓰여 있다. '도쇼[道昌] 스님의 업적인 큰 제방터'라는 뜻이다. 호린사[法輪寺]는 도쇼 스님이 수행했던 곳이다. 언제 세운 것인지는 비석에 나와 있지 않았지만 근래에 세워진 비석으로 보였다. 도래인 출신이지만 제방과 다리를 놓아 이 지역을 일군 도쇼 스님을 존경하는 일본인들의 마음이 전해져 왔다.

도게쓰쿄를 건너자마자 호린사가 나오는데 안타깝게도 매우 낡아 관리가 제대로 안 되고 있다는 것이 느껴졌다. 이 절에는 도쇼 스님의 발자취를 느끼기보다 전망대를 구경하러 온 방문객들이 더 많은 듯했다. 전망대에 서니 아라시야마, 도게쓰쿄는 물론이고 멀리 교토 시내가 한눈에 펼쳐졌다. 호린사에서 나온 뒤 길을 잃고 주택가를 헤매던 중, 우연히 한 아파트 건물 옆길로 들어섰다가 신기한 구경을 하게 되었다. 아파트 건물과 건물 사이에 좁은 수로가 있는 것 아닌가. 물살도 강해 큰소리를 내며 흐르고 있었다. 주변을 둘러보니 이런 수로를 곳곳에서 찾을 수 있었다.

이튿날 교토조형예술대의 사학자 나카오 히로시 교수를 만나자마자 수로의 정체부터 물었다. 역시 예상대로 신라인들이 농사를 위해 강물을 끌어들인 길이었다. 후세 일본인들이 길을 없애지 않

교토 서쪽 아라시야마 지역에 있는 관광명소 도게쓰쿄는 9세기 신라계 하타씨 출신의 도쇼 스님이 지은 것으로, 현대에 와서 콘크리트 자재로 복원되었다. 도쇼 스님 같은 도래인들은 다리를 놓고 농지를 개간하며 교토 발전에 없어서는 안 될 중요한 역할을 수행했다.

아라시야마 주택가 건물 사이로 흐르는 수로는 과거 도래인들이 농사를 짓기 위해 끌어들
인 물길을 후세 일본인들이 현대식으로 개축한 것이다.

고 더 과학적인 현대식 수로로 개축해 용수 공급에 활용하고 있다는 것이었다. 그의 말을 확인하고 싶다는 생각에 다시 수로를 찾았다. 전날 보이지 않던 비석 하나가 눈에 들어왔다. 주택가 놀이터 옆이었다. 자세히 다가가 보니 '이치노이 제방비'라고 적힌 비석에는 도쇼 스님이 만든 제방 덕분에 여러 곳으로 물을 끌어들일 수 있었다는 내용이 적혀 있었다. 비석은 1980년 이 지역 수리조합이 세운 것이었다. 도게쓰쿄 입구에 세워진 도쇼 스님 공덕비에 이어 제방비까지 보니 코끝이 찡했다.

교토 정착에 성공한 하타씨족은 서쪽 지역에서 벗어나 교토 전역으로 퍼져나갔다. 김현구 선생은 《백제는 일본의 기원인가》에서 이렇게 말한다.

하타씨의 숫자가 얼마나 되는지 또 그 수가 사실이 얼마나 반영된 것인지는 알 길이 없다. 다만 5세기 후반에는 92부(部) 1만 8,670명으로 되어 있고 6세기 전반에는 7,053호라고 되어 있는 기록들로 보아서 그 수를 짐작할 따름이다.

흔히 교토는 첨단과 전통이 아름답게 어우러진 세계적인 도시로 평가받는다. 하지만 또 다른 측면에서 보면 교토야말로 먼 옛날 문명의 씨앗을 뿌린 우리 조상들과 또 이들을 적극 받아들여 번영을 이루는 데 성공한 일본인들이 어우러진 문명 교류의 가장 뜨거운 현장이었다.

19
백제왕족을 모시는
일본의 신사들

오사카 부 하비키노 시 아스카베 신사
시가 현 가모 군 기시쓰 신사

오사카의 아스카베[飛鳥戶] 신사에서는 매년 새해가 되면 막걸리, 사과, 대추 등을 놓고 술을 한 잔씩 따른 뒤 큰절을 올리는 한국식 제사가 치러진다. 이들이 모시는 조상신은 일본인이 아니라 한국인인 백제 곤지왕이다. 한국에서는 그의 무덤을 확인할 길도 없고 사당조차 없어서 이름조차 낯선 인물이지만 일본인들은 곤지왕을 모신 신사를 짓고 무려 1,500여 년 동안 제사를 이어오고 있다. 이렇게 한국의 조상신을 지극정성으로 모시는 또 다른 신사가 있으니 교토 근교에 있는 기시쓰[鬼室] 신사다. 우리에겐 잊힌 백제 조상들을 기리는 두 신사야말로 한일 간의 깊은 인연을 상징하는 장소라 할 수 있다.

한일 평화 대사 곤지왕을 모시는 아스카베 신사

아스카베 신사가 있는 아스카 촌은 일본에서 유명한 와인 생산지다. '아스카 와인'은 일본 와인 경연대회에서 여러 차례 우승할 정도로 인기가 높다. 신사는 주택가 한가운데 있었다. 지금은 웅장한 모습을 찾기 어렵지만 이 신사는 한때 일본 왕실에서 직접 제사를 지냈으며, 서기 890년에는 제사 비용을 충당하라고 3,000평가량의 밭을 하사했을 정도로 특별 관리를 받았다. 그만큼 일본 왕실이 각별히 대우했다는 뜻이 될 것이다.

신사를 설명하는 안내판에는 신사에서 모시는 조상신이 백제 곤지왕임을 명확히 밝히고 있었다.

> 유랴쿠 왕 시대에 도래한 백제계 아스카베노미야쓰코[飛鳥戶造] 일족의 조상신인 비조대신(백제의 곤지왕)에게 제를 드리는 신사.

'아스카베노미야쓰코'는 일본에 뿌리를 내린 곤지왕 후손들의 씨족 이름이다. 문자 그대로 '아스카의 문을 만들었다'라는 뜻이니 일본 고대국가 형성기에 곤지왕과 후손들의 역할이 매우 컸음을 짐작하게 한다. 곤지왕은 왜 일본으로 건너갔으며 무슨 일을 했을까?

5세기 중반, 정변을 통해 집권한 백제의 개로왕은 귀족 세력에 대한 대규모 숙청을 단행해 왕족 중심의 친위 체제를 구축한다. 여기에 고구려의 남진정책으로 안보 위협까지 받고 있던 상황이었다. 한국전통문화학교 이도학 교수는 저서 《살아 있는 백제사》에서 이렇게 말한다.

곤지왕은 본래 왜에 군사를 청하는 청병사 자격으로 파견됐지만 당시만
해도 이미 왜에 경제적 기반을 갖춘 백제 귀족들이 있어서 이들을 관리
하는 한편 왕권 강화 차원에서 왜와의 교역 독점 창구 역할도 했을 것.

461년에 일본으로 건너간 곤지왕은 한성이 함락된 475년에도
귀국하지 않고 있다가 477년에야 백제로 돌아간다. 귀국 후 왕실
출납을 담당하는 내신좌평에 임용됐으나 4개월 만에 숨을 거두고
만다. 그를 조상신으로 모신 아스카베 신사가 있는 아스카 일대는
곤지왕이 일본에 있을 때 머물던 곳으로, 고대 사료를 분석한 한 통
계조사에 따르면 이 일대 주민의 36퍼센트가 한국계였고 그중에서
도 백제계가 64퍼센트나 되었다고 한다. 이곳 주민들은 바로 한때
없어졌던 신사를 다시 만든 주역들이다. 1908년 메이지 정부는 신
사 통폐합을 한다며 아스카베 신사를 다른 신사와 합쳐버렸다. 그리
고 전쟁이 끝나고 조금씩 안정을 찾아가던 1950년대에 들어 주민
들은 주민들은 신사 부활 운동을 시작한다. 마침내 1952년 신사의
문을 다시 열게 되자 정부로부터 일체의 재정적 지원을 받지 않고
주민 헌금으로만 운영하기로 결정한다. 신사 관리도 순번을 정해 돌
아가며 맡고 있었다. 운영 총괄 책임을 맡고 있는 6인회의 멤버 중
한 명인 나카무라 요지는 이렇게 전한다.

"저의 부친은 제 이름을 신사 부활 운동을 주도한 사람의 이름을 그대
로 따 지을 정도로 곤지왕에 매료되어 있었습니다. 저 역시 곤지왕을

일본 오사카 근교 아스카 촌 주택가에 있는 아스카베 신사의 도리이. 859년에 지어진 신사
의 원래 위치에 세워졌다.

생각할수록 1,500여 년 세월로 맺어진 한일 인연의 신비함을 느끼게 됩니다. 매해 10월 17일과 18일에 우리 신사에서는 곤지왕을 추모하는 마쓰리를 열고 있는데, 소식을 듣고 찾아온 한국인들이 '우리도 잊고 있던 백제왕자를 이렇게 정성스럽게 모셔주고 있다니 정말 고맙다'라고 눈물을 흘리며 말할 때 큰 보람을 느낍니다."

백제 유민 귀실집사를 모시는 기시쓰 신사

교토에 있는 기시쓰 신사도 마찬가지였다. 신사는 시내에서 차로 한 시간 반 정도 떨어진 시가 현 가모 군에 있는 작은 마을 히노[日野] 정에 있다. 단청 무늬가 있는 팔각 기와지붕의 기시쓰 신사 입구는 한눈에도 한국 정자와 유사했다. 일본 신사의 지붕은 보통 나무껍질로 덮여 있기 때문이다. 기시쓰 신사 앞 안내판에는 "백제 도래인 귀실집사를 모시는 신사"라는 설명이 일본어와 한국어로 적혀 있었다. 귀실집사의 묘 앞에는 '귀실집사지묘(鬼室集斯之墓)'라는 비석까지 서 있었다. 귀실집사의 출생 연도는 알려져 있지 않지만《일본서기》는 귀실집사가 백제가 백강 전투에서 패하기 1년 전인 662년 백제 유민 700명을 데리고 이곳에 정착한 뒤 26년간 살다가 688년 세상을 떠났다고 기록하고 있다. 당시의 일왕 덴지는 그에게 '소금하(小錦下)'라는 벼슬을 주고는 그와 함께 온 유민들을 이곳에 살게 했다는 기록이 나온다. 이때 정착한 백제 망명자는 모두 1,000명을 넘어선 것으로 추정된다. 신사 뒤 스즈카 산맥 류오 산 아래에는 아직도 후손들이 촌락을 이루고 살면서 신사를 관리한다고 한다.

귀실집사는 학식이 뛰어나 671년에는 교육부 장관 격인 '학식두(學識頭)'에까지 임명된다. 부친은 백제 무왕의 조카이자 의자왕의 사촌인 부여복신으로 알려져 있는데, 부여복신은 나당 연합군과의 전투에서 세운 공이 커 귀신을 놀라게 했을 정도라고 하여 '귀실'이라는 성을 받았다고 전해진다. 기시쓰 신사도 아스카베 신사처럼 일본인들의 헌신적인 봉사로 운영되고 있었다. 아스카베 신사처럼 신관을 따로 두지 않고 주민들이 직접 신앙 의례까지 주관하고 있었으며, 관리비는 주민들이 매달 내는 1,500엔(약 1만 3,500원)의 회비로 운영되고 있었다. 중앙정부나 지자체의 지원은 일절 받지 않고 있었다. 마을에서 태어나 평생 살고 있다는 사이토 기요지는 2013년 임기 4년의 주민 대표가 됐다. 직접적인 조상도 아닌데 기리는 이유에 대해 물었더니 이런 답이 돌아왔다.

"일본에는 수많은 신사들이 있습니다. 하지만 신사 내 묘비에 특정인의 이름, 사망 연도, 생전 직책 등이 다 표시된 곳은 거의 없습니다. 귀실집사가 어느 나라 사람이냐는 것과는 관계없이 그런 기록이 남아 있는 것 자체가 소중한 문화유산입니다. 비록 규모는 작지만 1,300여 년이나 되는 긴 역사를 가진 신사가 있는 곳에서 태어나 이렇게 신사를 위해 일할 수 있다는 사실 자체로 자부심을 느낍니다."

더 놀라운 것은 주민들이 철저하고 꼼꼼하게 자료를 정리하고 문

교토 근교의 한적한 시골 마을 히노 정에 있는 기시쓰 신사 전경. ©wikipedia

서를 보관한 것이었다. 사이토는 1940년에 처음 만들어 지금까지 내려오는 방명록 스무 권을 보여줬다. 무려 75년간 매해 신사를 찾은 7만 5,000여 명의 이름과 방문 소감이 기록되어 있었다. 유명 소설가 시바 료타로의 필체도 보였다. 주민들은 귀실집사의 부친 귀실복신을 추모하는 은산별신제를 주관하고 있는 충남 부여군 은산면과도 활발한 교류를 갖고 있었다. 은산별신제의 유래도 흥미로운 대목이다. 660년 백제 멸망 직후 은산 지역에 원인 모를 괴질이 퍼져 사람들이 죽어나가자 이상하게 생각한 주민들이 점을 쳐보았더니 백제 멸망 때 죽은 병사들의 원혼이 떠돌기 때문이라는 답이 나온 것이다. 이에 마을 사람들이 백제군들의 유골을 수습하고 씻김굿을 지내주자 괴질이 사라졌다고 한다. 이후 은산 주민들은 백제군의 원혼을 달래고 마을 사람들의 무병장수와 풍요를 비는 별신제를 매년 2월에 지내고 있다.

히노 정의 주민 우에다 요시카즈는 기시쓰 신사가 한일 교류 역사에서 매우 중요한 의미가 있는 곳이라고 이야기한다.

"백제 유민들이 일본 수도와 가까운 곳에 집단 군락을 이루고 살았으며 이들의 정착을 일왕이 직접 주선하고 고위 관직에 임명했다는 점만 봐도 당시 한국과 일본이 얼마나 가까웠는지를 보여주는 확실한 증거라 할 수 있습니다."

20
일본 문화를 눈부시게 발전시킨 백제의 테크노크라트

나라 현 다카이치 군 오미아시 신사, 다카마쓰 고분
오사카 부 히라카타 시 나스즈쿠리 유적

일본이 고대국가의 기틀을 완성한 시대를 '아스카 시대'라 부른다. '일본'이라는 국호가 만들어진 것도 이때다. '아스카'라는 말은 당시 일본의 권력을 잡고 있던 야마토 정권의 주 무대 아스카[飛鳥] 지역의 이름을 딴 것이다. 아스카 지역은 바로 지금의 나라와 오사카 일대다. 아스카 문화를 꽃피운 결정적인 계기는 백제로부터의 문화 전수였다. 4세기경 칠지도를 보내며 일본과 첫 공식 교섭을 했던 백제는 비약적인 발전을 이루는 6세기 성왕 대에 이르러서는 일본과 전방위 분야에 걸친 왕성한 교류를 한다.

대규모 문화 사절단이 수시로 백마강변 구드래나루에서 일본으로 가는 배에 몸을 실었다는 기록들이 나오는데 이 구드래나루가 백제를 칭하는 일본말 '구다라'가 되었다는 설이 유력하다. 일본으로 가는 배에는 사찰 건축 기술자들을 포함해 재봉사, 방직공에서부터 오경박사 같은 학자들까지 다양한 직종의 사람들이 있었다. 이들에 대한 흔적들은 정작 우리에겐 별로 남아 있지 않고 일본에 많다.

백제 출신 아지사주를 기리는 오미아시 신사

나라 현 아스카 촌 히노쿠마에 있는 오미아시[於美阿志] 신사는 방직, 토목공사, 수리 공사 등에 기여한 백제인들을 기리는 곳이다. 주택가 마을 깊숙한 곳에 위치한 신사는 시골에 있는 것치고는 제법 규모도 있었고 품격도 있어 보였다. 하지만 오가는 사람이 거의 없어 매우 쓸쓸했다. 상주하는 신관들도 없어 버려진 곳처럼 보였다.

신사 앞에는 아스카 보존회가 세워놓은 녹이 슨 동판 안내판이 서 있었다. 여기에 신사의 역사가 간략히 나와 있었다.

오미아시 신사가 있는 장소는 옛날 히노쿠마사[檜隈寺]라는 절이 있던 절터였다. 히노쿠마는 백제에서 온 아지사주가 살았던 곳이라 전하는데 이곳 신사는 그를 제신(祭神)으로 섬기고 있다.

여기에 언급된 오미아시 신사의 제신 아지사주는 우리에겐 낯선 이름이지만 《일본서기》에까지 등장할 정도로 중요한 백제인이다. 서기에 따르면 아지사주는 409년 아들 도가사주와 함께 17현의 무리를 이끌고 건너왔으며 부자는 모두 일본에 귀화해 새로운 씨족인 야마토노아야[東漢]씨를 이뤘다고 적고 있다.

아지사주 부자는 어떤 경위로 일본에 건너왔을까? 그가 건너온 시기는 405년에서 420년까지 재위한 전지왕 때다. 당시 백제는 고구려 광개토왕의 잇따른 침공에 연전연패한 데다 큰 가뭄과 왕위 쟁탈전으로 정정(政情)이 매우 불안해 나라 전체가 큰 혼란을 겪고 있었다.

《삼국사기》에는 이 시기 많은 백제 백성들이 신라로 달아났다는 기록이 있는데 이들 중에 일본행을 택한 사람들도 상당수였을 것이다. 아지사주 부자 일행도 이때 건너와 아스카에 정착한 것으로 추정된다. 이들은 주로 도공, 화공, 마구 및 비단 제작자였으며 대규모 관개 사업, 토목공사, 농지 개간 기술 등을 가진 수준 높은 기술자들도 포함되어 있었다고 한다. 아스카 일대를 중심으로 머물면서 일본인들에게 각종 기술을 전수한 아지사주 부자 일행은 '테크노크라트'였던 셈이다. 한반도 도래인들의 흔적은 오미아시 신사 주변에 있는 또 다른 유적지에서도 확인할 수 있었다. 신사에서 걸어서 20분 정도 가면 나오는 그 유명한 다카마쓰[高松] 고분이다. 일본 국보인 이 무덤은 1972년에 가시하라 고고학연구소가 이 일대를 조사하다 발견한 것이다. 일본에서는 그동안 출토되지 않았던 고분 벽화가 부장품들과 함께 대거 쏟아져 나와 일본 사회는 '전후(戰後) 최고의 고고학적 발견'이라며 발칵 뒤집어졌었다.

고고학자, 역사학자는 물론이고 미술사학자, 천문학자들까지 총동원되어 조사한 결과 무덤에서 출토된 인골이 40~60세 정도의 성인 남자의 것이며, 이 인물은 부장품으로 볼 때 고귀한 신분으로 추정되었다. 그런데 당초 왕릉으로 추정되었던 고분이 양식 면에서 한반도 무덤 양식인 횡혈식 석실 고분인 데다 무덤 안 벽화들도 고구려 고분 벽화에서나 볼 수 있는 사신도, 별자리 그림, 주름치마를 입은 여인 그림이어서 다시 한 번 일본 사회를 놀라게 했다. 백제 아지사주 부자 일행이 살던 오미아시 신사 일대가 백제 도래인들의 집단 거주지였다는 점을 감안하면 다카마쓰 고분 주인이 한반도계일 것이라는 추정이 가능하다.

연민수 실장은 신라가 삼국을 통일하는 7세기 후반에 고구려와 백제의 유민들이 일본으로 집단 망명하는데, 이때 망명 온 고구려 왕족이 아닌가 추정할 뿐이라고 전했다.

패션을 선도한 백제인들

고대국가로 발전한다는 것은 정치 체계의 변화뿐 아니라 사람들의 생활양식을 이전까지는 상상할 수 없는 수준으로 끌어올렸다는 말이다. 5세기 전까지 고대 일본에는 변변한 의복이랄 만한 게 없었다. 중국에서 나온 6세기 초 각국 사신들의 모습을 담은 작품들을 보면 일본인 사신들은 가죽과 천을 여민 옷을 걸친 초라한 행색이라는 것이 느껴진다. 이를 근거로 전문가들은 당시 일본인들의 의복문화를 '겨우 몸을 가리는' 수준으로 추정하고 있다. 옷감을 짜는 기술과 재봉 기술이 없었기 때문이다. 그런 일본에 옷감 짜는 기술과 복식 문화를 전파한 사람들이 바로 백제인들이었다.

아스카의 구레쓰히코 신사는 백제에서 건너간 재봉 기술자 부부를 모시고 있다. 《일본서기》에는 "손재주가 있는 자인 한직, 오직과 바느질을 담당하는 자매를 데려왔다"라는 구절이 나오며, 더불어 당시 아스카 일대에는 백제인 재봉사들이 집단으로 거주한 것으로 추정된다. 또 일본 왕실 사료에서 나온 복식이 백제 복식과 상당 부분 비슷해 백제 옷이 왕실 패션에까지 영향을 준 것으로 추정된다. 공주대 김병미 교수의 〈백제 옷의 직물과 문양〉에 따르면 유랴쿠 왕 시절인 463년에 백제에서 건너온 직인이 비단으로 옷을 짜는 기술을 전파하면서 한국식 비단이 일본에 널리 퍼졌다고 한다. 백제 복식이 끼친 영향에 대해서는 일본 학자들도 인정한다. 복식학자 나가시마 노부코는 1937년에 펴낸 《일본 의복사》에서 백제인들이 옷깃을 여미는 재봉법을 전해준 것으로 보인다고 밝혔다.

2005년에는 이를 고고학적으로 입증할 유적까지 나왔다. 바로 오사카 부 히라카타 시 인근의 나스즈쿠리[茄子作] 유적이다. 이곳에서 5세기 때 쓰이던 베틀이 발견된 것으로 실 자국마저 선명한 백제식이었다. 히라카타 시 측에 의하면, 《일본서기》에 5세기 초반 백제 재봉사가 일본 왕실에 건너왔다는 내용이 나오는데 방사성탄소연대측정 결과 발굴된 베틀과 시기가 일치한다.

주거 형태도 백제인들의 영향으로 혁명적인 변화를 맞았다. 그전까지 움집과 비슷한 형태의 집에서 살던 일본인들은 5세기 이후 도랑을 판 뒤 구멍을 뚫어 기둥을 세운 집에서 살기 시작했다. 기둥 사

일본 국보인 다카마쓰 고분 서쪽 벽에 그려진 여인 군상도. 평안남도 남포 수산리 고분 벽화에서 보이는 색동 주름치마에 웃옷으로 치마를 덮는 고구려풍 의상을 입고 있다. 이 밖에도 고구려 고분을 대표하는 사신도와 별자리 그림도 발견되어, 신분이 높은 성인 남자의 무덤으로 판명된 다카마쓰 고분의 주인이 고구려가 멸망한 뒤 일본으로 건너간 한반도 도래인이라는 추정이 유력하다. **다카마쓰 고분벽화관 제공**

일본 오사카 부 오사카 시 역사박물관에 전시된 7~8세기 일본 왕실의 복식. 실물 크기의
마네킹이 고대 왕실에서 일하던 남성의 복식을 재현하고 있다. 박물관 관계자는 의복 문양
과 디자인 등으로 미뤄 상당 부분 백제의 영향을 받은 것으로 보인다고 했다.

이를 흙벽으로 메운 뒤 지붕을 얹어놓은 식이다. 나라 현의 가시하라 시에서 이런 형태의 집터가 처음 발견됐는데 1990년대 중반 한국 공주에서도 비슷한 형태의 집터가 발견되면서 백제식 주택이라는 주장이 제기됐다.

교토산업대의 이노우에 미쓰오 교수는 백제인들의 일본 도래가 일본 문화와 산업 등 모든 분야에서 일본을 눈부시게 발전시켰다며 백제인과 백제 문화가 일본에 건너오지 않았다면 일본 고대 문화는 적어도 100년 이상 뒤졌을 것이 틀림없다고 말한다.

21
또 하나의 백제
오사카

오사카 부 사카이 시 료난 마을
오사카 부 오사카 시

　세계문화유산으로 백제 유산이 등재되면서 국내에서도 백제에 대한 관심이 높아졌다. 하지만 우리에겐 백제 문물의 모습을 보여줄 자료가 너무 빈약하다. 오히려 일본에서 백제 문화의 흔적을 풍부하게 느낄 수 있다. 문화는 발상지보다 변두리에서 잘 보존된다는 말이 틀린 말이 아님을 실감하게 되는 대목이다. 백제의 흔적은 언어에서도 확인된다. 일본어로 '구다라나이[百濟無い]'라는 말은 직역하면 '백제가 없다'라는 뜻으로, '백제 물건이 아니면 쓸모가 없다'라는 속뜻을 담고 있다. 일본 문화에 스며든 백제의 영향이 얼마나 컸으면 이런 말까지 만들어졌을까?

　일본 제2의 도시 오사카는 한반도에서 건너간 도래인들이 제일 먼저 닿은 항구였다. 오사카 항구의 옛 지명 나니와쓰는 '험한 파도를 헤치고 당도한 항구'라는 뜻이다. 주어는 바로 도래인들이었다. 규슈에서 세토나이카이 내해를 거치면 바로 오사카 항에 닿는다. 고대에 이 코스로 들어간 이들 중 백제인의 영향은 압도적이었다. 백제의 또 다른 얼굴 오사카로 떠나보자.

백제천·백제종·백제탕

'백제천(百濟川)'이라는 이름의 강이 있는 오사카 남쪽, 사카이 시로 향했다. 사카이 시는 1부에서 살펴봤듯이 닌토쿠 왕릉을 비롯한 대규모 능과 스에키 토기 유적지, 철기 유적지 등이 지금도 잘 보존되어 있는 곳이다. 오사카가 인구 200만 이상의 대도시가 된 것은 제2차 세계대전의 잿더미 위에 도시를 확장했던 1960년대 이후인데, 오사카가 시내 중심으로 급변하는 동안 주변 도시의 개발은 상대적으로 더뎠다. 그러다 보니 옛 흔적들이 많이 남아 있다.

이날 취재에는 재일본대한민국민단(민단) 오사카 부 사카이 시 지단의 오시종 지단장이 동행했다. 70세가 넘는 재일교포였는데 '밥' '이름' 등 몇 가지 빼고는 한국어를 기억하지 못했다. 그는 '백제천'을 소개하면서 난데없이 "이제는 일본인들이 옛날처럼 일본식으로 이름을 바꾸지 못할 것"이라고 했다. 일본이 식민 통치를 시작하면서 오사카 일대 한반도 관련 지명 대부분을 일본 이름으로 바꾸었던 기억을 떠올린 것이다.

사카이 시 남쪽 주택가 료난 마을 약간 비스듬한 언덕길에는 '백제촌(百濟村)'이라는 이름의 동종(銅鐘)이 있었다. 양각으로 새겨진 한자가 매우 선명했다. 오 단장은 "언제 제작됐는지는 모르지만 주민들이 매우 아끼는 유물"이라고 했다. 동종 옆에는 '백제탕(百濟湯)'이라고 적힌 약수터가 있었다.

중세 시대 오사카 주변에는 한반도 도래인들이 얼마나 살고 있었을까? 이에 대한 단서는 815년에 만들어진 《신찬성씨록(新撰姓氏錄)》에서 찾아볼 수 있다. 이 책은 당시 이즈미[和泉], 가와치[河內] 등 5개국 성씨의 계보를 정리한 것이다. 일본은 당시 율령제 반포에 따라 전국을 66개국으로 나누었는데, 이즈미와 가와치는 수도권에 해당하는 기나이[畿內]에 속해 있었다. 이 중 이즈미는 지금의 사카이 시를 아우르고 있었다. 최근 일본 학계에서는 기나이 5개국에서 한반도 출신 씨족이 36퍼센트를 차지했다는 연구 자료가 공개됐다.

도래계 씨족은 이즈미 국뿐 아니라 다른 지역으로 널리 퍼져나간 것으로 추정된다. 1984년 10월 〈아사히 신문〉에는 한 고등학교 교사가 오사카 남동부의 유물 보존을 주제로 한 시집을 냈다는 기사가 실렸다. 교사가 쓴 시에는 다음과 같은 대목이 있다.

나의 고향 미나미카와치
(…) 도래 씨족은 미나미카와치에 거주한 씨족의 7할을 점했다고 한다
눈초리가 째진 듯한 미소녀나 쓸쓸한 망명 귀족인 청년과 베를 짜는 여자, 절의 목수, 도기나 철기의 기술자들이 속속 건너온 이 비옥한 땅
고향인 신라나 백제의 땅과 어딘가 닮은 스산한 따뜻함과 밝은 분위기가 가득한 이 땅에 정착해 살았다, 고향을 그리워하는 마음은 잘라내고
(…) 마을들은 구다라[百濟] 향이라고 불리고 있었다.

일본 오사카는 한국과 특별한 인연이 이어지고 있는 곳이다. 한반도에서 백제인들이 집단
으로 이주할 당시 본토로 들어가는 첫 관문 역할을 했으며 광복 이후에도 한국 교포들이
가장 많이 거주하는 도시다. 오사카 시 남쪽 히가시스미요시 구에는 백제대교, 백제시계점
등 다양한 백제 관련 지명이 남아 있다.

시에는 먼 옛날 한반도에서 건너온 도래인들이 어떤 사람들이었고 고향 땅과 비슷한 곳을 발견했을 때 그들이 느꼈던 안도감과 반가움, 그러면서도 마음 한편에 돌덩이처럼 자리 잡은 고향에 대한 향수가 구구절절 담겨 있다. 료난 마을을 조금 지나자 시립 료난중학교 교문이 나왔다. 학교 문패 아래에는 '백제문(百濟門)'이라는 글귀가 따로 붙어 있었다. 오시종 단장에 의하면 백제 도래인 집단 촌락이 형성된 이후 마을로 들어가는 입구에 세워졌던 것이 백제문인데, 그 자리에 학교가 들어서면서 교문에 문 이름을 그대로 붙여놓은 것이라고 설명했다. 주민들이 백제 문화를 얼마나 소중히 여기고 있는지 실감할 수 있었다.

일본 전역으로 퍼진 도래인들

마을 주변에는 백제인들이 집단으로 거주했음을 증명이라도 하듯 대형 무덤만도 열 곳이 넘었다. 여기서 나온 유물들은 백제가 직접 전해줬거나 백제의 기술이 응용된 철제 갑옷과 병기에서부터 스에키 토기나 철제 농기구와 같은 생활용품들까지 다양하다. 동오사카 문화재학회의 미나미 미쓰히로 회장은 일본 전역에 절과 신사가 급격히 늘어난 시점이 백제 멸망 이후 시점과 비슷하다는 점을 보면 나라가 망한 후 백제 유민들이 일단 지금의 오사카·나라 지역에 집단 거주하다가 이후 전국 각지로 퍼져나갔을 것으로 추정할 수 있다고 전했다.

백제 유민들의 발걸음은 10세기에 이르러서는 일본 북동부에까지 퍼진 것으로 보인다. 미나미 회장은 당시 일본에는 금공예품이 없었는데 도호쿠 지역에서 금동 불상이 발굴된 것을 보면 한반도에서 건너간 도래인들의 유품으로 볼 수밖에 없다는 이야기를 전했다.

　　도래인들이 일본 각지에서 어떻게 살았는지는 추적하기 어려운 반면 왕족과 귀족들의 이주 기록과 경로는 발굴된 유물 덕분에 상대적으로 뚜렷하게 확인된다.

　　예를 들어 오사카 나니와 궁터에서는 '백제(百濟)'라는 글씨가 새겨진 토기가 발굴됐으며, 더불어 나무에다 붓글씨를 쓴 목간(木簡)*도 발견되었는데 이는 한 비구니의 아버지가 면회 허가를 얻기 위해 찾아간 흔적으로 백제의 5부제를 본뜬 주소지가 적혀 있다. 이에 오사카 역사박물관의 데라이 마코토 주임 학예원은 "오사카와 인근에 잔류하던 왕족과 호족들은 행정구역도 백제 방식으로 정하는 등 고향 백제와 똑같게 만들었다"라고 말했다.

　　미나미 회장은 고대 역사를 공부하다 보면 도래인들이 평민과 귀족을 가리지 않고 사찰과 신사에서 조상에게 제사를 올리는 등 자신의 뿌리를 잊지 않으려고 노력한 흔적이 자주 발견 된다고도 했다. 이에 민단 오사카 시 스미요시 · 스미노예 구의 조안수 지단장은 "요즘도 오사카로 새로 이주하는 동포들이 많은데, 종교가 없어도 신사에서 제사 음식을 나눠 먹는 등 일본 주민과 자연스러운 유대

＊　종이가 없던 시대에 문서나 편지를 위해 쓴 글을 적은 나뭇조각.

관계를 이어가고 있다"라고 말한다. 두 사람의 말을 들으니 지구상에서 한국과 일본만큼 동질적인 문화를 갖고 있는 나라들이 또 있을까 하는 생각이 들었다.

오사카에 도착하면 관광객들은 저렴한 술집과 포장마차가 즐비한 도톤보리[道頓堀]를 한 번은 찾게 된다. 여기에는 길이 2.7킬로미터, 폭 28~50미터에 달하는 도톤보리 운하가 있는데 1612년에 이 운하를 만든 나리야스 도톤 또한 백제의 후손으로 알려져 있다. 그는 최고위 행정관으로 공사를 직접 지휘했다.

취재 과정에서 만난 일본 학자들 중에는 백제 문화에 대한 존경심과 고마움을 솔직하게 표현해 놀라운 경우가 많았는데 오사카오타니대 역사문화학과의 다케타니 도시오 교수 또한 그중 한 사람이었다.

"백제인들은 지식과 기술을 가지고 있었기 때문에 일본 정치권에서도 크게 활약했습니다. 매우 중요한 인재였지요. 일본이 여러 가지 이유로 도움을 요청해 초빙해 온 사람들 중엔 그대로 정착해 일가를 이루고 산 사람들도 있습니다. 따라서 일본인들 중에는 백제인들의 후손이 상당하다고 봐야 합니다. 백제의 높은 학문과 기술 덕에 백제인의 피가 흐른다는 것을 내심 자랑스럽게 생각하는 사람들도 많습니다. 아마 내게도 백제인의 피가 흐를지 모르고요."

22
고대국가의 기틀을 마련한
불교를 전수하다

충남 부여 불교전래 사은비

충남 부여군 부여읍 선화공원에는 1972년에 일본 민간 불교단체가 세운 높이 5.3미터의 비석이 있다. 앞면에 '불교전래사은비(佛敎傳來謝恩碑)'라는 글자가 커다랗게 새겨져 있는데 일본 불교 신자들이 고대 백제인들에 대한 고마움을 표시한 것이다. 비 왼쪽에 자리한 높이 3.7미터의 작은 비석에는 한국어, 일본어, 영어 등 세 개 언어로 이렇게 적혀 있다.

일본 불교는 백제 26대 성왕이 전한 데서 시작된다. 그 후부터 발전을 거듭하여 일본 문화의 정화(精華)를 이룩하였다. 일본 불교도는 그 은덕을 천추에 잊을 수 없어 정성 어린 감사의 뜻을 표하고자 한국 불교도의 협찬을 얻어 성왕의 옛 도읍지인 이곳에 사은비를 건립하고 한일양 국민의 영원한 친선의 징표로 삼음과 아울러 세계 평화의 상징이 되기를 염원하는 바이다.

충남 부여읍 선화공원에 서 있는 불교전래사은비는 불교를 전해준 고대 백제인들에게 감사하는 마음을 담아 일본 민간인들이 모금 운동을 벌여 세운 비석이다. 자신들에게 불교를 전해준 백제 성왕을 언급하며 '그 은덕을 천추에 잊을 수 없다'라고 비문에 썼다. **부여군 제공**

일본인들은 당시 모금 운동을 벌여 2,000만 엔을 모아 비를 건립했다고 한다. 비문에 적힌 대로 불교는 일본인들의 정신세계와 문화생활에 막대한 영향을 끼쳤다. 일본인들은 불교 신자가 아니더라도 장례는 불교식으로 치를 만큼 불교를 생활의 중심으로 받아들이고 있다.

불교를 전한 성왕

일본에 불교를 전한 이는 비에 적힌 대로 백제의 26대 왕인 성왕이다.《일본서기》에도 "552년에 백제 성왕이 승려 노리사치계를 파견하여 왕에게 금동석가불 한 구와 번개(幡蓋)* 약간, 경론(經論) 약간 권을 보냈다"라고 적혀 있다. 그 연도와 관련해서는 현재 학계가 의견 일치를 본 것이 사은비나《일본서기》에 적힌 552년보다 14년 앞선 538년이다. 538년은 성왕이 수도를 웅진(공주)에서 사비(부여)로 천도한 해이기도 하다. 선대인 동성왕과 무령왕의 정치적 안정과 왕권 강화에 힘입어 계획적으로 천도를 단행한 해에 불교를 전했다는 것은 매우 의미가 있는 역사적 사건이라고 학계는 평가한다. 성왕은 일본에서 태어난 무령왕의 아들로 백제의 옛 수도인 지금의 서울 지역을 76년 만에 되찾는 등 백제 부흥을 이끈 왕이다. 왕 이름에 '거룩할 성(聖)' 자가 들어갈 정도이니 매우 이상적인 군

---

* 불상 위를 덮는 비단.

주의 면모를 갖춘 것으로 볼 수 있다. 《삼국사기》는 성왕에 대해 "지혜와 식견이 뛰어나고 결단성이 있었다"라고 기록하고 있다. 성왕에 대한 평가는 일본에서도 높다. 《일본서기》는 "천도(天道)와 지리에 신묘하게 통달하였기에 명성이 사방에 나 있었다"라고 적고 있으며 아예 이름 가운데 '밝을 명(明)' 자를 넣어 '성명왕'으로 일컫는다. 성왕은 독실한 불교 신자였으며 불법(佛法)을 매우 사랑했다. 일본에 불교를 전하면서 이렇게 찬미했을 정도다.

> "모든 법 중에서 가장 훌륭하며 이해하기 어렵고 입문하기 어려우며 주공과 공자도 알지 못한다. (…) 사람들이 여의주를 품고 필요에 따라 모두 마음먹은 대로 되는 것과 같이 이 묘법의 보물도 그러하다."

백제에 불교가 전해진 384년 이후 불교는 백제의 중심 사상으로 자리 잡지만 그중에 제일 열심히 믿은 사람이 성왕이었다. 그는 많은 불교 사원을 지었고 중국 양나라와의 교류를 통해 불경을 수입했으며 인도에까지 승려를 유학 보내 불경을 번역케 하기도 했다. 이러다 보니 《법화경》, 《열반경》, 《유마경》, 《반야심경》 등 경전별로 전문가들이 배출되었을 정도였다.

고대국가 터전을 만든 사상

백제 수도였던 사비에는 신라 승려들은 물론이고 일본 승려들까지 모여들었다. 오늘날 부여 일대에 남아 있는 많은 절터와 흔적 들은 사비를 도읍으로 하던 당시에 백제 불교가 얼마나 융성했는지 웅변하고 있다. 불교의 확산은 바로 건축 기술의 발달로 이어졌다. 당시 절을 짓는 일은 지금으로 치면 최첨단 빌딩을 짓는 일에 비교할 수 있을 정도로 고도의 건축술이 집합된 작업이었다. 백제 수도 사비는 뛰어난 건축 장인들의 집합소이기도 했다. 성왕은 일본에 승려를 보내고 불경을 전한 것은 물론이고 건축 기술자들을 대거 끊임없이 보냈다. 이들이 이후 일본 문화에 끼친 영향은 막대했다. 사찰 건축술을 포함해 불상과 그림 등 조형 문화 전반을 혁명적 수준으로 바꿔놓았기 때문이다.

성왕 대에 일본으로 전해진 고급 문물들은 일본 고대국가의 기틀을 세운 야마토 정권이 아스카 문화를 화려하게 꽃피우는 데 결정적 기여를 한다. 때문에 성왕이 일본인들 입장에서는 사은비에 적힌 표현대로 '천추의 잊을 수 없는 사람'인 것이다. 메이지 시대 불교계 지도자였던 다나카 지가쿠는 "백제 성명왕(성왕)의 은의는 천년에 잊어서는 안 된다"라며, 옛날에 불교를 전래해준 큰 은혜에 대한 깊은 감사의 뜻을 한국에 나타내는 것을 한일 교류의 기초로 해야 한다고 말하기도 했다. 백제가 그토록 열심히 일본에 문화를 전파한 데에는 그 나름대로의 정치적 이유도 있었다. 고토(古土) 회복이라는 장대한 꿈을 꾸고 있었던 백제는 일본인들이 그토록 갈망하던 선진 문물의 세례를 안겨주는 데 대한 반대급부로 군사를 지원받을 수 있었다.

왕권의 강화를 일궈낸 불교 전쟁

당시 백제도 그랬지만 고대국가가 형성되어가던 무렵 새로운 통치 체계를 만드는 통치자 입장에서는 사람들의 생각을 혼연일체로 모을 사상적 통일이 매우 중요했다. 인도에서 시작된 불교가 중국을 거쳐 한반도, 일본에까지 전파된 이유이다. 불교는 또 석가모니 왕자가 왕족이었다는 점에서 '왕이 곧 깨달음을 얻은 부처'라는 논리를 펼 수 있어 왕권 강화에도 도움이 되었다. 게다가 모든 사람이 불성(佛性)을 갖고 있다는 혁명적 사상은 특정 집단이나 부족이 아니라 모든 백성의 마음을 하나로 모으는 평등사상이었다. 이러니 왕 입장에서는 왕권을 수시로 흔들어대는 토착 호족 세력이나 귀족 세력의 힘을 빼고 백성들의 지지를 하나로 모을 수 있다는 점에서 매력적이었다. 때문에 수용 과정에서 토착 세력과의 사상 충돌이 불가피했다.

애니미즘 원시 신앙이 주류를 이루고 있던 일본에서는 숭불파와 배불파 간에 3년에 걸쳐 서로를 죽고 죽이는 내전이 벌어졌을 정도였다. 토착 호족 세력들은 불상을 파괴하고 절을 부쉈다. 숭불파의 지도 세력은 한반도에서 건너간 도래인계인 소가 가문이었고 배불파 지도자는 토착세력 모노노베 가문이었다. 475년에 일본으로 건너간 백제인 목만치의 후손으로 추정되는 소가 가문은 선진 기술자들을 거느린 씨족으로, 6세기 후반에서 7세기 후반까지 무려 100여 년간이나 일본 조정에서 경제를 담당하며 막대한 영향력을 행사한다. 숭불파를 이끈 소가노 우마코 옆에는 역시 또 다른 백제계 도래인 아시사주 가문 후손들과 훗날 일본의 성자로 추앙받는 쇼토쿠[聖德] 태자가 되는 우마야도 왕자도 있었다. 이에 맞선 배불파의 장인 모노노베 가문은 '모노[物]'가 무기를 의미한다는 데에서 알 수 있듯 지금으로 치면 군수사업가 집안으로, 야마토 정권의 군사를 담당하는 씨족이었다. 불교 수용을 두고 두 파가 벌인 혈투는 결국 숭불파의 승리로 끝났다. 일본 역사는 이 사건을 '불교 전쟁'이라고 기록하고 있다. 일본 역사에서는 단지 불교 수용을 넘어 귀족 세력에 대한 왕권의 승리, 토착 신앙이었던 신도(神道)에 대한 외래 문명의 승리였다는 점에서 중요하게 다뤄지는 사건이다.

배불파와의 3년 전쟁이 막바지에 다다랐을 때 소가노 우마코와 우마야도 왕자는 전쟁에서 승리하면 반드시 절을 세워 보답하겠다고 부처님께 맹세한다. 그렇게 해서 세운 절들은 지금까지도 일본 내 대표적 문화유산으로 사랑받고 있다. 이어지는 이야기는 바로 이 절들에 얽힌 한일 교류의 사연들이다.

23
한반도의 최첨단 종합 예술이
집약된 건축물
나라 현 다카이치 군 아스카사

일본 불교의 1번지

나라 현 다카이치 군 아스카 촌에 있는 사찰인 아스카사[飛鳥寺] 앞 공터에 걸려 있는 현수막 문구다. 광활한 들판에 금당* 하나만 달랑 남아 있는 이 초라해 보이는 절이 596년에 창건된 일본 최초의 절이라니.

별 기대 없이 금당 안으로 들어갔다가 깜짝 놀랐다. 본존불 크기가 너무 커서 시선을 압도했기 때문이다. 아스카 대불(大佛)로 불리는 청동 좌불의 앉은키는 무려 2.75미터. 불경에 기록된 석가모니 부처의 키 1장 6척(약 4.8미터)에 맞춰 제작된 것이다. 사각 턱의 길쭉한 얼굴과 손이 강조되어 있다 보니 실제 키보다도 더 커 보이는

---

* 본존불을 모신 법당으로 절의 본당이다.

일본 최초의 사찰 아스카사에 모셔진 아스카 대불. 606년 석가탄신일에 맞춰 완성됐으나 1196년에 벼락을 맞아 산산조각 나고는 629년간 비바람을 맞으며 방치되었다. 1825년에 원래 불상의 얼굴 윗부분과 오른손에다가 나머지 80퍼센트에 달하는 부분이 청동과 점토로 복원되어 새로 지은 현재의 금당 안에 안치되었다.

불상을 바라보고 있노라면 금당 안에 불상을 모신 게 아니라 불상을 위해 금당을 지었구나 하는 생각이 들 정도다. 대불이 완성된 날은 606년 음력 4월 8일로 석가탄신일과 같다. 청동이 무려 약 15톤이 들어갔고 금박을 입히기 위해 들어간 황금만도 30킬로그램에 달한다고 한다.

대불을 만든 사람은 백제계 후손인 도리 불사(佛師)*였다. 그는 훗날 일본 미술사가들이 '도리 양식'이란 말을 만들어낼 정도로 불교 미술의 새 장을 연 개척자로 평가받는다.

일본 불교 건축의 첫 장을 연 백제인들

우에지마 호쇼 주지 스님은 불상 왼편에 붙어 있는 아스카사 원형을 복원한 지도를 소개하며 원래 아스카사는 현재 크기의 20배나 됐다고 말했다. 남쪽 맞은편에 20미터 도로를 사이에 두고 궁궐이 있었는데 절 크기가 궁궐 크기와 비슷했다는 것이다. 아스카사를 세운 인물은 불교 전쟁에서 승리한 숭불파의 장이자 백제 후손인 소가노 우마코다. 그는 전쟁에서 승리한 바로 이듬해인 588년부터 대대적인 불사(佛事)에 착수해 8년 만에 아스카사를 완공했다. 아스카사는 국가가 지은 절이 아니라 소가 가문의 씨찰(氏刹)임에도 불구하고 크기가 궁궐과 비슷했다고 하니 가문의 위세가 얼마나 대단했

---

* 불상 만드는 사람.

는지를 새삼 느끼게 해준다.

이 절을 지은 사람들도 온전히 백제 장인들이었다.《일본서기》는 "아스카사를 짓기 위해 백제에서 건축, 토목, 기와 기술자는 물론이고 화공까지 10여 명의 기술자가 파견됐다"라며 놀랍게도 다음과 같이 장인들 이름과 직종까지 일일이 열거해놓고 있다.

> '백제에서 불사리와 함께 승려 혜총 · 영근 · 혜시, (…) 사공인 · 태량미태 · 문가고자, 노반박사인 장덕 백매순, 와박사 마나문노 · 양귀문 · 능귀문 · 석마제미 등과 화공 백가를 파견했다.'

여기서 사공이란 지금으로 치면 대목장(大木匠)으로 금당, 강당, 회랑, 목탑을 만드는 장인을 말한다. 노반박사는 탑의 상층부를 제작하는 전문 기술자이며 와박사는 기와 전문가, 화공은 불화, 벽화, 단청 기술자들이다. 박사는 오늘로 치면 명장을 의미한다.

11세기에 편찬된 불교 역사서《부상략기(扶桑略記)》에는 "593년 1월 아스카사 목탑 초석에 사리를 안치하는 행사를 할 때에 소가노 우마코를 필두로 100여 명의 사람들이 모두 백제 옷을 입고 나타나 보는 이들을 즐겁게 해줬다"라는 기록이 나오는데, 이 역시 소가 가문과 백제 사이의 특수한 관계를 보여주는 대목이다. 어떻든 당대 최고 기술자들을 일본으로 파견하겠다는 결정은 왕이 아니었으면 이뤄지지 못했을 것이다. 이 역시 소가 가문이 일본 내에서 영향력이 대단했으며 당대 백제 권력층과 긴밀한 네트워크를 가졌을 것이

아스카사 앞에 선 우에지마 호쇼 주지 스님은 "한국에서 오신 분들이 저희 금당 앞에서 바라다보는 풍광이 충남 부여랑 많이 비슷하다고 하던데 정말 비슷한가요?"라며 웃었다.

라는 가설에 힘을 보탠다.

실제로 백제는 성왕의 대를 이은 위덕왕 대까지 지속적으로 전문 기술자들을 일본에 파견하는데, 이에 대해 학계에서는 불교 전쟁에서 백제 후손이 이끈 숭불파가 이겼다는 소식을 듣고 전폭적으로 지원해줘야겠다는 의도로도 풀이한다.

건축술을 넘어 종합예술을 전수하다

아스카사는 일본 불교의 공식 탄생을 알리는 기념비적 건물이자 당시로서는 최첨단 건물이었다. 우에지마 주지 스님은 아스카사 건물이 일본 최초로 주춧돌을 사용한 초석 건물이자 최초의 기와집이라고 했다. 그전까지 일본에서는 기둥을 땅바닥에 박고 그 위에 집을 지은 뒤 지붕을 나무껍질로 덮는 식이었는데, 절 맞은편 궁궐이 그런 양식이었다.

아스카사는 주춧돌을 깔고 그 위에 기둥을 세워 튼튼하면서도, 지붕 위에 기와를 얹어 화려하기까지 했다. 백제인들이 아스카사를 세운 데에 결정적 공헌을 했다는 것은 단지 건물 하나를 세웠다는 의미를 뛰어넘어 최첨단 건축 문화를 통째로 전해줬다고 보는 게 정확하다. 대표적인 것이 기와 문화다. 아스카사를 짓는 데에는 총 20여만 장에 달하는 기와가 들어갔는데, 이는 부여 군수리 절터에서 발견된 기와와 모양이 일치한다. 전문가들은 백제에서 건너온 기와 장인들로부터 기와 생산이 시작되었는데 이게 아스카사를 지을 때부터 비롯된 것이라고 설명한다. 소가 가문은 기와의 독점 공급자이기도 했다. 우에지마 주지 스님에 의하면 소가 가문에서 다른 사찰에 공급할 기와를 독점해오다가 가문이 몰락한 후 일본 왕실에서 국유화했다고 한다.

백제는 기와뿐 아니라 문양까지 전수했다. 일본 고대문화의 전성기를 이끈 아스카에서 나라 시대까지 대형 사찰에 쓰인 기와 문양은 대부분 백제 양식이었다. 불교미술사를 전공한 데즈카야마대 시미즈 아키히로 교수는 기와 문양에 남은 백제의 영향에 대해 이렇게 설명한다.

"백제 기와의 특징이 연꽃인데 사비(부여) 시대가 되면서 낱장이던 꽃잎이 겹잎이 되고 씨방이 커집니다. 이 양식이 나라 시대에 그대로 유행하게 된 것이지요. 백제는 멸망하고 없어졌으니 백제의 마지막 연꽃이 일본에서 활짝 피었다고 해야 할 것입니다."

아스카사를 지은 결정적 공로자는 백제인들이었지만 일본인들과의 협업이 없었다면 불가능했을 일이다. 아스카 대불 같은 청동 불상을 주조할 수 있다는 것 자체가 일본의 기술력이 얼마나 높았는지를 보여주는 대목이기도 하다. 실제로 일본인들은 아스카사를 시작으로 이후 독자적인 기술력으로 아름다운 대형 사찰을 대거 짓기 시작한다. 시미즈 교수에 의하면 아스카사가 완공되고 100여 년 동안 일본에는 1년에 평균 다섯 개씩 절이 만들어질 정도로 사찰 건축

데즈카야마대 시미즈 아키히로 교수가 꽃잎의 끝을 삼각형이나 원형으로 도톰하게 처리한
백제 양식의 아스카 시대 연꽃무늬 기와를 설명하고 있다.

붐이 일어났다고 한다.

고구려의 영향

아스카사는 백제뿐 아니라 고구려의 영향도 받았다. 창건 당시의 가람배치가 1탑 3금당 양식이었는데, 이는 평양 청암리 절터와 동일한 것으로 고구려 양식이 전래되었음을 말해준다. 아스카사에서 살던 최초의 승려 중에 백제에서 파견된 혜총 스님과 더불어 고구려 출신인 혜자 스님도 있었다는 것을 알면 자연스러운 일로 느껴진다. 그뿐 아니라《원흥사연기(元興寺緣起)》에는 아스카 대불을 만들 때에 고구려 대흥왕(영양왕)이 황금 300냥을 보냈다는 기록도 나온다.

아스카사는 645년 소가 가문이 몰락하면서 서서히 쇠퇴해갔다. 절의 운명도 대불의 운명도 순탄하지는 않았다. 1196년에 벼락을 맞아 절은 완전히 불탔고 대불도 산산조각이 나버린 것이다. 대불은 그 상태로 무려 629년간이나 비바람을 맞으며 방치되었다가 1825년에 이르러서야 그 80퍼센트가 청동과 점토로 복원되었다.

24
한일 화공들이 합작한
호류사 금당 벽화
나라 현 이코마 군 호류사

일본 나라 현 이카루가[斑鳩] 정에 위치한 호류사[法隆寺]는 우리 귀에도 익숙한 사찰이다. 담징이 그렸다는 금당 벽화 때문이다. 국어 교과서에 실린 소설가 정한숙의 《금당 벽화》를 기억하는 이들도 많을 것이다. 소설 속 담징은 수나라와 전쟁 중인 조국을 걱정하다가 승전 소식을 듣고 벽화를 그린다. 작가는 담징이 완성한 관음상 벽화를 묘사하면서 다음처럼 한 편의 시와 같은 문장을 남겼다.

거침없는 선이여, 그 위엔 고구려 남아의 의연한 기상이 맺혔고 (…) 목에 걸린 구슬이여, 이는 소식조차 아득한, 조국 땅에 남아 있는, 잊혀지지 않는 사람들의 얼굴일런가.

나라 현 이카루가 정에 위치한 호류사의 오중탑(오른쪽)과 본존불을 모신 금당. 7세기 초에
지어졌다가 불에 타 8세기 초에 다시 지어졌음에도 '세계에서 가장 오래된 목조건물' 타이
틀을 유지하고 있는 이 사찰 곳곳에는 한국과의 깊은 인연이 숨겨져 있다.

위대한 백제계 불상 조각가 도리

담징의 그림을 볼 수 있을지도 모른다는 설레는 마음을 안고 사찰 안으로 들어섰다. 경주 불국사에 온듯 경내가 낯설지 않았다. 드디어 금당 안에는, 안타깝게도 벽화 자체가 아예 없었다. 1949년 1월 화재로 손상되어 부랴부랴 수장고로 옮겨놓고 절의 박물관 격인 대보장전(大寶藏殿)에 모사화로 전시해놨다는 것이다. 대보장전은 조금 있다가 들르기로 하고 금당 중앙으로 눈길을 돌렸더니 일본의 국보인 청동석가삼존상이 눈에 들어왔다.

670년 불탄 것을 710년경에 재건한 호류사는 세계에서 가장 오래된 목조건물이란 타이틀을 자랑할 만큼 일본 사찰의 백미로 꼽히는 곳이다. 절을 지은 사람은 소가노 우마코와 함께 불교 전쟁을 승리로 이끈 쇼토쿠 태자다. 호류사는 그 자체로도 아름답지만 190종 2,300여 점에 이르는 국보 및 문화재를 소장하고 있는 보물창고다. 금당 안에 모셔진 청동석가삼존상은 이 보물들 중 단연 으뜸으로 꼽힌다. 삼존상* 얼굴을 자세히 보니 길쭉한 얼굴과 우뚝한 콧날, 살짝 눈을 감은 모습이 앞 장에서 소개한 아스카 대불과 닮았다. 만든 사람이 같기 때문이다. 바로 도리 불사다. 일본 사찰에서 도리 불사가 만들었다고 기록되어 있는 불상은 둘인데 바로 아스카사 대불과 호류사 청동석가삼존상이다. 삼존상에는 광배 뒷면에 14행에 달하는 긴 문장으로 제작 연도, 제작 동기, 제작자 이름이 명확하게 기록

---

* 광배(光背) 중앙에 독립된 입상을 세우고 좌우에 보살을 세운 불상.

되어 있었다. 이를 요약하면 이렇다.

622년 쇼토쿠 태자가 병에 걸리고 태자비까지 눕게 되자 도리 불사에
게 석가상을 조성하게 하여 병이 낫기를 간절히 기원했으나 삼존상이
완성되기 전에 태자 부부는 세상을 떠났고 삼존상은 623년 3월 완성
되었다.

이 기록에는 도리 불사의 이름이 '구라쓰쿠리 구비도리[鞍作首止
利]'로 되어 있다. '구라쓰쿠리[鞍作]'는 말안장 같은 마구 제작을 담
당한 기술자 집단의 성씨인 시나베[品部]에 해당하며 '구비[首]'는
그 집단의 우두머리를 뜻한다. 도리 불사의 할아버지 이름은 사마
달, 아버지는 사마다수나인데 사마(司馬)는 '말을 다루는 관직'을 뜻
한다. 일본에 말과 마구 제작 기술을 처음 전해준 나라는 바로 백제다.
　도리 불사의 할아버지는 독실한 불교 신자였다. 아버지 역시 요메
이 왕이 병으로 쓰러지자 쾌유를 비는 마음으로 승려가 되어 불상 제
작자가 됐을 정도였다. 아버지의 뒤를 이은 도리 불사는 일본 미술사
에서 '도리 스타일'이라는 독창적 조각 양식을 구축하는 명장이 된다.

일본 성인의 스승 혜자 스님

호류사에는 백제뿐 아니라 고구려인들의 흔적도 많이 남아 있다.
금당을 나와 대보장전으로 가는 중간에 있는 성령원(聖靈院)이란

호류사 금당의 본존불인 청동석가삼존상. 백제계 도래인 3세인 도리 불사의 작품이다. **호류 사 제공**

건물에서 만난 혜자 스님이 대표적이다.

성령원에 모신 영은 일본인들에게 성자로 추앙받는 쇼토쿠 태자인데, 혜자 스님 조각상이 태자 옆에 그의 세 아들과 함께 서 있을 정도로 대접을 받고 있었다. 생전에 태자와 스님의 인연이 얼마나 깊었는지 추정할 수 있는 대목이다. 일본 역사서들은 혜자 스님이 594년 일본에 와 태자에게 불법을 전했다고 기록하고 있다. 그는 2년 뒤인 596년에 일본 최초의 사찰 아스카사가 지어지자 백제 혜총 스님과 함께 이 절에 살면서 일본인들에게 불법을 전했다. 그리고 일본에 온 지 21년 만인 615년 고구려로 돌아간다. 혜자 스님은 당시 일본의 국사(國師)나 마찬가지였다. 《일본서기》는 혜자 스님이 고구려로 돌아가고 7년째 되던 해인 622년 쇼토쿠 태자가 죽었다는 소식을 듣고 너무 슬퍼하며 자신도 이듬해 같은 날에 죽어 정토에서 태자를 만나겠다고 부처님께 빌었으며 이 말대로 이뤄졌다고 기록하고 있다. 실제로 호류사에선 매년 음력 2월 5일 쇼토쿠 태자의 기일에 혜자 스님의 제사도 함께 치른다고 한다. 민족과 국경을 넘어 스승과 제자라는 인연으로 만나 영혼까지 함께하고 있는 두 사람의 이야기는 고대 한국과 일본의 인연이 얼마나 깊고 심오했는지를 새삼 깨닫게 해주는 또 다른 사례였다.

백제 예술이 오롯이 드러난 백제관음상

대보장전에서 단연 시선을 끄는 유물은 일본 국보인 목조 불상 백제관음상이다. 불상은 2미터가 넘는 키에 늘씬한 8등신 몸매 때문에 실제보다 더 커 보였다.

말로만 듣던 백제관음상을 실물로 보니 그동안 수많은 일본 문인들이 불상을 찬미하는 글을 숱하게 남겼다는 게 수긍이 갔다. 물에 젖은 듯 착 달라붙는 천의(天衣) 아래로 늘씬한 몸매가 드러나 있고 목이 긴 물병을 들고 있는 불상과 불꽃을 형상화한 듯한 광배는 물과 불의 만남을 형상화한 듯한 신비한 매력을 뿜어냈다.

불상 이름에 '백제'가 들어간 이유는 무엇일까. 안내문을 읽어보니 본래 다른 절에 있다가 옮겨 온 것으로 "일반에 구다라 불상으로 불리게 된 것은 근대 이후"라고만 적혀 있었다. 하지만 교토 리쓰메이칸대의 홍윤기 초빙교수는 불상이 백제에서 온 것이라고 주장한다. 1648년에 간행된 호류사 불상들의 기록을 정리한《제당불체수량기 금당지내(諸堂佛體數量記 金堂之內)》라는 기록물에서 백제관음상이 백제로부터 도래했다는 기록을 찾아내 공개한 것이다. 김현구 선생도《백제는 일본의 기원인가》에서 일본 미술사학자이자 건축가 세키노 다다시의 말을 인용하며 "백제관음상은 한반도에서 고도로 발달한 수법으로 백제 예술의 최고 걸작"이라 전한 바 있다.

금당 벽화에 얽힌 전설

드디어 대보장전 마지막 전시물이자 담징이 그렸다고 알려진 금당 벽화 12폭 앞에 섰다. 본래 동서남북 벽면에 각각 붙어 있던 네 개의 극락정토도와 여덟 개의 보살 그림을 병풍처럼 늘어놓았다. 벽화 속 보살들의 곡선미 넘치는 풍만한 몸매와 나른한 눈동자, 치렁치렁한 의상과 액세서리, 은은한 색채는 불화(佛畵)에 문외한일지라도 탄성을 내지를 정도로 아름다웠다.

하지만 앞서 언급했듯 이 그림은 모사화다. 1968년 일본의 내로라하는 회화 거장 14명이 1년여간 달라붙어 화재로 훼손된 원작을 복원해놓은 것이었다. 하지만 얼마나 섬세하게 복원을 해놓았는지 모사화라고 해서 감동이 덜하지는 않았다.

그런데 이 그림의 원작을 담징이 그렸다고 보기엔 무리가 있었다. 현재의 금당 벽화는 710년 사찰이 재건될 때 조성된 것인데 담징은 그보다 103년 전인 607년, 원래 건물이 지어질 무렵 활동한 사람이기 때문이다. 따라서 한국학계는 호류사 금당 벽화가 담징의 작품이 아닐 것이라는 데 더 무게를 두고 있다. 《일본서기》에는 담징이 610년에 일본으로 건너와 불법을 강론하고 종이와 먹, 연자방아 제조법을 전수했다는 기록이 나온다. 담징은 일본에서 종이와 먹의 시조로 불린다.

비록 호류사 금당 벽화를 담징이 직접 그렸다고는 볼 수 없어도 아예 연관성이 없는 것은 아니다. 2004년 호류사 남문 쪽 옛 절터에서 불에 타 색깔이 변한 60여 점의 벽화 파편이 발견되었는데 이 파편들이 원래 1차 건축물에 있었던 것으로 확인되면서, 원건물 금당에도 벽화가 존재했으며 백제계 또는 담징 같은 고구려계 화공들

호류사 금당 벽화 12폭 중 여섯 번째 그림인 '아미타 정토'. 호류사 제공

청동석가삼존상을 만나볼 수 있는 호류사의 금당. 금당 벽화는 1949년에 화재로 손상된 뒤 수장고로 옮겨졌고, 박물관 격인 대보장전에 그 모사화가 전시되어 있다.

의 작품일 것이라는 추정이 나왔기 때문이다. 비록 호류사 금당 벽화의 작가는 명확하게 밝혀지지 않았지만 고대 한일 화공들의 협업이었으리라는 추정이 단지 설(說)만은 아니었던 것이다.

25
불교가 승리한 일본에 지어진
첫 관영 사찰

오사카 부 오사카 시 시텐노사

7세기 일본을 통치했던 쇼토쿠 태자는 고대뿐 아니라 일본 역사 전체를 놓고 봤을 때 매우 중요한 인물이다. 일본 역사에서 쇼토쿠 태자만큼 여러 문헌에서 다뤄지고 오늘날까지 각광받는 고대 인물은 별로 없다. 고대 일본의 정치체제를 확립한 것은 물론이고 불교를 받아들여 사상적 통일까지 이룬 인물로 1930년의 100엔 지폐를 시작으로 모두 일곱 차례나 그 초상이 지폐 도안으로 쓰일 정도였으니 일본 내 그의 위상이 어떤지 짐작이 간다.

어머니가 도래인인 일본 고대국가의 완성자

쇼토쿠 태자는 고대 한일 교류사에서도 매우 중요한 인물이다. 무엇보다 그의 피 속에 한반도 도래인의 피가 흐르고 있었다. 아버지는 574년 일본 31대 왕인 요메이 왕이지만 어머니는 백제계 후손

일본 역사에서 신으로까지 추앙받고 있는 쇼토쿠 태자는 한반도에서 불교를 받아들여 고
대 일본의 사상적 통일을 이룬 인물이다.

으로 당시 야마토 정권에서 막강한 영향력을 행사한 소가노 우마코의 조카였다.

숭불파를 이끌며 불교 전쟁에서 승리한 소가노 우마코는 587년에 왕을 옹립할 정도로 힘이 막강했다. 당시의 왕은 쇼토쿠 태자의 삼촌이 되는 스슌 왕이었는데, 스슌 왕이 소가씨를 견제하며 왕권을 강화하려 하자 아예 그를 암살해버리고 스이코 왕을 옹립한다. 이때 스이코 왕이 조카인 쇼토쿠 태자에게 정치를 맡기면서 사실상 태자의 섭정이 시작되었다.

그의 통치 철학이나 사상은 오늘날 일본 정치체제와 문화를 이해하는 뿌리가 되기도 한다. 관위 12계와 17조 헌법을 제정해 고대국가로 가는 기반을 닦았기 때문이다. 독실한 불교 신자로 혜자 스님의 제자이기도 했던 쇼토쿠 태자는 한반도에서 건너간 기술자들을 대거 받아들여 오늘날까지 일본의 중요 문화재로 남아 있는 대형 사찰들을 지었다.

재위 기간은 30년으로 짧지 않았지만 스이코 왕보다 일찍 세상을 떠나는 바람에 끝내 왕이 되지는 못했다. 하지만 사후에 태자를 개조(開祖)로 하는 불교 종파인 성덕종(聖德宗)이 만들어질 정도로 일본 내에서 추앙받았다. 이에 대해 데즈카야마대의 시미즈 아키히로 교수는 이렇게 말한다.

"신도의 전통이 강한 일본은 불교를 사상 체계가 아니라 석가모니라는 '가미[神]'에 대한 신앙으로 받아들였습니다. 생전에 불교에 심취하여 종교적 삶을 살았던 쇼토쿠 태자에 대한 신앙은 세속의 왕자라는 지위를 버리고 열반한 석가모니를 일본화한 인물에 대한 믿음에서 비롯합니다."

가람배치를 비롯해 백제 양식으로 이루어져

쇼토쿠 태자는 불교 전쟁을 치르면서 자신이 전쟁에서 승리하면 꼭 아름다운 사찰을 지어 부처님 은혜를 갚겠다고 서원한다. 그렇게 해서 만들어진 절이 바로 오사카에 있는 시텐노사[四天王寺]다. 왕실이 만든 일본의 첫 관영 사찰이라고 할 수 있다.

오사카 성에서 남쪽으로 6킬로미터 정도 떨어진 사찰은 평지에 세워진 덕에 경내가 확 트여 시원스러웠다. 멀리 금당(본당) 옆에 오층탑이 보였는데 규모도 컸지만 건축미도 뛰어났다. 한국 학계는 이 오층탑이 백제의 세 번째 왕도였던 부여 땅 군수리 절터와 건축 양식이 똑같다고 보고 있다. 이뿐 아니라 593년에 처음 건립된 절 곳곳에 고대 한반도와의 진한 교류 흔적이 남아 있다. 우선 남대문-중문-오층탑-금당-강당이 남북으로 일직선상에 늘어서 있는 가람배치는 일본에서 '시텐노사 양식'이라는 고유명사가 된 가장 오래된 양식이다. 하지만 이 가람배치는 사찰 건립 26년 전인 567년에 창건된 부여 능산리 절터나 군수리 절터, 정림사 터와 동일하다. 게다가 시텐노사는 군수리 절터 탑과 금당 간의 거리를 비롯해 각 건물 비례까지 일치하고 있다. 기와도 똑같다. 이곳에서 만난 야마오카

쇼토쿠 태자가 세운 오사카 시텐노사는 왕실이 세운 첫 관영 사찰로 곳곳에 한반도 도래인
들의 숨결이 담겨 있다. 현재의 건물은 2차대전 때 불타 20세기에 복원한 것이다.

부묘 스님은 모두 백제 건축물에서 영향을 받은 것이라고 스스럼없이 말했다. 이곳 건물들은 한눈에 봐도 한옥을 닮았다. 일본은 건축물을 지을 때 일반적으로 각이 진 서까래를 사용하는데 이곳의 서까래는 한옥처럼 둥글었다. 못을 쓰지 않고 나뭇결을 짜서 맞춘 방식도 한옥과 비슷했다. 금당 안에 모셔진 관세음보살상도 가부좌한 모습이나 옷 주름이 흘러내리는 모습, 온화한 미소가 우리나라 국보인 금동미륵보살반가사유상과 똑같았다.

세계 최초의 건설사 곤고구미를 만든 백제 장인

그렇다면 이 사찰은 누가 지었을까. 다름 아닌 백제의 건축 명장 유중광이다. 그는 또 다른 두 명의 백제 장인들과 함께 일본으로 건너와 이 절을 지었다. 그의 실력이 얼마나 대단했던지 일본 왕실은 그에게 '곤고[金剛]'라는 성까지 주어 정착하도록 한다. 이에 곤고 시게미쓰로 이름까지 바꿔 아예 일본에 정착한 그는 이후 일본 고대 사찰의 건축 및 수리를 전담하는 회사까지 만들게 된다. 그렇게 만들어진 것이 바로 한때 세계에서 가장 오래된 기업으로 기록되었던 '곤고구미[金剛組]'다. '구미[組]'는 일본어로 '모임'이라는 뜻으로, 유중광이 후배들과 함께 만든 건축 장인 집단을 의미한다. 578년에 세워진 이 회사는 세계 최초의 건설업체였다. 호류사의 개축에도 참여했고 1583년에는 도요토미 히데요시의 명을 받아 오사카 성도 세웠다.

현대에 곤고구미가 유명해진 계기는 1995년 고베 대지진 때였다. 당시 건물 16만 채가 파괴됐지만 곤고구미 회사가 지은 건물들은 별 손상 없이 견뎌내 큰 관심을 모았다. '곤고구미가 흔들리면 일본 열도가 흔들린다.'라는 말이 이때 나왔다.

곤고구미는 유중광 가문의 40대손까지 이어지며 무려 1,400여 년에 걸친 역사로 세계 경영학계의 연구 대상이 되기도 했다. 위기도 많았다. 1930년대에는 중일전쟁으로 모든 공사가 중단되면서 부도 위기에 몰리자 37대 사장이 할복하는 곡절도 있었다. 그러다 태풍에 피해를 입은 시텐노사 오중탑 보수 공사를 수주하면서 회생했지만, 1980년대 버블경제 때 사들인 부동산 값이 폭락하면서 빚을 견디지 못하고 결국 2006년 파산하고 말았다. 이후 다카마쓰건설이 경영권을 인수하고 임직원 대부분을 승계해 전통을 이어오고 있다.

곤고구미 정신

일본으로 취재를 떠나기 전 주일본한국문화원과 오사카 시 관광국 등을 통해 곤고구미 회사 사람들과의 인터뷰를 타진했지만 "해외 매체와는 인터뷰를 하지 않는다."라는 말만 들었다. 야마오카 스님에게 이런 사정을 말하자 그가 앉은 자리에서 선뜻 본인이 주선해보겠다고 하더니 어딘가로 전화를 걸기 시작했다. 10분 정도 이리저리 전화를 하던 그는 유중광의 41대 후손이 곤고구미의 영업

사원인데 지금 외근 중이라 당장 만날 수는 없고, 마침 이곳에 직원 한 사람이 와 있다고 하니 대신 그 사람을 소개해주겠다고 했다.

30분 정도 기다리자 50대 중년 남성이 들어왔다. 건네준 명함에는 '곤고구미 영업개발부장 아베 도모미'라고 적혀 있었다. 그에게 회사의 역사에 대해 묻자 임직원 모두 백제 장인이 세운 회사라는 사실을 잘 알고 있다고 했다. 더불어 회사 경영진이 이런 사실을 수시로 직원들에게 교육하고 있으며, 창립 이후 백제 기술을 그대로 이어오고 있다고 자랑스럽게 말했다. 곤고구미는 모든 공정을 수작업으로 하는 것으로 유명하다. 지금도 못을 사용하지 않고 나뭇결을 이용해 조립하는 방식을 고집한다. 한 해 매출은 500억 원가량에 직원은 모두 130여 명이 일하고 있다고 한다.

> "이곳 시텐노사 보수공사를 수주하려는 건설업체들이 상당히 많지만 우리는 항상 곤고구미에 맡기고 있습니다. 첨단 문명 시대에도 이런 회사가 존속할 수 있는 이유는 높은 품질과 예술성에 대한 직원들의 집착 때문이지요. 곤고구미에는 돈으로 환산할 수 없는 무형의 가치가 있습니다."

야마오카 스님의 말이다. 갑작스럽게 이뤄진 만남이었지만 고대 백제 장인들의 후손이 아직도 대를 이어 그 정신을 이어나가고 있다고 말하는 일본인과 대화를 나눈 것 자체만으로도 옛 조상들에 대한 자부심을 느낄 수 있었다.

26

금동미륵보살반가사유상을 빼닮은
일본 국보 1호

교토 부 교토 시 고류사

교토 서북쪽 변두리 우즈마사[太秦]에 있는 고류사[廣隆寺] 역에
내리면 일본 영화산업의 요람인 도에이가 만든 테마파크가 눈에 들어
온다. 수많은 사무라이 영화와 애니메이션을 제작한 도에이가 1980년
미국 유니버설 스튜디오를 모델로 해 만든 곳이다. 절 옆으로는 경
찰서, 소방서, 구청 건물이 들어서 있다. 교토대 사학과의 하야시야
다쓰사부로 교수가 고류사를 두고 "온통 세상의 먼지에 뒤섞여 있
는 느낌"이라고 말한 것이 매우 적절한 표현이었다고 생각하며 사
찰 안으로 들어섰다. 일본인들은 교토에서 가장 오래된 사찰이기도
한 고류사를 '불상의 절'이라고 부른다. 국보나 중요 문화재로 지정
된 불상만 50점에 달해 고류사 답사는 '불상 답사'라고 할 정도이기
때문이다. 그중에서도 단연 백미는 목조미륵반가상이다.

인간 실존의 진실을 표현한 불상

경내 고건축들 사이로 밝은 갈색의 현대식 콘크리트 건물이 눈에 띈다. 불상들을 모아놓은 신영보전(新靈寶殿)이다. 절 입장료는 무료지만 이곳은 500엔을 따로 받고 있었다. 전시장 안은 극장 안처럼 어두웠다. 불상들을 보호하기 위해 조도를 최대한 낮췄다는 것을 나중에 알고 문화재를 이렇게까지 소중히 다루는 데에 감탄이 나왔다.

목조미륵반가상은 전시장 가운데 있었다. 어둑한 실내에 반가상에만 따로 은은한 조명이 비치고 있어 주인공이라는 게 한눈에도 확 느껴졌다. 그렇지 않아도 실내가 어두워 마음이 차분히 가라앉는데 반가상 앞에 서니 신비한 기운이 감도는 것 같았다. 한국 사람들 중에 오로지 이 불상 하나만을 보겠다며 절을 찾는 사람이 있다는 말이 과장이 아니었다. 굳이 불교 신자가 아니라도 시공이 멈춰버린 절대 공간에서 미륵보살과 오롯이 마주하고 있다는 느낌이 들 정도로 마음이 평온해졌다. 독일 실존주의 철학자 칼 야스퍼스는 1945년에 이 불상을 바라보며 이렇게 적기도 했다.

이 불상만큼 인간 실존의 진실로 평화로운 모습을 구현한 예술품은 본 적이 없다. 인간이 가질 수 있는 영원한 평화의 이상을 실로 남김없이 최고도로 표현하고 있다.

불상은 등신대로 의자에 편안히 앉아 있는 반가부좌 자세다. 몸을

일본 국보 1호 목조미륵반가상. 불상에 쓴 나무가 일본 녹나무가 아니라 한국에서 많이 나는 적송인 것으로 밝혀져 한국에서 만든 것이라는 유력한 근거가 되고 있다.

살짝 앞으로 기울인 채 오른발을 왼쪽 허벅지에 올려놓고는 오른쪽 팔꿈치를 무릎에 얹고 있었다. 오른쪽 뺨 아래 오른손 엄지와 검지로는 가볍게 원을 그리고 있는데 깨달음을 구하기 위해 깊은 사유에 들어간 상태를 표현한 것이다. 이 묘사에서 짐작할 수 있듯, 이 불상은 우리 국보 83호 금동미륵보살반가사유상과 너무도 비슷하다. 우리 반가상이 눈을 가늘게 뜨고 있는 데 비해 고류사 반가상은 지그시 감고 있다는 것, 모두 미소를 짓고 있지만 입 모양이 미묘하게 다르다는 것만이 다를 뿐이다. 두 반가상에는 어떤 사연이 있는 것일까?

반가상의 재질은 한반도 적송

한일 미술사가들은 고류사 반가상의 국적을 놓고 지금까지도 의견이 분분하다. 1960년, 한 대학생이 불상의 아름다움에 홀려 오른손 새끼손가락을 부러뜨리는 사고를 낸다. 이때 전문가들이 부러진 손가락을 붙이려고 그 재질을 분석했는데, 불상이 적송으로 제작되었다는 것이 판명됐다. 당시 일본 목조 불상들의 재질이 모두 녹나무였는데 한국에서만 나는 적송으로 판명되자 불상이 한국에서 만든 것이라는 유력한 근거가 된 것이다.

하지만 불상 허리띠 부분은 녹나무로 만들어져 있어 일본에서 제작됐다는 주장 또한 여전하다. 일각에서는 한국에서 만든 것을 일본에서 수리한 것이라는 주장도 한다.

고류사 반가상은 현재 일본의 국보 1호다. 일본에서는 국보의 번호를 편의상 매긴 것이라 별 의미는 없다고 하지만 일본 국보 1호의 국적이 한국이냐 아니냐가 논란이 될 정도라면 고대 한일 간의 관계가 얼마나 깊었던 것일지 다시 한 번 생각하게 된다. 반가상의 국적에는 논란이 있을지언정, 고류사를 지은 사람이 한반도 도래인이라는 것에는 이견이 없는 편이다. 그는 다름 아닌 신라에서 건너온 진하승이다.

창건주는 신라인

일본에 전해지는 여러 기록을 보면 진하승, 일본명 하타노 가와카쓰가 쇼토쿠 태자의 최측근이었음이 확인된다. 그는 고류사가 위치한 우즈마사 지역에서 갑부로 큰 존경을 받았는데, 숭불파와 배불파 간에 벌어진 불교 전쟁 때 숭불파인 쇼토쿠 태자 편에 서서 큰 공적을 쌓아 이후 왕실 재정을 담당하는 장경(藏卿, 오늘날의 재무장관)직에까지 오른다. 《일본서기》에 따르면 쇼토쿠 태자가 어느 날 군신들을 불러 "존귀한 불상을 갖고 있는데 누가 이 상을 모시고 공경할 것인가?"라고 묻자 다들 머뭇거리는 사이 하타노 가와카쓰가 나아가 "제가 모시겠습니다" 하면서 고류사 창건이 시작되었다고 한다.

그즈음 일본 각지에서는 쇼토쿠 태자의 지시로 일곱 개의 대형 사찰들이 동시에 지어졌는데 이 중 유일하게 교토에 세워진 것이 바로 고류사라고 한다. 반갑게도 신영보전에 전시된 불상들 끝에는 하

목조미륵반가상을 모시고 있는 교토 고류사는 50점에 이르는 국보 및 중요문화재 불상을
보유하고 있어 일본에서 '불상의 절'로 불린다. 신라에서 건너간 도래인 진하승(하타노 가
와카쓰)이 절을 지었다는 것이 유력한 설이다.

타노 부부의 조각상이 있었다. 조각상 속의 하타노 가와카쓰는 한국에서 여러 자료를 접하며 머릿속에 그려봤던 것과 비슷한 모습이었다. 위엄이 있으면서도 날카로웠다. 부인은 후덕한 인상이었다. 고류사에는 그의 또 다른 흔적이 있었으니 바로 우즈마사 신전이었다. 신전 안내문에는 "후인들은 하타노 가와카쓰의 덕을 찬양하고 그를 신으로 모시면서 우즈마사 신명(神明)이라고 칭했다"라고 적혀 있었다.

하타노 가와카쓰의 무덤

고류사 근처에 하타노 가와카쓰의 무덤이 있다고 하기에 내친 김에 찾아 나섰다. 고류사 역에서 남쪽으로 1킬로미터 정도 걸어가니 주택가에 거대한 돌무덤이 나타났다. 바로 하타노 가와카쓰의 무덤으로 추정되는 곳이었다. 50여 개의 크고 작은 돌이 쌓여 있는 형태였는데 가장 큰 돌은 가로세로 4미터에 높이가 2미터나 됐다. 무덤 전체 길이는 17.8미터나 되었다. 일본인들은 이곳을 뱀 무덤이란 뜻의 '헤비즈카(蛇塚)'라 부르고 있었다. 무덤 발견 당시 안에 뱀이 가득 서식하고 있었다 하여 붙여진 것이라 한다. 안으로는 사람들이 들어가지 못하도록 철조망이 감싸고 있었고 주택들이 원형을 이루며 무덤을 에워싸고 있는 모습이었다. 안내문에는 이 무덤이 7세기 축조된 열쇠구멍 모양의 전방후원분으로 원래 길이가 70미터를 넘었다고 적혀 있다. 현재 일본에서는 네 번째로 큰 고분으로 중요문화재로 지정되어 있었다. 안내문에는 고대 수장급 인물의 무덤이라고만 적혀 있을 뿐 주인의 이름은 보이지 않았다.

무덤을 둘러싼 집들을 둘러보다 어느 집 대문 앞에 '사적 헤비즈카 고분 보존회'라는 팻말이 걸려 있어 문을 두드려보았다. 중년의 남자가 나오더니 경계의 눈빛을 숨기지 않았다. 고분에 대해 알고 싶어 한국에서 온 기자라고 명함을 건네자 그제야 반갑게 맞이했다. 염색집을 운영하면서 무덤 보존도 하고 있다는 와다 유키시게는 무덤 안으로 들어가보고 싶다고 하자 흔쾌히 철조망 문을 열어 안내했다. 실제로 본 무덤 내부는 농구 코트 절반 크기일 정도로 컸다. 와다에 의하면 무덤에 쓰인 돌들이 인근 아라시야마 산에서 실어온 것인데, 이 큰 돌들을 당시에 어떻게 옮겨 왔는지 그저 놀라울 따름이라고 했다. 그는 이어 "무덤 발견 당시 안은 도굴꾼들이 한바탕 털고 가 아무것도 없었지만 당시 이 일대가 신라인들의 집단 거주지였으며 고류사 창건주가 하타노 가와카쓰였던 것으로 미뤄 볼 때 그의 무덤이란 것이 거의 확실하다"라고 했다.

"우리 주민들은 하타노 가와카쓰의 정기가 동네를 지켜 주고 있다고 믿기 때문에 무덤을 신성시하며 소중히 여기고 있습니다. 고대 교토를 이룩한 신라인들과 현대 교토인들은 1,600여 년의 세월 동안 이렇게 영혼의 교류를 하고 있는 것이지요."

27

도래인의 기술로 꽃핀
일본 독자 문화의 상징

나라 현 나라 시 도다이사

710년에서 784년까지 일본의 수도였던 나라는 우리의 경주에 해당하는 고도다. '나라'라는 지명 자체가 우리말 '나라'에서 유래했다는 설이 유력하다. 이곳에 정착한 한반도 도래인들이 붙인 지명이라는 것이다. 나라를 방문하는 사람들이 반드시 들르는 곳이 있으니 바로 도다이사. 실내 불상으로 세계에서 가장 큰 불상이 안치되어 유네스코 세계문화유산에 등재된 절이다.

일본 역사상 8세기를 '나라 시대'라고 하는데 이 시대 동아시아는 모처럼 평화를 구가한다. 당나라는 이태백과 두보를 배출한 성당(盛唐)시대였고 통일신라는 에밀레종, 불국사, 석굴암을 탄생시킨 경덕왕 대였으며 발해는 해동성국(海東盛國)이라는 칭송을 받던 문왕이 다스리고 있었다. 일본도 당당한 문화국으로 발돋움한다. 7세기 백제가 멸망한 후 유민들이 대거 건너오면서 뛰어난 문화를 직접 수혈받은 일본은 어언 100여 년이 흐른 8세기에 이르러서는 한일 융

218

합의 독자적인 자신들만의 문화를 만들기 시작하는데 그 시작이 바로 도다이사라고 할 수 있다.

사슴이 맞아주는 나라 시대의 위업

긴테쓰나라 역에서 내려 도다이사를 향해 걸어가는 15분 동안 수많은 관광객들과 마주쳤다. 나라 시 인구는 총 36만 명인데 도다이사 관광객만 하루 1만여 명에 육박한다고 한다. 특이한 것은 사슴 무리였다. 수십 마리 사슴들이 인도를 어슬렁거리며 돌아다녔다. 자가용들도 경적음을 울리지 않고 사슴들이 지나가기를 기다렸다. 석가모니 부처가 해탈한 뒤 처음 설법한 곳이 사슴공원(녹야원)이라는 점에 착안한 것이 아닐까 하는 생각이 들었다.

정문에서 기다리고 있던 절 홍보 담당 직원인 스즈키 고세이를 따라 대불전으로 향했다. 길바닥에 네 가지 종류의 서로 다른 색깔과 모양의 돌들이 정갈하게 깔려 있어 물었더니 일본에 불교를 전해준 나라들을 상징한다고 했다. 검은 돌은 인도, 붉은 돌은 중국, 흰 돌은 한국, 마름모 돌은 일본을 뜻한다는 것이다. 도다이사가 일본만의 것이 아니라 동아시아 불교 유산이라는 것을 강조하는 의미라는 설명이 덧붙여졌다.

대불전은 어마어마했다. 동서로 57미터, 남북으로 50미터, 천장 높이가 무려 45미터에 이르는 거대한 건축물이었다. 바닥은 축구장 절반 정도 크기였고 천장 끝은 제대로 보이지 않을 정도로 높았다.

도다이사 정문 앞에서는 방목한 사슴들이 방문객을 맞고 있었다.

대불은 중앙 연화좌에 안치돼 있었다. 키가 15미터, 무게가 350톤으로 752년에 완성된 금동불이다. 목을 최대한 뒤로 넘겨야 얼굴을 볼 수 있을 정도로 컸다. 정면에 서면 카메라 한 컷에 다 담을 수 없어 좋은 각도를 찾기 위해 좌우를 뛰어다니다 겨우 바닥에 쪼그려 찍어야 마음에 드는 사진을 얻을 수 있었다. 일본인들이 아스카사 대불과 호류사 석가삼존상과 같은 청동 불상은 백제인들 손을 빌려 주조했었지만, 비로소 이 대불에 이르러 20~30배 넘는 크기의 대불을 스스로 주조해낼 정도로 기술력이 월등해진 것을 느낄 수 있었다. 이렇게 큰 대불이 만들어지기까지에는 그만한 사연이 있었다.

대규모 국책 사업

도다이사의 건립과 불상 주조는 한마디로 거대한 국책 사업이었다. 주도한 이는 쇼무 왕이었다. 743년 11월 5일 《속일본기》는 쇼무 왕의 발원 내용을 이렇게 전하고 있다.

> 불법흥률(佛法興律)의 대기원을 발하여 비로자나불 금동상 한 구를 만들어 바치겠노라. 나라의 구리란 구리는 다 모아 상(像)을 만들고 높은 산 나무를 베어 불전을 세우라. 이는 똑같이 이익을 얻고 똑같이 보리(菩提)*를 얻기 위함이라. (…) 모든 사람마다 나뭇가지 하나, 한 줌의

---

* 불교 수행으로 인한 깨달음의 지혜.

흙을 갖고 상을 만든다는 마음으로 빈다면 부처님도 이를 들어주실 것
이다.

쇼무 왕은 아예 도다이사 건립과 대불 조성을 맡을 조동대사사(造
東大寺司)라는 관청까지 만드는데 중앙관청의 성(省)에 맞먹을 정도
로 대규모였다고 한다.

도다이사에 서린 한일 교류의 흔적

불상의 크기가 워낙 크다 보니 부대 작업에 걸린 시간과 규모 역
시 엄청났다. 대불을 받치고 있는 돌 받침대만 해도 가로 37미터,
높이가 2.4미터나 되었으며 연꽃 모양으로 주조된 청동 좌대도 지
름 23미터, 높이 3미터였다. 연꽃 좌대는 12년 만에 완성되었다는
데 실제로 보니 화엄의 세계를 그린 흔적들이 희미하게 남아 있었
다. 청동 불상을 주조할 진흙 틀을 만드는 데만도 1년 반, 주조를 위
한 용광로 설치에만도 1년이 걸렸다. 마침내 747년 9월에 주조가
시작되었지만 2년여 동안 여덟 번이나 실패한 끝에 성공할 수 있었
다고 한다. 이 엄청난 사업에 동원된 기술자들은 과연 누구였을까.

《속일본기》에는 대불 주조를 주도한 총지휘관으로 '구니나카노
무라지기미마로'라는 기술자 이름이 나오는데, 이에 대해 김달수는
《동대사략연표(東大寺略年表)》를 인용해 "백제 멸망 후 일본으로 망
명한 백제왕족 구니노코쓰후[國骨富]의 후손이며 대불전을 건립한

실내 불상으로는 세계에서 가장 큰 도다이사 청동 대불의 모습. 담담하지만 자비로운 표정
으로 오른손은 손바닥을 보이고 왼손은 무릎에 살포시 올려놓은 모습이다. 당시 일본 정부
의 엄청난 국책 사업이었던 불상 제작에는 한반도 도래인들의 후손인 최고 장인들의 기술
력이 응집됐다. ©wikipedia

세계 최대 목조건축물 도다이사 대불전.

목수 이나베노 모모요 등도 신라계 도래인으로 추정된다"라고 해석한다.* 그뿐만이 아니다. 엄청난 금이 들어간 도색 작업 때에는 당시 일본의 동북쪽인 무쓰[陸奧] 지방에 있던 백제왕씨의 시조이자 의자왕의 아들인 선광왕의 3대손 경복왕이 보내준 사금이 결정적 역할을 했다. 《속일본기》에 따르면 당시까지만 해도 일본에서 황금이 나지 않았지만 경복왕이 지금의 아오모리 현 지역에서 황금을 발견해 900냥을 쇼무 왕에게 바친 것이다.

쇼무 왕은 도다이사 대불 완성에 정점을 찍는 개안식** 때에 신라, 발해, 당나라, 인도, 캄보디아 승려들까지 초청해 동아시아를 아우르는 국제 행사로 치렀다. 《동대사요록(東大寺要錄)》에 따르면 고구려, 백제, 신라, 발해에서 악인들이 와서 축하 음악을 연주했는데, 연주된 24곡 중 20곡이 고려악이었고 나머지는 백제의 가면극에 쓰인 것들이었다고 한다. 이때 사용된 탈이 현재 도쿄국립박물관에 보관돼 있다. 스즈키는 이렇게 덧붙였다.

> "사찰과 불상 건립에는 주조, 금속 세공, 토목, 도금 분야에서 당대 최고 장인들이 동원되었습니다. 당시만 해도 일본에는 이를 감당할 만한 기술자들이 따로 없었기에 일본으로 건너온 백제 망명 귀족과 신라 도래인 후손들의 기술이 결정적 역할을 했습니다. 일본인의 살에 한국인의 피가 섞인 셈이죠."

* 김달수, 《일본 속의 한국문화 유적을 찾아서》, 대원사, 1995.
** 불상에 생명력을 넣는다는 의미로 두 눈을 그려넣는 의식.

한국과의 연관성에는 인색

하지만 사찰 어디를 둘러봐도 그의 말을 뒷받침해줄 안내 문구는 찾아볼 수 없었다. 좀 더 자세한 이야기가 듣고 싶어 대불전을 관할하는 히라오카 쇼슈 부주지 스님을 만났다. 도쿄 한국문화원을 통해 사전에 약속을 했기 때문에 순조롭게 인터뷰가 진행될 것을 기대했다. 하지만 상황은 예상 밖이었다. 인사와 소개가 끝나자마자 그가 대뜸 도다이사에 도래인들의 흔적이 많다는 생각은 너무 한국인의 시각에 치우쳐 있다는 말부터 꺼낸 것이었다. 사전에 보낸 질문 중 "도다이사를 건립한 이들이 한반도 도래인인가?"라는 대목이 불쾌하게 들렸다는 뉘앙스였다.

> "어느 지역에서 왔어도 2~3대로 넘어가면 다 현지인이 됩니다. 당신처럼 생각하면 저도 한국인의 피가 섞인 한국인이겠지요. 하지만 정체성은 일본인이기에 한국인이라고는 할 수 없는 것 아닙니까? 도다이사와 대불을 건립한 이들이 한반도 도래인은 맞지만 이미 일본에 정착하고 3~4대가 지난 후손들이기에 엄밀하게 말하면 한국인이 아니라 일본인입니다."

그러더니 한국이 우수하다 혹은 일본이 우수하다는 말은 할 필요가 없다, 누가 형이고 동생인지 따질 필요가 없다, 도다이사 대불은 일본만의 것이 아니라 좀 더 넓은 시각에서 동아시아의 대불로 여겨야 한다는 식의 장황한 설명을 이어갔다. 똑같은 말이라도 아 다르고 어 다른 법인데 기록이 가리키듯 한국의 영향을 받았다고 하면 자존심이 상하는 것일까.

인터뷰를 마치고 나오는 뒷맛이 씁쓸했다.

28
민중의 구제자
교키 스님

나라 현 나라 시 도다이사
사이타마 현 사야마 시 사야마이케 저수지

도다이사 대불은 당대 최고 장인들의 기술력이 응집된 걸작이기도 하지만 무엇보다 중요한 것은 그만한 사업을 실현할 수 있는 돈을 끌어모으는 일이었을 것이다. 아무리 왕이 독려한 국책 사업이라 해도 사업을 실행하려면 이를 주도적으로 총괄할 지휘관이 필요한 법인데 그 역할을 한 사람이 바로 왕인 박사의 후손 교키 스님이다. 스님은 당대는 물론이고 오늘날까지도 일본에서 살아 있는 보살로 추앙받고 있는 종교 지도자다. 그에 관한 일본 학자들의 연구 논문만도 1,000편이 넘을 정도다.

백제의 후손 교키 스님

일본 고대 불교사의 고승 열전인 《원형석서(元亨釋書)》라는 책에는 교키 스님이 "668년 지금의 일본 오사카 부 사카이 시에서 태어나 백제인 왕인 박사의 후손으로 속성(俗姓) 고시[高志]씨로 태어났다"라고 기록하고 있다. 스님의 묘지에서 발굴된 사리병에서 나온 기록인《대승정사리병기(大僧正舍利甁記)》도 교키 스님이 왕인 박사의 후손이라고 적고 있다. 스님의 부친은 백제 도래인 후예인 가와치노아야[西文]씨 일족의 고시노사이치[高志才智]로 알려져 있다. 저명한 고대 사학자인 교토대 사학과 우에다 마사아키 교수는 "교키 스님의 모친 하치타노 고니히메도 백제계 도래 씨족"이라며, 일본의 고대 불교 지도자들 중에 도래인 출신이 많지만 교키 스님은 특히 귀족 불교를 민중 불교로 끌어내려 내세가 아닌 현세에서 민중의 삶을 고양하기 위해 헌신했다는 점에서 위대한 지도자라고 평가했다.

실제로 교키 스님은 15세에 아스카사로 출가한 이후 20년간 참선 수행을 한 뒤 민중 속에서 포교를 했다. 세금과 노역에 시달리는 농민들의 실상을 알리고 불법을 설파하면서 이들의 고단한 삶을 치유했다. 평생에 걸쳐 일본 각지에 49개의 절을 세우기도 했는데 그가 세운 절들은 '교키의 49원'이라 불린다.

민중 속으로 들어간 스님

그는 단순한 종교 지도자가 아니라 민중들의 삶의 질 향상을 위해 다리, 제방, 저수지를 만든 정치가이기도 했다.《속일본기》는 이렇게 기록하고 있다.

행기의 추종자가 1,000명을 넘었고 어디를 가든 그가 왔다는 소리를 들은 사람들은 다투어 찾아와 예배했다. 중요한 곳마다 다리를 놓고 제방을 쌓았다.

741년까지 가와치, 이즈미, 셋쓰, 야마시로 지역에 연못 열다섯 개, 개천 일곱 개, 수로 네 개, 송수관 세 개, 도로 한 개, 항구 두 개, 역참 아홉 개 등이 교키 스님의 주도하에 세워졌다. 전국에 건설한 크고 작은 다리만도 무려 300개가 넘는다는 기록도 있다. 그중에서도 가장 큰 다리는 쇼무 왕의 간청으로 741년 건설했다고 하는 교토의 쿠니오하시[恭仁大橋]다.

당시 야마토 정권은 커져가는 교키 스님의 세를 두려워해 그와 제자들을 탄압하기도 했다. 《속일본기》에는 717년 일본 조정이 스님과 그 제자들을 옥에 가뒀으나 민중의 반발이 거세어 다시 풀어줬다는 기록이 있다. 정부에서도 개발이나 관개 사업을 하는 데 스님의 기술력과 동원력이 절실히 필요했다는 현실적인 이유도 있었다.

745년 77세 때 교키 스님은 일본 역사상 최초의 대승정(大僧正)으로 추대된다. 4년 후인 749년에는 쇼무 왕이 교키 스님 앞에서 스스로 머리를 깎고 왕위를 딸에게 넘긴 뒤 출가했다. 그해 교키 스님은 스가하라사[管原寺]에서 숨을 거뒀다. 일본 정부는 그에게 보살의 칭호를 내렸다.

일본 긴테쓰나라 역을 나오면 가장 먼저 보이는 교키 스님 동상. 분수대 한가운데에 서 있다. 세계적인 관광지인 나라를 찾은 관광객들이 가장 먼저 사진을 찍는 장소이기도 해서 교키 스님이 이 지역을 대표하는 인물임을 느끼게 한다.

교키 스님의 발자취

교키 스님의 영향력을 가장 잘 보여주는 것은 도다이사 청동대불 건립 과정에서 나타난 그의 추진력이다. 교키 스님은 도다이사 대불을 조성하는 돈을 모으고 절을 알리는 '권진(勸進)'이란 막중한 임무를 맡는다. 도다이사 대불전의 비문에 따르면 교키 스님이 전국을 돌아다니며 시주를 권해 5만 1,590명이 나무를, 37만 2,075명이 금전을 시주했다고 한다. 이렇게 모은 구리 73만 근, 밀랍 1만 7,000근, 연금(鍊金) 5,000냥, 수은 6만 냥, 숯 1만 7,000석이 대불 조성에 사용됐다. 51만 4,102명이 기술 인력으로 참여했고 자원 봉사 인원도 166만 5,071명이었다.

대불이 만들어지기 시작했을 때 교키 스님은 여든을 바라보는 노령이었는데도 현장을 떠나지 않는 열정을 보였다. 그러나 아쉽게도 대불 조성을 보지 못하고 81세로 입적한다.

스님의 자취는 아스카, 나라, 교토, 오사카 등 일본 곳곳에 남아 있다. 도다이사에는 스님의 이름을 딴 법당인 '교키도(行基堂, 행기당)'가 있으며 그가 태어난 사카이 시 시립박물관에는 초상이 전시돼 있고 오사카 시 야마토 강을 가로지르는 다리는 '행기 대교(교키오하시)'라 불린다.

스님의 흔적을 찾아 나라를 찾아가보니, 나라 역에서도 가장 먼저 보이는 것이 분수대 한가운데 서 있는 교키 스님의 동상이었다. 전철을 타고 나라에 도착하는 관광객들이 가장 먼저 사진을 찍는 장소가 이곳이니 과연 교키 스님은 나라를 대표하는 역사적 인물이었다. 도다이사가 스님이 꽃피운 일본 불교 유산의 흔적이라면 오사카 사야마[狹山] 시에 있는 저수지 사야마이케는 민중들의 삶을 조금이라도 편하게 만들고자 헌신했던 스님의 자취가 남아 있는 곳이다. 오사카 항 근처에 자리한 높이 15.4미터, 폭 62미터에 달하는 대형 저수지인 사야마이케는 처음 축조된 지 100여 년 후에 교키 스님이 대대적인 개·보수 공사를 주도한 것이다. 저수지에서 논밭으로 물이 이동하는 나무 파이프를 연장해 더 넓은 지역에 농수가 공급되도록 했다. 이 저수지는 당초에도 백제인들의 기술로 만들어진 것이었다. 사야마이케가 처음 축조된 아스카 시대에는 나무로 만든 파이프로 물을 공급했지만 지금은 콘크리트 파이프로 오사카를 비롯한 주변 지역에 물을 공급하고 있다. 사야마이케는 한국에서 가장 오래된 저수지인 전북 김제 벽골제와 축조 방식이 놀랍도록 비슷하다. 사야마이케 바로 옆에 있는 박물관에서 만난 구라쿠 요시유키 관장은 사야마이케 축조 1,400년이 되는 내년에 김제 벽골제와 함께 유네스코 세계문화유산으로 공동 등재하는 일을 추진 중이라고 했다. 이미 2012년 김제시와 상호 협력 의향서(MOU)를 체결했다고 한다.

저수지를 본뜬 박물관

박물관은 실제 저수지를 건물 내에 옮겨놓은 듯하여 인상적인 건축물이었다. 세계적으로 유명한 일본 건축가 안도 다다오의 설계로 2001년에 완공한 것이다. 제방의 단면을 본떠서 만든 데다 건물 내

높이 15.4미터, 폭 62미터에 달하는 대형 저수지인 사야마이케 모습. 한국에서 가장 오래된 저수지인 전북 김제 벽골제와 축조 방법이 거의 비슷하다.

부에는 저수지처럼 공간을 만들어 끊임없이 물이 흘러내리고 있었다. 1년에 10여만 명이 방문한다는 이곳 1층 로비에는 커다란 제방 단면이 전시되어 있다.

2001년에 초대 관장으로 부임했다는 구라쿠 관장의 사무실 책꽂이에는《풍납토성 건국의 기틀을 다지다》,《백제사회사상사》,《한국 고고학 강의》등의 한국 책들이 꽤 보였다.

"풍납토성뿐 아니라 백제에서 산성과 제방을 축조하던 방법들이 사야마이케 축조 방법과 유사한 부분이 많습니다. 김제 벽골제의 경우 사야마이케 축조 시기보다 300여 년 앞선 4세기경 백제 건국 초기에 만들어진 것입니다. 백제가 정확히 어느 시기에 사야마이케에 영향을 준 것인지 알아내기 위한 조사가 진행 중입니다."

그는 사야마이케와 김제 벽골제를 "형제 제방"이라고 표현하며 두 제방이 백제의 기술인 부엽 공법이라는 공통된 축조 기술을 썼기 때문에 닮았다고 했다. 부엽 공법은 흙으로 제방이나 성을 축조할 때 흙 사이에 풀이나 나뭇가지 등 식물을 엮어서 쌓아 견고하게 만드는 기법을 이른다. 이렇게 흙과 식물을 샌드위치처럼 쌓으면 결속력을 높일 수 있다고 한다. 학예원인 고야마다 고이치도 이에 덧붙였다.

"백제의 기술인 부엽 공법은 고대 한반도와 일본이 맺어온 인연의 증거물입니다. 부엽 공법은 백제를 비롯한 한반도 남부 지역에서도 발견되고 있기에 백제에서 일본으로 전해졌다고 보고 있습니다. 때문에 백제인의 피가 흘렀던 교키 스님이 백제 기술인 부엽 공법을 사용해 사야마이케 재건에 참여했던 것으로 보입니다."

구라쿠 관장은 사야마 지역과 백제가 동일한 수리 관개 시설을 축조했다는 것이 고대에 서로 긴밀한 교류 관계가 있었다는 증거라고 말했다. 이와 같이 한일이 교류했던 발자취가 담긴 농경문화의 유산과 그 의미를 후대에 전하기 위해 한일 학계와 민간의 꾸준히 노력해야 한다는 것이 그의 바람이었다.

29
한반도의 선물을 간직한
나라 문화의 타임캡슐
나라 현 나라 시 쇼소인

고대 한일 교류사와 관련해 반드시 짚고 넘어가야 할 곳이 있으니 일본 나라 시에 있는 쇼소인이다. 이곳은 도다이사가 관리하던 고대 유물 창고였는데, 근대 메이지 유신 이후에 정부(궁내청)가 직접 관리하는 유물 보관소로 바뀐다. 그만큼 귀중한 유물이 많이 소장되어 있다. 쇼소인은 당시 최대 국책 사업이던 도다이사 완공을 성공리에 마무리하고 세상을 떠난 쇼무 왕의 49재 때 아내 고묘[光明] 왕후가 남편의 명복을 빌기 위해 왕실에서 전해 내려오던 유물 600여 점을 사찰에 헌납하면서 시작됐다. 이후 나라 시대의 유물들이 차곡차곡 모여 무려 1만여 점에 달하게 된다. '나라 문화의 타임캡슐'로도 불리는 이곳은 1,300년간이나 땅이 아닌 지상 건물에서 유물이 전혀 훼손되지 않고 보존되어왔다는 점, 외국, 특히 신라에서 받은 선물들의 포장지까지 버리지 않고 소중히 간직해왔다는 점, 그 옛날 물품 종류와 수량까지 낱낱이 기록한 문서가 전해 내려오고 있다는 점 등에서 일본인들의 철저한 문화재 관리 의식을 보여준다. 우리로서는 백제는 물론이고 신라의 빼어난 문화유산이 포함되어 있다는 점에서 매우 의미가 깊은 장소다.

철저한 문화재 관리

서울에서 도쿄 한국문화원을 통해 연락이 닿은 궁내청 쇼소인 사무소의 다쿠야 후루타니 주임에게 유물들을 볼 수 있는지 물으니 "천황 허락 없이는 안 된다"라는 단호한 거절의 답이 돌아왔다. 인터뷰에는 응하겠다고 했다.

나라에 도착했지만 쇼소인을 찾기가 어려웠다. 도다이사에서 버스를 타고 세 정류장을 지나 내리면 나온다고 들었지만 아무리 찾아도 보이지 않았다. 다쿠야 주임에게 전화를 걸었더니 '접근 금지' 표시가 된 길을 따라 걸으면 '궁내청 쇼소인 사무소'라는 푯말이 보일 것이라고 했다. 어렵게 도착한 사무실로 들어서니 그를 포함해 무려 다섯 명이나 되는 직원이 맞이하는 것이 당황스러웠지만 인터뷰에 열과 성의를 다하겠다는 진심을 엿볼 수 있었다.

직원들의 안내를 받아 사무실에서 북쪽으로 조금 걸어가니 지상에서 나무 기둥에 의지해 떠받쳐져 있는 고상(高床) 목조건물인 쇼소인이 나왔다. 땅에서 올라오는 습기를 피하기 위해 설계한 것이다. 전형적인 옛날 창고 건물이었다. 정면에 굳게 닫힌 세 개의 문은 왼쪽부터 남창, 중창, 북창이라 불렸는데 건물 안을 세 공간으로 나

습기를 피하기 위해 나무 기둥들로 바닥을 지상에서 떨어지도록 한 고상 목조건물인 쇼소
인 전경.

뉘 유물들을 보관하기 때문이라고 했다. 놀라웠던 것은 안에 있는 유물들은 물론이고 건물을 보는 것조차 제한이 있다는 것이었다. 관람객들은 건물 앞 3미터까지만 접근할 수 있었고 주변을 걸을 때조차 인도가 아닌 하수구가 있는 옆길로 걸어야 했다. 정갈한 자갈밭으로 조성돼 있는 인도로 걸으면 신발 자국이 남아 안 된다는 거였다. 건물 주변에는 화재에 대비해 물대포 여섯 개가 서 있었다. 취재하면서 익히 알게 된 일본인들의 문화유산에 대한 보존 의식을 쇼소인에서도 경험할 수 있었던 것이다.

포장지까지 버리지 않는 보존 정신

도대체 어떤 유물들이 소장되어 있는 것일까? 쇼소인에서 만난 궁내청 보존과 조사실의 이이다 다히시코 실장은 소장품에 대해 이렇게 설명했다.

"왕과 귀족들의 사치품, 생활용품, 공예품 같은 왕실 유물은 물론이고 8세기 고대 사회상을 소상하게 보여 주는 호적 대장, 세금 대장, 세출 세입 관련 문서들까지 망라되어 있습니다. 726년의 야마시로 국 오타기 군 이즈모 마을 계장*에 기록된 이즈모노오미 히로타리 가족 사항을 보면 이름과 나이뿐 아니라 '오른 뺨에 점이 있음'처럼 개인을 식별

* 호적을 근거로 매년 작성하는 과세대장

할 수 있는 특징까지 적혀 있지요."

이이다 실장은 또 다른 자랑거리로 당나라, 동남아, 인도, 페르시아, 로마는 물론이고 한반도에서 건너온 뛰어난 공예품들과 신라 시대 문서들이 있다고 덧붙였다.

그가 언급한 신라 시대 문서들이란 1930년대 공개되어 세상을 놀라게 했던 《신라장적(新羅帳籍)》과 《신라제2장적》이다. 《신라장적》은 통일신라 시대의 서원경(지금의 충북 청주) 지방의 촌락 실태를 담은 문서다. 815년 청주 부근 네 개 촌락의 호구와 전답, 과실나무와 가축의 수효는 물론 전체 인구가 460명이고 노비는 그중 28명이라는 등 당시 사회상을 알려주는 소중한 내용이 담겼다. 《신라제2장적》은 가로 13.5센티미터, 세로 29센티미터의 두꺼운 황갈색 닥나무 종이로, 앞면에는 충북 음성으로 추정되는 파천촌 지역에서 정월 1일에 말고기, 돼지고기, 콩, 쌀 등 짐승의 살코기와 곡식을 상급 기관에 바쳤다는 내용이 기록돼 있고 뒷면에는 지역은 알 수 없지만 관원들의 실명과 함께 급여 액수, 지급 유무가 적혀 있다.* 주목할 만한 점은 《신라장적》의 경우 쇼소인에 보관돼 있던 《화엄경론》을 포장한 배접지로 쓰인 것을 1930년대에 재발견한 것이고, 《신라제2장적》도 신라에서 건너온 놋그릇 포장지로 쓰였던 것을 버리지 않고 있다가 역시 유물을 정리하던 과정에서 재발견한 것이라는 점

---

* 권인한 성균관대 국어국문학과 교수의 판독 결과다.

불경을 싼 배접지가 신라시대 사회상을 소상히 적은 문서로 밝혀진《신라장적》.

이다.*

　연민수 실장의 증언에 의하면 이곳에 아직도 풀지 않은 20개 묶음의 신라제 숟가락 세트가 남아 있을 정도라고 하니 외국 것이라 할지라도 관리와 보관에 철저했던 일본인들의 보존 정신을 다시 느낄 수 있는 대목이다. 매해 가을 나라 국립박물관에서는 쇼소인 소장 유물들을 중심으로 매번 다른 물품들을 공개하는 특별전이 열려, 한국의 역사학자, 박물관 관계자, 고미술 관계자들 중에는 이때에 맞춰 일부러 오는 사람도 상당수 있다고 한다. 매해 관람을 놓치지 않는다는 한국의 한 고미술 관계자는 1,000년이 넘는 동안 유물들을 얼마나 잘 관리했는지 절로 입이 벌어질 정도라고도 말한다.

의자왕이 준 바둑판 세트

　쇼소인에 소장된 한반도 유물의 백미는 뭐니 뭐니 해도 백제 의자왕이 일본 귀족에게 줬다는 적색 옻칠장과 그 안에 들어 있던 바둑판, 바둑알 세트다. 이 유물들에는 고묘 왕후 유품 목록집에 "백제 의자왕이 내대신(内大臣)에게 준 것"이라는 설명이 붙어 있는데, 쇼소인 소장품 중에서 물품 유래를 이렇게 자세히 기록해놓은 유물이 넉 점에 불과한 데다 특히 외국과 관련된 것으로는 유일하다고

---

* 《신라제2장적》의 경우에는 《좌파리가반(佐波理加盤)문서》라고도 불린다. 신라에서 일본으로 수출된 좌파리가반이라는 사발을 겹겹이 쌓아 보낼 때 그릇들 사이에 이 문서를 끼워서 보냈던 것이다.

한다.

기록에 나오는 '내대신'은 누구일까? 이이다 실장에 의하면 일본 최고 명문가로 꼽히는 귀족 가문인 후지와라노 가문의 시조인 나카토미노 가마타리를 일컫는 것으로, 고묘왕후의 조부인 그가 받은 것을 100년 넘게 가문에서 잘 간직하고 있다가 손녀 대에 이르러 절에 헌납한 것이라고 한다. 바둑은 백제에서 유행하던 놀이로, 왕, 귀족부터 백성에 이르기까지 많은 사람이 즐겼던 것으로 전해진다. 때문에 의자왕이 일본 최고 권력자에게 보낸 바둑판 세트가 당시 일본 조정에서 화제가 되었음은 두말할 나위가 없다는 것이다. 더불어 일본에 체류하고 있던 의자왕의 아들 풍장은 바둑을 통해 왕실과 활발한 친교를 했을 것이니 바둑판 세트는 백제의 대일 외교 상징물이라고 덧붙였다.

현재 적색 옻칠장은 남아 있지 않지만 바둑판, 바둑알, 바둑알 통은 잘 보존되어 있다. 그런데 쇼소인 측은 바둑판 유물이 백제에서 온 것이 아니라는 예상 외의 설명을 했다.

"기록에 나오는 의자왕이 줬다는 바둑판은 1254년 도다이사가 벼락을 맞아 화재로 소실됐을 때 다 타버렸습니다. 현재 남아 있는 것의 경우에는 재질이 한반도 육송이라는 점에서 한반도에서 건너왔을 가능성이 커 보이지만, 의자왕이 아니라 다른 사람이 준 것으로 보입니다. 그가 누구인지는 기록이 없어 알 수 없습니다."

백제 의자왕이 일본 왕실에 선물했다고 알려진 한반도 고유의 재래식 바둑판. 자줏빛 육송에 그림이 새겨졌다 해서 '목화자단기국(木畵紫檀棋局)'이라 불린다. 바둑판과 함께 전해진 바둑알을 담은 통인 은평탈합에는 상아 바둑알 516개가 들어 있다.

다쿠야 주임에 의하면 그동안 쇼소인 유물과 관련해 한일 전문가 간에 심도 깊은 대화가 없었다고 한다. 전문가들의 인적 교류를 토대로 진지하게 이야기해야 할 때가 됐다는 것이 그의 주장이다. 이제 한국에서도 일본 내 한국 문화유산에 대한 관심이 높아진 만큼, 그의 말처럼 한일 양국이 앞으로 활발히 교류하며 고대 한일의 깊은 인연을 오늘날로 끌어올리는 것이야말로 후손들이 할 일이라는 생각이 들었다.

30

한일 교류의 흔적을 간직하고 있는 일본의 사찰들

교토 부 교토 시 기요미즈사, 고잔사

교토 기요미즈사[清水寺]를 찾는 관광객들은 매해 1,000만 명이 넘는다. 1년간 교토를 찾는 5,000만 명의 20퍼센트에 달하는 수치다. 1994년에 유네스코 세계문화유산으로 지정된 이 절은 2015년 3월에 미셸 오바마 여사가 방문하여 경내에 있는 큰 북을 치는 모습이 전해져 다시 한 번 주목을 받았다. 기요미즈사는 고대 한일 교류사 측면에서도 매우 상징적인 사찰이다. 일본의 고승 엔친 스님과 백제계 도래인 후손 사카노우에노 다무라마로 장군의 깊은 인연이 서려 있기 때문이다.

일본 건축술의 정수

기요미즈사 버스 정류장에서 내려 절까지 약 15분간 가파르고 비좁은 골목길을 오르는 동안 사람이 하도 많아 행인들과 어깨를 부

딧치지 않고는 발걸음을 옮기기가 어려울 정도였다. 경내로 들어서자마자 약 11미터 높이의 깎아지른 듯한 절벽 위에 세워진 웅장한 본당이 위용을 드러냈다. '일본 목조 건축의 불가사의'로 평가받는 유명한 본당 마루는 일본말로 '부타이[舞台]', 즉 '무대'라고도 불리는데, 못 하나 없이 139개의 대형 느티나무 기둥들이 떠받치고 있는 형태다. 기요미즈사 학예 연구원 사카이 데루히사는 "한국말에 최선을 다한다는 뜻으로 '배수의 진을 친다'라는 말이 있는데 일본 사람들은 '기요미즈의 무대에서 뛰어내릴 각오'라는 말을 쓴다"라고 했다.

본당 건물과 함께 유명한 것이 본당 안 깊숙한 곳에 자리한 십일면관음보살상이다. 33년에 한 번씩만 일반에 개방되는 '비불(秘佛)'인 관음상이 마지막으로 공개된 때가 2000년 3월이었으니 다시 보려면 2033년까지 기다려야 한다. 때문에 관음상 주변은 접근 자체가 금지되어 있었고 어두운 차양 막까지 쳐져 어렴풋이 실루엣만 확인할 수 있었다. 사카이 연구원에 의하면 일본인들은 평생에 두 번 관음상을 볼 수 있으면 복권에 당첨된 것이나 마찬가지로 여긴다고 한다. 이 관음상을 안치한 사람은 일본인 엔친 스님이지만 사찰 건물은 백제계 도래인 후손 다무라마로가 자신의 집을 헌납한 것에서 비롯한다. 하급 무사였던 다무라마로는 교토로 천도를 단행한 간무 왕의 총애를 받아 북방 오랑캐 정벌을 총괄하는 장군직에까지 오른 입지전적인 인물이다.

못 하나 없이 대형 느티나무 기둥 139개가 떠받치고 있는 기요미즈사 법당 마루. '일본 목조 건축의 불가사의'로 평가받는다.

한일 고대인들의 인연

758년 기요미즈사가 있는 오토와[音羽] 산 인근에서 태어난 다무라마로의 조상은 대대로 야마토 정권에서 군인으로 일하며 이 지역에서 군락을 이루고 살았다. 일본 역사서 《속군서류종(續群書類從)》에는 "다무라마로의 조상이 오진왕 20년(290년)에 건너온 백제왕족 아치노오미"라고 적혀 있다. 《부상략기》 등에 따르면 다무라마로는 아픈 아내를 위해 사슴 피를 약으로 쓰려고 오토와 산을 헤매다 산에서 수행 중이던 엔친 스님을 만나 불법에 귀의했다고 한다. 그리고 엔친 스님을 위해 자신의 집을 기요미즈사 본당으로 바친다. 이를 접하고 내심 반가운 마음이 들었지만 정작 사카이 연구원은 "다무라마로는 후원자일 뿐이고 건립자는 엄연히 엔친 스님이다. 다무라마로가 한반도 도래계의 후손이라 해서 기요미즈사가 한국으로부터 영향을 받았다고 볼 수는 없다"라며 선을 그었다.

기요미즈사가 건립된 8세기 말은 한반도 도래인들이 요즘 말로 이민 3~4세대가 되어 완전히 일본에 동화된 시기다. 사카이 연구원 말대로 그들을 굳이 한반도 도래인이라고 강조할 필요도 없지만 한국과의 연관성을 애써 부정하거나 과소평가할 일도 아닐 것이다. "한국 사람들은 한국이 일본에 모든 문화를 전해 주었다며 일본의 독자적인 문화 창조를 과소평가하려는 경향이 있다"라고 보태는 한마디에서 기요미즈사 건립에서 다무라마로의 역할을 과소평가하려는 속내가 느껴졌던 것이다.

그가 한일 교류사에 대한 일본인들의 편협한 시선을 대변하는 것

같다는 느낌이 드는 동시에, 우리 또한 이제 일본에 문명을 전해주
었다는 것만 강조할 것이 아니라 일본인들이 어떻게 그것을 자기
것으로 체화했는지를 깊이 있게 들여다보려는 아량이 필요하겠다
는 생각이 들었다. 그런 점에서 이제는 한국에 없는 문화유산이 일
본에서 오히려 더 잘 간직되어 있는 곳들이 있으니 바로 교토 고잔
사[高山寺]에 남아 있는 원효대사와 의상대사의 흔적들이다.

원효대사와 의상대사 초상

고잔사는 교토 서북쪽 도가노오[栂尾] 산속에 있는 사찰이다. 산
골짜기에 있는 작은 사찰을 버스를 타고 한 시간 반이나 걸려 찾은
이유는 신라 명승 원효대사와 의상대사의 일대기를 그린 두루마리
그림과 초상화를 보기 위해서였다.

역시 1994년 유네스코 세계문화유산으로 지정된 이 절을 찾는
이들은 하루에 수십 명 수준이다. 이 중 30퍼센트가 한국에서 온 불
자라고 한다. 절 살림을 맡고 있는 다무라 유교 집사에 따르면 일본
인들은 경내를 구경하고 경치를 감상하기 바쁜 반면 한국에서 온
불자들은 합장하고 기도하는 데 오랜 시간을 보낸다고 한다. 고잔
사가 소장한 원효와 의상의 그림은 이들의 일대기를 그린《화엄종
조사회전(華嚴宗祖師繪傳)》이라는 두루마리 그림인 에마키[繪卷] 총
일곱 권과 초상화 한 점씩이다. 모두 일본 국보 중요문화재로 지정
되어 있다. 다무라 집사에게 그림을 보여달라 부탁하니 교토박물관

원효와 의상대사의 일대기를 그린 두루마리 그림과 초상화를 보관하고 있던 고잔사의 입구.

에 있다고 했다. 2006년에 교토박물관에 그림을 전시한 뒤 더 많은 관람객들에게 보이기 위해 임대 형태로 박물관에 남겼다는 것이다. 워낙 미술사적 가치가 높아 고잔사에 소장되었을 때에도 일반 공개는 하지 않았다고 한다.

어떻게 원효와 의상대사의 초상화가 일본 사찰에 있게 된 걸까? 관련 연구로 메이지대에서 박사학위를 받은 메이지대 김임중 연구원에 의하면 8세기경 한국에서 일본으로 전래된 화엄종에서 빼놓을 수 없는 인물이 바로 원효대사와 의상대사로, 두 스님은 당시 일본뿐 아니라 화엄종 종주국인 중국에도 큰 영향을 미쳤을 정도로 학식이 높은 고승이었다고 한다. 원효와 의상은 약간 다른 식으로 일본에 화엄종을 전했다. 원효는 저술을 많이 남겼고 의상은 제자를 많이 길러냈다.《금강삼매경론》,《대승기신론별기》등 화엄사상을 집대성한 원효의 저서는 240여 권에 달하는데 이 중 상당수가 일본으로 건너갔다. 의상이 길러낸 제자 중 한 명인 심상은 화엄종을 널리 알릴 목적으로 일본에 건너가 740년 도다이사에서 화엄경을 처음 강연했다. 원효와 의상의 사상에 영향을 받은 일본 승려들이 많은데 가마쿠라 시대에 활동했던 묘에 스님도 그중 한 명이었다. 왕실의 적극적 후원 속에서 번성한 화엄종이 나라 시대 이후 왕권 약화로 쇠퇴하자 묘에는 고잔사를 창건해 화엄종을 다시 일으키려 했다. 김임중 연구원은 "묘에가 자기 나라 일본이나 화엄종 종주국인 중국의 승려가 아닌 원효와 의상을 그린 것을 보면 당시 일본에서 이들의 명성이 높았다는 것을 확인할 수 있다"라고 전했다.

일본에서 존경받았던 원효와 의상

묘에의 명을 받아 두 고승에 관한 그림을 실제로 그린 이는 묘에의 제자이자 당시 이름 높은 화승(畵僧)이었던 조닌 스님이었다. 조닌은 중국 송나라 고승 전기인 《송고승전(宋高僧傳)》에 나오는 원효와 의상의 일대기와 가르침을 토대로 그렸다. 두루마리 일곱 권 중 세 권이 〈원효도(元曉圖)〉이고 네 권이 〈의상도(義湘圖)〉이다. 〈원효도〉 중 가장 유명한 것은 당나라 유학길에 동굴에서 자던 원효가 목이 말라 맛있게 먹은 물이 해골에 담긴 것이었음을 알고 큰 깨침을 얻는 대목이고 〈의상도〉의 경우에는 당나라 유학을 하던 의상에게 반한 선묘 낭자가 귀국길에 오른 의상이 탄 배를 향해 몸을 날려 용이 되는 모습을 그린 것이다.

치밀하면서도 대담한 화법을 구사한 두 고승의 초상화는 현재 남아 있는 초상화 중 실제 이미지에 가장 가깝다는 평을 듣고 있다. 검은 수염을 기른 원효는 생전의 파격적 행보에 걸맞게 호방한 모습이고 의상은 인자하고 후덕한 모습이다. 다무라 집사는 이 그림들이 직접 보고 그린 것이 아니라 한국에 있던 원본을 일본 화가들이 베껴 온 것으로 추정된다고 했다. 현재 초상화 원본은 한국에 남아 있지 않고 유실된 것으로 추정된다. 어떻든 일본 화가들이 한국에 와서 존경받는 스님들의 초상화를 모사해 갈 만큼 13~14세기에 한일 간 문화교류가 매우 활발했었다는 것을 보여주는 대목이다.

31
해상왕 장보고와
일본 불교의 인연
시가 현 오쓰 시 엔랴쿠사, 미이사

일본은 663년 백제와 연합한 백강 전투에서 패한 뒤, 적으로 싸웠던 신라와 당이 한반도를 장악하게 되자 한반도와 연결고리를 잃고 만다. 이미 많은 백제 유민이 건너가면서 일본 왕실에서 주류를 형성하게 된 도래인들 입장에서 신라는 적국이나 다름없었기 때문이다. 668년 고구려까지 망하고 676년 통일신라가 당나라를 한반도에서 축출하는 등 동아시아 정세가 요동치자, 본격적으로 고대국가에 진입하기 위해 에너지를 집중하던 일본은 통일신라와 거리를 두면서 당을 향해 뻗어 나간다. 일본 문화사에서 나라부터 헤이안 시대까지 적극적으로 당나라 문화를 받아들인 것을 두고 '당풍(唐風)'이라고 말할 정도로 일본은 당나라 문화 수용에 적극적이었다. 그 대표적인 예가 진언종과 천태종을 수입해 자신들만의 독자적인 불교문화를 형성한 것이다. 그런데 이 과정에서 결정적인 기여를 한 인물이 있으니 바로 해상왕 장보고다.

일본 불교의 성지 엔랴쿠사

일본어로 '야마[山]'는 '산'을 뜻하는 일반명사이기도 하지만 교토 북쪽 히에이잔[比叡山]을 일컫는 고유명사이기도 하다. 히에이잔은 '산'의 대명사가 될 정도로 영산(靈山)으로 통한다. 이 깊은 산속 심장부에 일본 불자들이 성지순례하듯 찾는 사찰 엔랴쿠사[延曆寺]가 있다. 우리에게는 생소하지만 일본에서는 천태종의 개창지이자 수많은 고승을 배출한 대표적인 불교 성지다. 유네스코 세계문화유산으로도 지정돼 있는 이 절에 고대의 한일 교류를 보여주는 뚜렷한 흔적이 남아 있는데, 바로 신라명신을 모신 사당인 적산궁(赤山宮)과 장보고를 기념하는 비석이다.

엔랴쿠사의 핵심 건물은 근본중당(根本中堂)이라는 법당이다. 안에 들어서니 그 유명한 '불멸의 법등'이 가장 먼저 눈길을 끌었다. 절을 창건한 사이초[最澄]대사가 788년에 불상 앞에 밝힌 기름등잔인데 전란에도 꺼지는 일이 없이 오늘날까지 무려 1,200여 년이나 불을 밝히고 있다고 한다. 당대 최고 엘리트 승려였던 사이초대사가 21세 때인 788년 어느 날 홀연 속세를 떠나 히에이잔 산중에 암자를 짓고 수행에 전념하기 시작한 것이 엔랴쿠사의 출발이라고 한다. 12년간 은둔하며 수도 생활을 하던 그의 법력이 어느덧 왕의 귀에까지 들어가게 되니 간무 왕이 그를 국사(國師)로 발탁한다. 사이초대사는 왕실 생활이 주는 안락함에 안주하지 않고 새로운 문물을 배우기 위해 804년에 1년간의 국비 유학생 자격으로 당나라에 파견된다. 그리고 천태산 수선사에서 계를 받고 귀국길에 많은 법전과 불구를 갖고 귀국한 뒤 히에이잔에서 천태종을 개창하기에 이른다.

장보고와의 인연

당시 한중일 바다를 호령하던 장보고와 일본 불교의 인연은 사이초대사의 제자이자 천태종의 2대조로 불리는 엔닌 스님에게서 비롯된다. 엔닌 스님은 838년에 당나라 파견 사신단인 견당사의 일원으로 당에 갔다가 산둥 성 등주 신라방에서 겨울을 나는데, 이때 장보고가 창건한 적산의 법화원에 묵게 된다. 법화원은 산중 사찰이긴 했어도 토지를 갖고 있었고 매해 500섬이나 되는 쌀을 소출하여 자급자족하는 등 규모가 꽤 큰 절이었다. 그런데 모든 예불 의식이 신라 풍속을 따르고 처음부터 끝까지 모든 의식을 신라어로 진행하는 등 당나라 땅의 '리틀 신라'였다고 볼 수 있다.

엔닌 스님은 법화원에 머무르는 동안 장보고에게 장문의 편지를 쓰는데 그를 대사(大使, 지금의 외교관)로 부르며 글귀마다 존경의 염을 가득 담은 것이 눈길을 끈다.

아직까지 대사를 삼가 뵙지는 못했습니다만 오랫동안 높으신 이름을 듣고 있었기에 우러러 존경하는 마음이 더해만 갑니다. (…) 저는 옛 소원을 이루기 위해 당나라에 머물고 있습니다. 다행히 미천한 놈이 대사님의 본원의 땅(법화원)에 있습니다. 감사하고 즐겁다는 말 이외에 달리 비길 만한 말이 없습니다. 언제 뵈올지 기약할 수 없습니다만 대사를 경모하는 마음 더해갈 뿐입니다.*

그는 어떤 사연으로 장보고에게 이런 편지를 쓴 걸까?

동방에서 가장 성공한 사람

당시 장보고는 신라를 뛰어넘은 동아시아의 영웅, 바다의 제왕으로 명성이 높았다. 당나라 사람 두목은 《번천문집(樊川文集)》이란 책에서 그를 "명철한 두뇌를 가진, 동방의 나라에서 가장 성공한 사람"이라고 평하고 있다. 장보고가 언제 어떤 경로로 당으로 건너갔는지에 대한 정확한 기록은 없지만 그가 소장직에 올랐다는 '무령군(武寧軍)'이라는 중국 군단 이름이 805년에 나오는 것으로 보아 그 전후로 추정된다.

중국에 있는 동안 장보고의 활동은 법화원을 세운 지금의 산둥 반도를 중심으로 이뤄졌다. 법화원은 그가 군대에서 물러난 뒤 해상 활동을 시작하면서 세운 거점이라고 할 수 있다. 장보고는 당나라에 머물고 있던 신라인들을 비롯해 자신의 고향인 서남해안 지방 해상 세력과 일본 규슈 일대에 살고 있던 신라인들까지 규합해 무역 네트워크를 형성하고 있었다. 당시 신라인들은 뛰어난 조선술과 항해술을 바탕으로 황해 일대에서 해상 교통과 교류의 중심을 이루고

---

* 엔닌, 《입당구법순례행기(入唐求法巡禮行記)》에 수록.

있었는데, 그중에서도 장보고 선단(船團)이 가장 뛰어났다. 일본 사신이나 승려들도 중국에 갈 때는 장보고 선단으로부터 도움을 받았다. 엔닌 스님 역시 당나라로 가고 올 때 마찬가지로 도움을 받았으며 중국에 머물 때에도 장보고가 세운 절에 머물렀다. 그는 장보고의 도움으로 그동안 받지 못했던 여행 허가서까지 당 관청으로부터 받을 수 있었다. 그렇게 중국 여행을 마친 엔닌 스님은 10년에 걸친 고행과 순례를 기록한 여행기《입당구법순례행기》를 남기는데 이는 현장의 《대당서역기》, 마르코 폴로의 《동방견문록》과 함께 동양의 3대 여행기로 꼽힌다.

장보고를 잊지 않는 일본인들

고국으로 돌아온 후 일본 최고의 고승으로 추앙된 엔닌 스님은 죽을 때까지 장보고와 신라인들로부터 받은 은혜를 잊지 않았다. 법화원에 있던 것과 똑같은 신라명신상과 그림을 일본으로 모셔와 적산궁을 세우고 장보고를 추억했으며, 입적 직전에는 제자 안에 스님에게 히에이잔 서쪽에 법화원과 비슷한 시카잔젠인[赤山禪院], 즉 '적산선원'을 세우라는 유언까지 남긴다. 제자들은 스승의 뜻을 받아 시카잔젠인을 건립하고 신라신사를 지은 뒤 신라명신상도 모셨다. 현재 시카잔젠인에서는 신라명신을 장수와 재물 운을 관장하는 칠복신(七福神) 가운데 으뜸 신으로 섬기고 있다.

뭐니 뭐니 해도 히에이잔에서 찾아볼 수 있는 장보고의 뚜렷한 흔

교토의 후지 산으로 불리며 시민들의 사랑을 받는 히에이잔 엔랴쿠사에 있는 장보고 기념
비. '청해진대사 장보고 비'라는 글자가 선명하다. "장보고는 신라, 당, 일본 해역을 모두 지
배한 해상왕"이었다는 설명도 있다. 사찰 측은 교토에 살고 있는 장보고 32대손이 기념비
건립을 주도했다고 전했다.

적은 엔랴쿠사 동탑 근처에 세워진 '청해진대사 장보고 비'였다. 비석에는 이렇게 적혀 있다.

> 장보고는 신라, 당, 일본 해역을 모두 지배한 해상왕이었으며 엔닌 스님이 장보고의 도움을 크게 받았다.

엔랴쿠사에서 만난 이소무라 스님은 장보고가 일본의 천태종과 엔랴쿠사의 큰 은인이라며, 장보고의 32대손이 기념비 건립을 주도했다고 전했다.

성을 '신라'로 바꾼 일본 최고 무사

히에이잔에는 장보고를 기억하는 장소가 하나 더 있으니 바로 엔랴쿠사에서 차로 30분가량 떨어진 동쪽 산기슭에 세워진 미이사[三井寺]다. 이곳에도 신라명신을 모신 신라선신당(新羅善神堂)이 있는데 이곳과 안에 모셔진 신라명신은 모두 국보로 지정돼 있고 일반인에게 공개하지 않는 비불이었다. 미이사를 창건한 사람은 천태종 5대조인 엔친 스님으로 그 역시 스승 엔닌 스님처럼 장보고의 도움을 얻어 당나라를 오가며 불법을 공부했다. 엔친 스님 역시 미이사를 세우면서 경내에 신라선신당을 짓고 신라명신을 안치해 장보고를 추억했다.

재미있는 사실은 이 절이 일본 사무라이 세계에도 지대한 영향을 미쳤다는 점이다. 헤이안 시대 말기 최고 무사로 일본 무사의 아버지로도 불리는 미나모토노 요시미쓰가 신라선신당 앞에서 성인식을 치르고 아예 성을 '신라(新羅)'로 바꾼 것이다. 신라명신의 가호를 받기 위해서였다고 하는데 실제로 그는 잇따른 전투에서 연전연승했으며 죽어서는 선신당 뒷산에 묻혔다. 아직도 그의 묘지는 잘 보존되고 있다. 요즘 한국에서도 장보고에 대한 재해석이 확산되고 있는데 9세기 동아시아 바다를 호령했던 장보고의 위상은 무엇보다 1,000년이 지난 지금까지도 한일 양국을 잇는 끈이 되어 이어지고 있다.

히에이잔 동쪽 기슭에 있는 사찰인 미이사의 신라선신당. 신라명신을 모시고 있는 이 법당
은 장보고의 도움을 받아 당나라를 오가며 불법을 배워 온 일본 천태종 5대조 엔친 스님이
장보고와 신라인들에 대한 은혜를 잊지 않기 위해 조성했다.

32

일본 도자 산업의 조상
이삼평

사가 현 니시마쓰우라 군 아리타 마을

    역사적으로 문화나 경제력에서 일본을 능가했던 한국이 결정적으로 일본에 뒤처지는 계기가 된 사건이 임진왜란과 정유재란이라는 점에 이론은 없을 것이다. 무엇보다 조선이 자랑하던 도자기 기술이 일본으로 유출되면서 경제력이 역전됐다. 일본인들이 임진왜란을 '도자 전쟁'이라고 부르는 이유이기도 하다.

    전쟁에 참여했던 일본 성주들은 금속공, 목공, 제지공, 섬유·직물공 등 다양한 조선 기술자들을 납치해 갔지만 그중 가장 혈안이 되어 데려간 것이 도공들이었다. 총칼의 위협 속에, 온갖 수모와 불안 속에서 바다를 건넌 조선 도공들이 처음으로 상륙한 곳은 사가 현의 항구 도시 가라쓰였다. 가라쓰 일대에는 조선 도공들이 세운 도자기 가마가 지금도 무수히 남아 있다. 이 일대에서 만들어진 도자기들은 가라쓰 항구를 통해 일본 각지로 퍼져나가 '가라쓰 물건'이라는 의미의 '가라쓰모노'라고 불렸다.

일본 도예의 세 가지 흐름을 말할 때 가라쓰, 아리타[有田], 사쓰마[薩摩] 도예를 꼽는데 모두 조선 도공들에 의해 만들어진 것이다. 이 중 일본 도자 산업의 출발이며 도자의 신으로 추앙받는 이삼평이 만든 아리타부터 찾아가보기로 한다.

도자의 신 이삼평

사가 현 서쪽에 자리한 작은 마을 아리타 일대는 400여 년 전인 1594년 도요토미 히데요시의 조선 출병 때 진주성을 공격했던 일본 장수 나베시마 나오시게가 다스리고 있었다. 그는 조선 침략에 참여했다가 퇴각하면서 150여 명의 조선 도공을 납치해 끌고 간다. 이 중에 금강 출신 이삼평이 끼어 있었다. 처음에 나베시마는 이삼평에게 가라쓰 근방에서 도자기를 만들도록 했다. 하지만 이삼평은 흡족한 결과를 내지 못했다. 도자를 구울 수 있는 흙이 아니었기 때문이다. 그는 도자 만드는 일을 뒤로하고 수년간 흙을 찾아 헤맸다. 그러다 마침내 1616년 아리타 동부 이즈미[泉] 산에서 고령토(백토)가 대량으로 묻힌 광산을 발견하고 도공 18명을 데리고 아리타로 이주한다. 이어 시라카와[白川]에 대형 가마를 짓고 백자를 만들어내는 데 성공한다. 일본의 역사를 바꾼 도자 산업이 시작되는 순간이었다.

찾아간 아리타는 인구 2만여 명의 작은 마을이었다. 마을 사람들은 '조선인 이삼평'을 누구나 알고 있었다. 그를 거론하지 않고서는

수년 동안 도자기를 만들 수 있는 흙을 찾으러 다니던 이삼평이 발견한 이즈미 고령토 광산. 400여 년 동안 채굴이 이뤄져 산 가운데가 움푹 파였다.

마을을 설명할 수가 없다, 마을의 오늘이 있게 만든 분이다, 이구동성으로 말했다. 1830년부터 도자기를 만들어온 일본 내 유명 도자기 업체 신가마의 가지하라 시게히로 대표는 이삼평 선생 덕분에 지금 우리가 이곳에서 도자기를 만들고 있다며 마음속 깊이 조선 도공들에게 감사하게 생각하고 있다고 했다. 일본인들 중에 한국으로부터 문화적 영향을 받았다는 것을 잘 이야기하지 않는 사람이 많은데 도자기 분야에서만큼은 한국 영향을 받았다는 것을 오히려 자랑스럽게까지 생각하고 있는 듯했다.

이즈미 광산은 이삼평이 처음 발견한 이후 400년간 채굴이 이뤄지면서 일본 도자 산업을 이끌어온 장소답게 풍광부터 남달랐다. 주변은 온통 높은 산인데, 광산만 바위를 드러낸 채 움푹 파여 있었기 때문이다. 아리타 마을 사람들이 "산 하나를 모두 그릇으로 만들었다"라고 말할 정도였다. 우선 이삼평 조각상이 있는 이시바[石場] 신사부터 들렀다. 광산 바로 곁 나무 덱으로 정비되어 있는 오솔길을 따라 조금 걸으니 신사가 나왔다. '石場'이라는 이름이 말해주듯 신사는 광산이 발견된 후 도공과 석공 들이 세운 것이다. 가파른 돌계단 위로 작지만 단아한 건물이 한눈에 들어오는 매우 한적한 신사였다. 돌계단을 올라서니 본존 왼쪽 작은 건물에 조각상이 안치되어 있었다. 말쑥한 한복 차림을 하고 편안하게 앉아 있는 이삼평 말년의 모습을 백자로 구워 만든 것이었다. 장인이라기보다 선비처럼 지적인 표정에서는 인생을 달관한 여유까지 느껴졌다. 긴 수염이나 앞으로 모아 쥔 손 등 세밀한 표현이 매우 뛰어난 조각상이었다. 동행한 아리타관광협회의 야마구치 무쓰미 전무이사는 "요즘 같으면 사진이라도 보고 만들었을 텐데 그때는 그런 게 없던 시절이라 작가가 자손들의 얼굴을 세심히 관찰해서 상상력을 가미해 만든 것이다"라고 했다.

도자의 신, 이삼평 비

이삼평은 죽은 후 신으로 모셔졌다. 죽고 나서 3년째 되던 해인 1658년 세워진 도잔[陶山] 신사가 바로 그의 영혼을 모신 곳이다. 신사는 350여 년의 연륜이 그대로 느껴지는 고색창연한 곳이었다. 곳곳에 자기로 가득한 점도 '도자의 신'을 모신 곳다웠다. 입구에서부터 높이 3.65미터, 폭 3.9미터의 거대한 자기 도리이가 관람객을 맞이했다. 이 자기 도리이는 1888년에 세워진 것으로, 유형문화재로 등록되었다고 한다. 신사에 놓여 사심 있는 자들을 감시하는 괴수인 고마이누[狛犬]나 대형 물 항아리, 본전의 난간 등도 모두 자기로 만든 것이었다.

신사에서 만난 미야타 다네신 궁사는 아리타의 도자기 산업을 일으켜 일본을 아시아 경제 강국으로 만든 이삼평의 업적을 기리고, 도자기 산업의 번영을 지속하기 위해 노력하자는 취지로 신사가 설립됐다고 했다.

도잔 신사에 가면 꼭 들러야 할 장소가 있으니 바로 '도조의 언덕'이다. 왼쪽으로 난 오솔길을 따라가다 비탈진 돌길을 걸어 올라가면

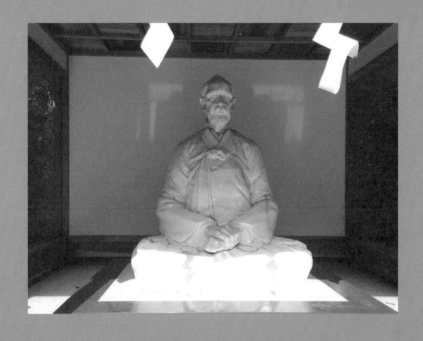

아리타 이시바 신사에 있는 이삼평 조각상. 후손들의 얼굴 모습에서 공통점을 따 이삼평의 생전 모습을 상상하여 자기로 만든 것이다.

이삼평의 영혼을 모신 도잔 신사 위쪽 도조의 언덕에 자리 잡은 도조 이삼평 비. 1917년 아리타 주민들이 이삼평을 비롯한 조선 도공들에 대한 감사의 마음을 담아 세운 것이다.

나오는 장소로, 오벨리스크 모양의 '도조 이삼평 비'가 하늘을 향해 솟아 있는 곳이다. 아리타 마을이 한눈에 들어오는 명당에 비석을 세운 것이었다. 비석 뒤편으로 가보니 고인의 업적이 빼곡하게 적혀 있었다. 미야타 궁사는 그중 '대은인(大恩人)'이라는 글자를 손으로 가리키며 이렇게 읽어주었다.

> "이삼평은 우리 아리타의 도조임은 물론 일본 요업계의 대은인이다. 현재 도자기 관련 산업에 종사하는 사람들은 그 은혜를 받고 있다. 그 위업을 기려 여기에 모신다."

도조 이삼평 비는 1917년 도잔 신사에 신위를 모실 때 함께 세운 것이라고 했다. 아리타 사람들은 그후로 매년 4월 말에서 5월 초까지 5일간 도자기 시장을 열고 5월 4일엔 도조 마쓰리도 지낸다. 아리타 사람들은 이렇게 지극정성으로 이삼평에 대한 고마움과 은혜를 잊지 않고 있었다.

초대의 유지를 잇는 14대 이삼평

일본에 안착한 이삼평의 일본식 이름은 가네가에 산페이였다. '산페이'는 '參平'의 일본식 독음이다. 훗날 가네가에 가문 족보에서 산페이의 본래 성이 '리(李)'라는 게 밝혀져 1878년에 '李參平'으로 개명된다. 이삼평이 작고한 해가 확인된 것은 아리타의 용천사라는 절에 보관되어 있던 기록에 '1655년 몰'이라고 적힌 것이 발견된 덕분이었다. 1959년에는 이삼평이 세운 덴구다니[天狗谷] 가마터에서 그의 이름이 적힌 묘석이 발견됐다. 비록 아랫부분이 반 토막 난 상태였지만 고인의 흔적을 증명해주는 매우 귀중한 발굴이었다. 묘석과 덴구다니 가마터는 모두 사적으로 지정돼 있다. 지금 아리타에는 이삼평의 14대손이 살고 있었다. 종가라 할 수 있는 아리타 이삼평 갤러리에서 만난 그에게서는 한눈에 봐도 한국인의 풍모가 느껴졌다. 1961년생인 그는 부친인 13대 이삼평 가마에서 도자기 제작 수련을 하던 2005년 초대 이삼평의 이름을 14대로 계승하여 400년 전통의 계승자가 되었다.

그에 따르면 초대 이삼평이 운영하던 가마는 4대에 들어서 맥이 끊겼다. 5대는 다른 가마에서 도자기 기술을 지도했고, 6~10대는 무슨 일을 했는지 기록이 남아 있지 않다고 했다. 11대와 12대는 아리타의 다른 가마에서 기술을 가르쳤다. 이삼평 가마를 되살린 것은 그의 부친인 13대였다. 부친은 철도회사에서 퇴직한 뒤 1971년에 이삼평 이름을 딴 가마를 200년 만에 다시 열었다고 한다. 그러다 보니 현재 이삼평 가마는 초대 때의 화려한 명성과는 거리가 멀다. 14대 이삼평은 "중간에 문을 닫았다 보니 일본 내에서도 아는 사람이 굉장히 적은 가마지만 주변에서 '이삼평 가마'가 잘되어야 한다고 응원을 많이 해준다"라고 소개했다.

2016년은 초대 이삼평이 이즈미 광산 흙으로 도자기를 만든 지 꼭 400년이 되는 해다. 14대 이삼평은 현재 초대 할아버지의 작품

도조 이삼평의 가마를 이어가고 있는 14대 이삼평.

을 재현하려 노력하고 있었다.

"지금 사람들은 구마모토[熊本] 현 아마쿠사[天草] 흙이 좋다고 대부분
그 흙을 쓰고 있는데, 나는 이삼평의 후손으로서 이즈미 산 흙이 여전
히 좋다는 것을 널리 알리고 싶다."

33
일본 도자의 비밀을 간직한
조선 도공들의 넋을 기리다
사가 현 이마리 시 오카와치야마 마을

임진왜란 때 일본군에게 끌려간 조선인들의 삶은 처참했다. 참혹한 인신매매도 있었다. 청주대 민덕기 교수는 〈납치된 조선인들은 일본에서 어떻게 살았을까〉*란 글에서 정유재란을 직접 따라다닌 게이넨 스님의 기록을 인용해 이렇게 전한다.

> (일본군은) 남녀노소를 막론하고 조선인들을 사들여서는 새끼줄로 목을 줄줄이 엮어 묶은 후 빨리 가게끔 몰아댔다. 혹 잘못 걷기라도 할라치면 몽둥이로 내리치며 내모는 그 모습이 지옥에서 무서운 귀신이 죄인을 다루는 것이 저럴 것인가 여겨지게까지 하였다 (…) (조선인들을) 원숭이처럼 엮어 묶어서는 짐을 지우고 마구 볶아대는 모습은 차마 눈으로 볼 수 없을 지경이었다.

---

* 한일관계사학회, 《한일관계 2천년 보이는 역사 보이지 않는 역사》(경인문화사, 2006)에서 재인용.

도공들이라고 사정이 다르지 않았다. 재일 한국인으로서 장편 기록영화 제작 등의 활동을 하는 이의칙 프로듀서는 2011년 《도자기의 도(道)》라는 책에서 임진왜란과 정유왜란 때 끌려간 조선 도공들의 애환을 이렇게 전한다.

> 1598년 겨울, 조선 철수 때 후방에 배치됐던 시마즈 군은 납치한 조선인들을 세 척의 배에 나눠 태우고 달아났다. 그러나 본선을 놓쳐 20여 명이 탄 배 한 척이 가고시마 만 안의 마에노하마에 표착하여 성 밖 들판에서 살게 되었다. 이곳에는 아직도 '고려정(高麗町)'이라는 지명이 남아 있다. 조선인 포로들은 처음에는 무사나 상인 집에서 허드렛일을 하느라 도공으로서의 솜씨를 발휘할 수 없었다. 그들이 영주의 명으로 정착한 것은 한참 후였다.

이의칙에 따르면 또 한 무리의 조선인 도공들은 사쓰마 반도 동쪽 해안 가미노카와 부근에 상륙했는데 성이 신(申), 김(金), 노(盧)로 전해진다고 한다. 이들은 영주의 비호 아래 찻잔을 제작했다. 또 다른 43명의 포로들은 그곳에서 수십 킬로미터 떨어진 곳에 정착했는데, 주로 서민들이 쓰는 옹기, 그릇, 접시, 잔을 만들며 생계를 이어갔다.

이렇게 해서 성공한 조선 도공들은 일본에서 도자의 신으로 대접받는 이삼평만 있는 게 아니었다. 수백 명의 도공을 이끌었던 여성 도공 백파선도 있고 지금도 유명한 오이타[大分]의 다카토리[高取]

도자기를 연 팔산, 구마모토[熊本]의 고다[高田] 도자기와 후쿠오카의 아가노[上野] 도자기의 창시자인 존해 등도 모두 일본에서 이름을 날린 조선의 도공들이다. 그러나 이보다 더 많은 도공들이 낯선 땅에 끌려와 이름도 없이 스러져갔다. 이삼평이 고령토 광산을 발견한 아리타에서 자동차로 30분 정도 떨어진 거리에 있는 이마리[伊萬里] 시 오카와치야마[大川內山]는 수많은 조선 도공들의 흔적이 고스란히 남아 있는 곳이다. 비밀스러운 도자기 마을이란 뜻의 '비요(秘窯)의 마을'로 불리는 오카와치야마로 떠나본다.

비밀스러운 도자기 마을

오카와치야마 마을로 들어서면 곳곳에 도자기들이 널려 있어 한눈에 '도자기 마을'이라는 것을 알 수 있는데 이곳에 '비밀스러운'이라는 수식이 붙은 데에는 지리적 위치가 큰 영향을 끼쳤다. 외진 산골짜기에 있다 보니 지금도 버스 운행 횟수가 많지 않아 대중교통으로 접근하기가 쉽지 않다. 그 옛날 조선 도공들이 정착했던 300~400년 전에는 거의 고립되어 생활했으리라 짐작이 된다. 이런 곳에 도자기 마을을 조성한 이는 이삼평을 데려왔던 나베시마 영주 가문이었다. 남들보다 디자인과 품질이 뛰어난 '세상이 깜짝 놀랄 만한 도자기' 개발에 착수한 나베시마 가문은 1675년에 아리타에 있던 도공들을 데리고 이 깊은 산속으로 들어와 엄격한 관리 하에 비밀의 도자기 제작에 착수했다. 실제로 가본 마을은 사방이 온통 산으로 둘러싸여 있어 마을로 접근하는 길 하나만 막으면 외부인을 완벽하게 통제하는 것이 가능해 보였다. 나베시마 가문은 엄격한 경쟁 시스템을 도입해 기술이 부족한 도공들은 쫓아내고 실패한 작품들도 보안을 위해 모두 파손 처리했다. 이렇게 만들어진 도자기들은 일반에는 팔지 않고 왕가와 쇼군에게 헌상하는 데에만 썼다. 마침내 마을은 최고의 도자기들을 만들어내는 곳으로 입소문이 나기 시작했고 이렇게 이어온 가마들이 지금도 30여 곳에 달한다.

곳곳에 조선 도공들의 흔적

비요의 마을 안으로 들어서면 산자락을 타고 죽 줄지어 있는 수많은 도자기 상점들을 만날 수 있는데 하나하나가 고풍스러워 그 자체로 구경거리다. 그런데 이곳에서 가장 눈길을 끄는 두 개의 유적지가 있으니 하나는 무명 조선 도공들의 영혼이 서린 '도공무연탑(陶工無緣塔)'이고 또 다른 하나는 매화동산에 있는 '고려인의 비'였다.

도공무연탑은 글자 그대로 연고 없는 도공들의 비석들을 한곳에 모아 네모뿔 모양으로 차곡차곡 쌓은 뒤 맨 꼭대기에 스님 모습의 지장보살을 세워놓은 석탑이었다. 마을 곳곳에 버려져 아무도 찾지 않는 도공들의 무덤을 보면서 안타깝게 여기던 주민들이 1938년에 880개의 비석을 한곳에 모아 탑을 쌓았다고 한다. 안내문에는 이렇게 적혀 있었다.

일본 사가 현 이마리 시 오카와치야마 '비요의 마을'에 있는 도공무연탑. 마을 주민들이 조선 도공을 비롯해 이름 없이 마을 곳곳에 버려진 도공들의 비석 880개를 모아 만든 석탑이다. 맨 꼭대기에 스님 모습의 지장보살을 세워놓았다.

300년에 이르도록 할아버지, 아버지의 비기(秘技)를 계속 이어온 세공인(細工人)을 비롯해 도움을 준 가마의 사람들과 이와 인연이 있는 사람들, 그리고 고려인들을 모신 묘로 매년 봄이 되면 이곳 주민들은 공양을 올리고 800여 석주의 영혼에 제사를 지내고 있다.

안내문을 읽어 내려가다 보니 낯선 땅에 끌려와 힘든 삶을 살았을 조상들 생각에, 그리고 그것을 잊지 않고 수백 년 동안 영혼을 달래준 일본인들의 마음에 순간 가슴이 울컥했다. 세월에 닳아 모서리가 무너지고 빛이 바랜 비석들을 자세히 보니 대부분 묘비명이 다 지워져 있었고, 그나마 희미하게 남아 있는 것들도 얼핏 조선인인지 일본인인지 구분할 수 없었다. 이마리 나베시마 도자기 협동조합의 하라 다카노부는 도공무연탑을 만들던 당시에 대해 이렇게 말한다.

"당시 마을 사람들은 조선인이든 일본인이든 도공 조상들이 있기에 우리 마을이 존재한다고 생각해 잘 모셔야 한다고 생각했습니다. 국적에 관계없이 존경하는 마음으로 탑을 쌓아 올렸지요."

비요의 마을이 자랑하는 두 번째 유적인 고려인의 비는 이 탑에서부터 마을 아래쪽으로 10분쯤 걸어가면 보인다. 작은 다리 '고려교'를 지나 야트막한 계단 위로 오래된 단풍나무 아래 비석 두 개가 나란히 서 있는데 이 중 하나가 조선 도공 것으로 추정되는 고려인의 비다. 나머지 하나는 훗날 마을 주민들이 세운 기념비라고 한다. '비요의 마을' 도공들은 매해 5월 15일에 이곳을 찾아 이국땅에 기술을 전하고 이름 없이 사라져간 조선 도공들에게 감사의 의미를 담아 공양을 드린다고 한다. 비 인근에서 자신의 이름을 딴 가마를 운영하고 있는 오구시 히데노리는 "이삼평 선생을 비롯한 조선 도공들이 이곳에서 자기를 굽기 시작한 덕택에 우리도 자기를 구울 수 있다고 생각한다"라며 본인 또한 매해 열리는 조선 도공 추모 행사에 참석하고 있다고 말했다.

메이지유신의 종잣돈을 만든 도자 수출

몇백 년 전 조선 기술자들에 대한 감사함을 아직까지도 이어가고 있는 마을 사람들을 만나니 장인 정신을 중히 여기는 일본 문화의 뿌리가 느껴졌다. 사실 따지고 보면 일본에서 성공한 조선 도공들은 비록 타향에서 힘든 삶을 살기는 했어도 결과적으로는 자신의 기술을 마음껏 펼칠 수 있는 장을 만날 수 있었던 사람들이었다. 정작 자신들의 고향인 조선 땅에서는 천민으로 대접받으며 무시당하면서 살았기 때문이었다. 일본에서는 달랐다. 비요의 마을을 만든 나베시마 가문처럼 지방의 최고 통치자들이 직접 도공들을 관리했다. 지금의 가고시마인 사쓰마[薩摩] 지역을 다스리던 시마즈 요시히로 번주는 일본 원주민들을 다른 곳으로 이주시키고 조선 도공 마을을 따로 만들어줬을 정도였다. 이름과 말도 조선어를 그대로 쓰도록 했으며 복장과 풍습도 지켜나가도록 허용했다. 도공들은 나름대로 정체

올해 5월 이마리에 살고 있는 일본인 도공들이 고려인의 비 앞에서 공양을 하는 모습. 매년 5월이면 마을 주민들은 자신의 오늘을 있게 해준 조선 도공들의 공덕을 기리며 제사를 지낸다. 이마리 나베시마 도자기 협동조합 제공

성을 잃지 않고 독자적인 생활을 계속 유지할 수 있었다. 조선 도공들을 극진히 대우했던 사쓰마 번은 도자기 수출로 엄청난 부를 쌓아 일본 근대화에서 가장 선두에 설 수 있었다. 일본 도자 문화가 조선 도공들 덕분이라고는 하지만 사실은 이들의 능력을 알아보고 적극 지원했던 관(官)이 없었다면 불가능했을 것이라는 점도 잊어서는 안 된다.

명나라가 망하고 청나라가 들어서는 17세기 중반, 중국이 도자기 수출을 중단하면서 일본 도자기는 세계로 뻗어나갈 기회를 얻는다. 일본은 도자기를 통해 유럽과 활발히 교류하면서 내부적으로는 막부가 무너지는 정치적 격변기를 겪었고, 대외적으로는 아시아에서 근대화에 가장 먼저 성공할 수 있었다.

일본이 메이지유신 전까지 외국에서 수출해 벌어들인 돈의 90퍼센트가 도자기를 수출한 돈이었다. 메이지유신을 가능케 했던 종잣돈은 바로 도자기 수출에서 나온 것이었다.

34

일본에서 틔운 조선 도자의 씨앗
심수관 가문

가고시마 현 히오키 시 미야마 마을

일본에 정착한 조선 도공들은 각각 독특한 기술과 디자인을 발전시켜나갔다. 일본 도예의 세 흐름인 가라쓰, 아리타, 사쓰마 중 사쓰마는 오늘날 일본 도자 문화의 도맥(陶脈)을 뚜렷이 드러내면서도 조선 도예의 기술과 전통을 잃지 않은 것으로 평가된다. 사쓰마는 일본 열도의 최남단 가고시마 현의 옛 이름이다. 이곳에서 만든 도자기를 '사쓰마야키'라 부르는데, 사쓰마야키는 현재 세계적인 도자 브랜드다. 사쓰마야키의 원조는 조선 도공 심당길이다. 후손 15대로 이어지고 있는 심수관(沈壽官) 가문은 417년 동안 한 번도 끊기지 않고 도자의 맥을 잇고 있다.

단군 신사 세운 조선 도공들

사쓰마에 정착한 조선 도공들은 정유재란 때 끌려간 사람들로 그

수가 80명가량으로 알려져 있다. 이들을 끌고 간 사람은 사쓰마 번주 시마즈 요시히로였다. 1만 5,000명의 병력을 이끌고 정유재란에 참전한 시마즈는 1597년에 전북 남원성을 함락시키는데, 이때 성 외곽에 살던 도공들을 붙잡아 끌고 간 것이다. 이들 중에 도공 심당길과 박평의가 있었다. 시마즈는 비디오게임에서 용맹스러운 캐릭터로 만들어질 정도로 일본 역사에서 유명한 무장(武將)으로, 조선 도공들을 잘 정착시켜 도자 생산에 박차를 가하게끔 독려함으로써 사쓰마를 제일 부유한 번으로 만들었다. 조선 도공들이 정착한 곳은 히오키 시 미야마[美山] 마을이다. 가고시마 중앙역에서 기차를 타고 히가시이치키[東市來] 역에 내려 다시 차를 타고 5분 정도 들어가면 나온다. 주민이 630여 명에 불과한 작은 마을이지만 입구에 일본어와 영어는 물론이고 '어서 오십시오'라는 한글 간판까지 세워져 있었다.

마을 자치위원회 격인 공민관을 이끄는 이시가와 미도리 관장은 "우리 마을을 만든 이들은 조선 도공들이지만 지금은 그들의 후손들과 일본인들이 함께 살아가고 있다. 심수관 가마는 우리 마을의 자랑거리"라고 말했다.

관장이 먼저 안내한 곳은 단군을 모신 다마야마[玉山] 신사였다. 신사는 마을에서 가장 높은 언덕에 있었는데 도공들과 후손들은 이 언덕에 올라 조선 땅이 있는 쪽을 바라보며 망향의 아픔을 달랬다고 한다. 어떻든 조선인들이 단군을 모시는 신사까지 짓는 것을 허용한 것을 보면 시마즈 번주는 도공들이 조선의 혼을 잃지 않고 살

미야마 마을에 정착한 조선 도공들은 마을 인근 언덕에 단군을 모시는 다마야마 신사를 짓
고 망향의 아픔을 달랬다.

아가도록 배려한 것으로 보인다. 실제로 신사의 기와와 석등에는 시마즈 가문의 문장이 곳곳에 찍혀 있었다.

15대 심수관

도자기를 굽는 가마와 상점들로 이어진 마을 한가운데에 15대 심수관 가마가 있었다. 19세기 후반 메이지유신과 1910년 일제의 조선 강제병합 이후 많은 조선 도공 후손이 일본 성으로 바꿨지만 심수관 가문은 '청송 심씨'를 버리지 않고 지켰다. 한국에서부터 연락을 취하여 만나게 된 15대 심수관의 모습을 보니 선 굵은 외모에서 한눈에도 한국인의 피가 흐르고 있음이 느껴졌다. 그는 현재 대한민국 명예 총영사로 활동 중인 14대 심수관의 장남으로, 1999년 1월 부친으로부터 습명(襲名)을 받았다. 명문대인 와세다대 교육학부 사회학과를 졸업했지만 가업을 잇기 위해 교토 도공고등기술전문학교와 이탈리아 미술도예학교에서 공부했다. 경기 이천 옹기 공장에서 1년간 연수를 하기도 했다. 심수관 가문은 한국에도 제법 알려져 있다. 1998년 1대 도공이 일본에 끌려간 지 400년 되는 해를 기념해 전북 남원에서 '심수관 400년 귀향제'가 열렸고 그해 〈동아일보〉의 후원으로 14대 심수관 작품들을 중심으로 한 〈400년 만의 귀향, 심수관〉전이 일민미술관에서 열리기도 했다. 15대 심수관은 2013년 청송군 명예군민이 됐다. 그는 15대까지 이어져 내려오는 일이 결코 쉽지만은 않았다고 했다.

"14대가 젊었을 때는 전쟁 시기였습니다. 13대 때에는 1910년 한일 강제병합이 되면서 조선 이름을 지키며 살아가기가 힘들었고, 또 전쟁 때문에 도자기가 팔리지 않았습니다. 가문이 몰락 직전까지 갔을 정도였지요. 그때 기술을 많이 잃어버렸습니다. 14대가 살리려고 노력은 했지만 아직 100퍼센트 복원이 되지 못했습니다. 저는 기술 원료 등을 복원해 다시 예전처럼 화려한 도자기를 구울 수 있도록 하는 게 사명이라고 생각합니다."

지금은 가업에 대한 소신과 사명감을 갖고 있는 그지만, 젊었을 때에는 평생 도예를 한다는 것에 대해 주저하는 마음이 강했다고 한다. 과연 적성에 맞는지 불안하기도 했고, 가업을 이어야 하니까 배운다는 소극적인 마음이 있었다는 것이다. 하지만 피는 속일 수 없었던지, 도예를 배우면 배울수록 마음가짐이 달라지기 시작했다고 한다.

"이탈리아로 유학을 갔을 때 처음으로 무엇인가를 만든다는 것이 얼마나 의미 있는 일인지를 깊게 생각할 수 있게 되었습니다. 1990년에는 경기 이천에 있는 옹기 공장에서 김칫독 만드는 것도 배웠고요. 일본에는 없는 커다란 독을 만들어보는 일도 매력적이었지만 내 뿌리에 대해서도 많은 생각을 할 수 있었던 기회였습니다. 매우 서민적인 공장에서 생생하게 온몸으로 한국을 느끼는 경험이 됐습니다."

일본을 대표하는 도자 명가 심수관 가마를 이끌고 있는 15대 심수관. 417년간 한 번도 끊기지 않은 가문의 도맥을 잇고 있는 그는 "한국에서 출발해 일본을 거쳐 세계로 나간 도자기가 사쓰마야키"고 자랑스럽게 말했다.

그가 처음 한국 땅을 밟아본 것은 25세였던 신혼여행 때였다. 부친인 14대 심수관이 신혼여행만큼은 한국으로 가길 바라던 것을 따른 것으로, 조상의 마을인 청송을 찾아 청송 심씨 묘소에 참배도 하고 심씨 일족 친척들도 만났다고 한다.

그의 부친인 14대 심수관은 1998년 '심수관 400년 귀향제'가 남원에서 열렸을 때 '남원의 불(火)'을 가지고 가고시마로 간 적이 있다. 그것은 무슨 의미였을까.

"초대 심수관인 심당길 일행이 일본에 끌려올 때 가지고 온 것은 흙과 유약 기술이었습니다. 그들이 만든 도자기에서 불만 일본 것이었죠. 그런 의미에서 '히바카리[火計り, 오로지 불뿐]'라고 부르는 것입니다. 하지만 400여 년이 지난 지금은 거꾸로 일본의 흙과 유약과 일본 기술에 한국의 불로 도자기를 구워보자고 해서 한국의 불을 가져온 것입니다. 심당길은 당시 같이 끌려온 도공들의 리더 격이었다고 합니다. 80여 명을 가장처럼 지켜야 하는 입장이었죠. 따라서 일본인 번주와 싸우기보다 자신들이 가지고 있는 기술을 하나의 '무기'로 발전시켜 인정받아야겠다고 생각했을 것입니다. 그것이 살아남는 방법이었겠죠. 그렇게 노력해서 '사쓰마야키'를 빚을 수 있었고, 조선인임에도 불구하고 사무라이 신분을 받을 수 있었습니다. 지금 우리가 앉아 있는 이 방에도 시마즈 번주가 머물고 간 적이 있습니다. 이 방에 앉아 있으면 나의 운명, 우리 가문의 운명에 대해서도 많은 생각이 들지만, 한국과 일본의 오랜 인연에 대해서도 많은 생각을 하게 됩니다."

그의 장남도 교토에서 도자기를 공부하고 있어 16대까지 가업이 이어지리라 보인다. 그는 인터뷰 말미에 조선은 씨앗이었고 일본은 그 씨앗을 일군 터전이라고 덧붙였다.

"조선 도예를 초석으로 한 심수관 작품은 일본적인 것으로 다시 태어났습니다. 한국에서 시작해 일본을 거쳐 앞으로는 세계인들로부터 더욱 높은 평가를 받을 수 있는 작품을 만들기 위해 계속 정진하려 합니다. 그것이야말로 400년 넘게 떨어져 있었어도 여전히 뜨거운 격려를 보내주고 있는 대한민국 국민들에게 보답하는 길이라고 생각합니다. 또한 심수관 가문이 무려 417년 동안이나 이어올 수 있었던 것은 어렵고 힘든 시절에도 국적을 불문하고 기술과 사람을 정당하게 평가하고 이해해주면서 격려해주었던 일본인들이 없었다면 불가능했다고 생각합니다."

심수관 가문의 역사는 한일 관계의 과거와 현재, 미래를 보여주는 것만 같았다.

쓰시마 섬 36
나가하마 시 38
교토 시 42
오사카 시 41
시모노세키 시 40
아이노시마 섬 37
시모가마카리 섬 35 39

3부

조선 통신사의 길을 따라서

35

통신사는 왜
일본으로 갔을까

히로시마 현 구레 시 시모카마가리섬 고치소이치반칸
시즈오카 현 시즈오카 시 세이켄사

일본 히로시마 현 구레[吳] 시에 있는 둘레 16킬로미터에 불과한 시모카마가리[下蒲刈] 섬마을은 날씨가 따뜻해 겨울에도 밀감이 나오고 해초를 넣어 만든 소금이 특산물인 작은 마을이다. 이곳에 마을 사람들이 자랑하는 기념관이 하나 있으니 바로 '조선 통신사 자료관'이다. 일본 곳곳에는 조선 통신사의 유물들을 모아놓은 자료관이 많지만 이곳의 자료관이 특히 규모가 크기로 유명하다. 고치소이치반칸[御馳走一番館]*이라 불리는 자료관 건물 입구에 들어서니 쓰시마섬에 도착한 통신사 선박들이 시모노세키[下關]를 거쳐 오사카로 갈 때 세토나이카이 내해를 지나는 모습을 그린 여섯 개의 그림이 눈길을 사로잡았다. 가로 길이만 총 8미터가 넘는 대작이다. 신원 미상의

* 손님 대접관.

294

일본 화가가 그렸다는 그림들을 자세히 보니 조선 통신사 선박 한 척이
불에 타는 두 번째 그림이 눈에 띄었다. 무슨 사연으로 저렇게 활활 타
고 있는 것일까? 시간은 영조 24년인 1748년으로 거슬러 올라간다.

일본 배를 내준 사람들

그해 조선 통신사 일행이 부산항에서 출발해 첫 도착지인 쓰시마
섬에 머문 지 얼마 되지 않은 어느 날 밤, 칠흑 같은 어둠 속. 고요하
던 와니우라[鰐浦] 앞바다가 아수라장이 됐다. 정박해 있던 통신사
선박 한 척이 화염에 휩싸여 순식간에 잿더미가 된 것이다. 자료관
에서 만난 오가와 에이지 학예사는 쓰시마 섬 측의 기록에 따르면
배 안 짚에 촛불이 붙어 화재가 났던 것이라면서, 통신사 일행 중에
열세 명의 사상자가 나왔고 인삼 72근, 무명 20필 등이 모두 불에
탄 큰 화재였다고 말했다.

통신사들의 행로에 당장 차질이 빚어질 수 있는 위급 상황이었지만
쓰시마 섬 측에서 황급히 다른 일본 배를 내준 덕에 일행은 무사히 목
적지인 에도[江戶], 지금의 도쿄로 향할 수 있었다. 당시 일행 중 한
사람이었던 조명채는 "짐배로 바꿔 타려 했으나 어느 배도 튼튼하지
않아 (⋯) 쓰시마 섬에서 큰 왜선 한 척을 빌려줬다."라는 기록을 남겼
다. 일본인들이 통신사들을 얼마나 극진하게 환대했는지는 히로시마 곳
곳에 남은 흔적들로 알 수 있다. 썰물 때 수심이 얕아 배를 대는 것이 어
렵게 되자 번주였던 후쿠시마 도리요리가 별도 접안 시설인 계단식 선

착장(간기)까지 만들었다. 번주의 이름을 따 '후쿠시마 나가간기'라고 불리는 이 흔적들은 비록 온전하지는 않지만 마을 곳곳에도 남아 있었다.

당시 번주들은 조선 배 한 척당 일본 배 네 척씩 배정해 길을 인도했다고 한다. 예인선뿐 아니라 안내선과 물품을 나르는 배까지 모두 합치면 100여 척에 달했을 정도였다고 한다. 이렇듯 환대를 받은 조선 통신사는 어떤 연유로 일본에 가게 된 것일까.

400여 년 전 공식 외교사절단

임진왜란이 끝난 뒤 실권을 잡은 도쿠가와 이에야스는 조선과의 국교 회복에 주력했다. 동아시아에서 고립되지 않기 위해서는 조선의 선진 문물을 받아들여 전쟁에 피폐해진 일본을 재건하는 것이 발등에 떨어진 불과도 같은 급선무였기 때문이다.

도쿠가와는 쓰시마 번에 평화 교섭 개시를 명령하는 한편 조선의 요구에 따라 임진왜란을 일으킨 것을 사죄하는 국서와 함께 조선 왕릉을 범한 자를 체포해 보내기까지 한다. 이후 조선은 1607년부터 1811년까지 열두 차례에 걸쳐 일본에 통신사를 보냈다. 무려 204년에 걸친 교류였다. 통신사 행렬은 보통 선박 여섯 척에 400~500명 정도로 구성되었다. 행렬은 쓰시마 섬과 시모노세키를 거쳐 오사카까지는 바닷길로, 오사카에서 교토까지는 강을 따라, 교토에서 에도까지는 육로로 이동했다. 육로와 해로가 섞인 편도로만 반 년이 넘는 험난하고 고된 여정이었다. 에도막부는 지금으로서는 상상하기 힘들 정도로 통신사들을 귀하게 대접했다. 숙박을 위해 절을 증축한 곳이 부지기수고 강을 건널 수 있도록 배를 연결해 넓은 다리까지 따로 만들어줬다. 사찰에서는 통신사들을 대접하기 위해 금지 품목인 고기를 반입하기까지 했다. 체재 비용은 모두 일본이 부담했다.

원조 한류 전도사

조선 통신사는 오늘로 치면 '한류 전도사'들이었다. 대부분 문장, 글씨, 그림에 능한 문인들이어서 자연히 학술과 문예의 교류가 이뤄졌다. 9월 초 들른 도쿄에서 가까운 시즈오카 현 시즈오카 시에 있는 사찰 세이켄사[清見寺]는 통신사들이 단골로 묵었던 사찰이다. 여기에는 통신사들이 남긴 시문들이 소중하게 전해져 온다. 이치조 후미아키 주지 스님은 통신사들이 쓴 원본 글씨가 한 장 한 장 가지런히 담긴 나무 상자를 열어 보여주었다. 그중에는 1711년에 통신사로 왔던 남성중이 56년 전인 1655년에 역시 통신사로 왔던 부친이 남긴 글을 발견하고 "세이켄사에서 남긴 시운을 울며 따라 짓다"라는 글도 있었다. 선조들의 체온이 직접 닿았던 유물들을 보니 400년 전의 조상들이 살아 있는 듯 눈앞에 생생하게 느껴졌다.

쇄국정책을 취했던 에도막부 시절이었기에 조선 통신사의 행렬은 일본 대중들에게 평생 한 번 볼까 말까 한 외국 사신들의 행렬이었다. 그러다 보니 그들이 가는 길목마다 먼 길을 마다하지 않고 달려온 대중들로 인산인해를 이뤘다. 통신사가 묵고 있다고 알려지면

세이켄사의 이치조 후미아키 주지가 가리키고 있는 본당 앞 편액 대부분은 조선 통신사들
이 남긴 글과 시 들을 적어 만든 것이다.

글이나 그림을 받으려는 일본인들이 줄을 서는 바람에 통신사들이 밤잠을 이루지 못했을 정도였다고 여러 기록들에 나타나 있다. 조선 통신사는 인삼 재배법과《동의보감》을 기초로 한 의술 등 각종 전문 지식도 전했다.

일본 곳곳에 남아 있는 흔적들

쓰시마 섬에서 도쿄까지 통신사들이 다닌 주요 지점들을 답사하면서 놀란 것은 이들이 남긴 흔적들이 매우 광범위하고 깊게 남아 있다는 것이었다. 쓰시마 섬은 아예 섬 전체가 통신사 박물관 같은 느낌이 들 정도였고 교토 북동쪽의 비와[琵琶] 호수 연안에는 통신사가 다녔던 길이 '조선인가도(朝鮮人街道)'라는 이름으로 지금도 불리고 있다. 통신사가 간 적이 없는 홋카이도 같은 곳까지 갓을 쓴 통신사 인형이 팔릴 정도였다. 지바 현 일본 국립역사민속박물관의 구루시마 히로시 관장은 "조선 통신사의 의의는 매번 그 행렬이 일본을 떠들썩하게 할 정도로 대중의 관심을 끌었고, 조선 사람을 직접 본 일본 대중이 그들에게 큰 호의를 가졌다는 데 있다"라고 했다. 취재 기간 중 만난 일본 관계자들은 귀중한 그림과 글 들의 원본을 아낌없이 공개하며 환대했다. 한 번도 만난 적이 없었지만, '조선 통신사'를 화제로 삼아 이야기꽃을 피우며 한일 두 나라의 깊은 인연을 확인할 수 있었다. 바로 그런 과정이야말로 400여 년 전 선조들이 지금의 후손들에게 바랐던 것이 아니었을까.

36
쓰시마 섬의 명운을 건
국서 위조 사건
나가사키 현 쓰시마 섬

말 두 마리가 마주 보는 형상이라 해서 우리가 '대마도(對馬島)'라고 부르는 쓰시마 섬은 배를 타고 한 시간 반이면 도착하는, 한국과 가장 가까운 일본 땅이다. 부산항에서 쓰시마 섬 히타카쓰 항까지 딱 한 시간 10분이 걸린다. 이 섬은 현재 나가사키 현에 속해 있는 작은 섬이지만 17세기 이후 200년간 일본의 에도막부와 조선 왕조 간의 뜨거웠던 외교 현장이었다. 그 출발이 조선 통신사였다.

교류에 목을 맸던 쓰시마 섬

당시 쓰시마 섬은 세습 번주가 통치하던 번이었다. 쓰시마 번주 소 요시토시는 임진왜란이 끝나자마자 조선에 사자를 보내 적극적인 강화 의지를 전한다. 전쟁 기간 조선과의 교역이 모두 끊어져버렸기 때문에 섬으로서는 조선과의 교류가 생존이 달린 문제였다. 여기에 도요토미 히데요시에 이어 막부의 실권을 잡은 도쿠가와 이에야스까지 화해 교섭을 지시한다. 번주는 더더욱 매달릴 수밖에 없었다. 도요토미가 죽은 지 석 달 만인 1598년 12월의 사정이었다.

　조선은 초반에는 일본에서 온 사신들을 모두 죽여버릴 정도로 단호한 거절 의사를 표시했다. 도요토미 군대의 길잡이 역할을 했던 쓰시마 번주에 대한 원한과 분노가 깊었기 때문이다. 하지만 시간이 지나자 조금씩 태도가 변하기 시작했다. 무엇보다 전쟁 중 일본으로 끌려간 조선 백성들을 데려오는 일이 시급했던 것이다. 마침내 1604년 사명당 유정이 탐적사(探賊使)로 쓰시마 섬에 간다. 사명당은 번주의 설득으로 교토까지 가서 도쿠가와 이에야스를 만나고 조선인 1,400여 명을 데리고 돌아온다. 일본과의 강화를 결정한 조선은 구체적인 조건을 제시한다. 번주 차원이 아니라 도쿠가와가 직접 침략 전쟁을 사죄하고 사절 파견을 요청하는 국서를 보내라는 것이었다.

　번주로서는 난처한 주문이었다. 도쿠가와는 침략을 한 사람은 도요토미지 자신이 아니라는 입장이었기 때문에 국서를 보낼 가능성이 거의 없었기 때문이었다. 도쿠가와는 사명당을 만났을 때에도 "나는 조선 출병에 관계하지 않았다. 조선과 나 사이에는 아무런 원한도 없다"라고 말했을 정도였다. 중간에서 쩔쩔매던 쓰시마 번주는 '엄청난 도박'을 결심하는데, 바로 국서를 위조하는 것이었다.

위조 국서에 명운을 걸다
쓰시마 섬의 중심지는 이즈하라[嚴原]다. 이즈하라의 중심가인 가와바타 거리 인근에는 한국과의 인연을 말해주는 상징물들이 가득하다. 조선 통신사 기념비를 비롯해 조선의 마지막 황녀 덕혜옹주의 결혼 봉축 기념비, 독립운동가 최익현의 순국비도 있었다. 그중에서도 많은 사람들이 찾는 곳이 쓰시마 역사민속자료관이다. 야마구치 가요 주임 학예사는 자료관 안쪽 유리 액자에 보관된 문서를 두고 이렇게 말했다.

> "쓰시마 번주는 침략 전쟁에 사죄한다는 내용을 담아 도쿠가와의 옥새, 서체, 연호까지 위조해 조선에 전합니다. 너무 빠른 대응에 놀란 조선 왕조도 처음엔 의심하지만 결국 문제 삼지 않고 사절단을 파견하기로 합니다. 지금 보는 이 문서는 (위조) 국서를 전달받은 선조가 1607년 사절단 편에 보낸 답장을 다시 위조한 것입니다. 쓰시마 번주는 선조의 답장을 도쿠가와가 받게 되면 자신들이 가짜 국서를 보냈다는 것이 들통나버릴 것이므로 답장 중 일부 문구를 바꾼 위조문서를 만들어 도쿠가와에게 전합니다."

조작 내용은 대담했다. 원래 편지 내용은 '일본이 임진왜란을 일으켜 선왕의 능묘에까지 욕이 미쳤으므로 한 하늘 아래 살지 못할 정도지만, 귀국(貴國)이 위문편지를 보내어 잘못을 고쳤다고 하니 이렇게 후의에 답한다'라는 취지였는데, 여기서 '귀국이 위문편지를 보내어 잘못을 고쳤다고 하니 이렇게 후의에 답한다'라는 부분은 지우고 '조선이 화교를 먼저 요청한다'라는 식으로 고쳐 쓴 것이다. 편지 머리글에 있던 답신이라는 의미의 '봉복(奉福)'도 편지를 먼저 보내는 이가 쓰는 '봉서(奉書)'로 바꾸는 등 스물네 자나 고쳤다.

통신사 외교의 총연출자

국서 위조 사건은 그로부터 30년 가까이 지나 들통이 나버린다. 쓰시마 번을 배신한 중신이 고발한 것이었다. 당시 2대 번주는 에도로 불려 가 선대가 저지른 일에 대해 추궁을 당하고 멸문 위기에 빠진다. 하지만 도쿠가와 이에야스의 손자였던 도쿠가와 이에미쓰는 책임을 묻지 않고 오히려 내부 고발자인 중신을 유배해버린다. 쓰시마 번이 중개하는 조선과의 교류도 그대로 이어져 통신사도 영향을 받지 않았다. 야마구치 학예사는 이렇게 해석한다.

> "중죄를 저질렀음에도 번주가 처벌받지 않았던 것은 수교를 먼저 요청한 막부 입장에서 조선과의 수교 필요성이 절실했기 때문이기도 했지만, 조선 통신사의 일본 내 여정을 책임지던 '총연출자'이자 '외교 창구'였던 쓰시마 번주를 처벌할 경우 정부가 난처한 입장이 될 것이 뻔했기 때문이었습니다."

어떻든 당시 위조 사건은 결과적으로 한일 간에 평화가 이뤄지는 결정적 계기가 되었다. 조선은 국서 교환 후 선조 40년인 1607년, '회답 겸 쇄환사'라는 이름으로 467명의 사절단을 보내는데 이것이

사실상 첫 통신사였다. 1차 사절단 명칭에 들어간 '쇄환(刷還)'은 포로를 데려오는 일을 맡았다는 의미이다. '서로 신의(信義)로써 교류한다'라는 의미인 '통신사(通信使)'라는 명칭이 정식으로 쓰인 것은 4차인 1636년부터였다.

혼신의 노력을 다한 접대

통신사를 접대하는 쓰시마 섬의 노력은 혼신의 힘을 다한 것이었다. 3년이나 사전 작업에 매달려 초청 계획을 세우는 것은 물론이고 행차 길을 정비하고 접대와 호위, 숙소 대책까지 모두 번주가 맡았다. 통신사가 도착하면 번주는 짐꾼과 호위 인력을 붙여 에도까지 안내했다. 당시 통신사 일행은 500명을 넘지 않았는데 일본인 인력을 합치면 2,000명이 넘는 행렬이 구성됐다고 한다. 이 같은 노력에 대한 보상은 컸다. 행차를 무사히 치러냄으로써 쇼군으로부터 특별한 인정을 받은 것도 있었지만 무엇보다도 조선과의 무역 독점권이 큰 보상이었다. 당시 에도막부는 쇄국령을 내려놓은 상태였기 때문에 유일하게 쓰시마 섬만 외국과의 거래를 통해 일본 곳곳에 물건을 팔아 막대한 이익을 남길 수 있었다. 조선 통신사는 쓰시마 섬에 일종의 종합무역상사 같은 특권과 막부의 인정을 안겨주는 황금알이었던 셈이다.

이즈하라 쓰시마 시청 옆 언덕배기 세이잔사[西山寺]는 당시 통신사 접대를 도맡아 하던 본부 격이었다. 전 주지인 다나카 세코 스님은 세이잔사를 소개하며 "임진왜란 전 도요토미 히데요시의 침략 의도를 탐지하러 왔던 정사 황윤길과 부사 김성일과 더불어 사명당 스님도 3개월간 머무르는 등, 400여 년 전 한국인 조상들의 숨결이 어린 곳"이라고 말했다.

지금도 이어지는 조선 통신사의 명맥

쓰시마 섬과 조선 통신사 간의 특별한 인연은 현재진행형이다. 이 즈하라는 1980년에 조선 통신사와 연고가 있는 일본 내 60여 도시 가운데 가장 먼저 통신사 행렬을 재현했다. 여기에는 쇼노 고자부로 와 아들 쇼노 신주로의 노력이 컸다. 가업을 이어 화학회사를 운영 하고 있는 쇼노 신주로는 통신사 재현과 연관된 '아버지와의 화해' 사연을 들려줬다.

"1980년 3월 자료관에서 상영했던 재일 동포 사학자 신기수 선생의 다 큐멘터리 〈에도시대의 조선 통신사〉를 보고 큰 감명을 받은 아버지께 서는 그해 여름부터 조선 통신사 행렬을 재현하는 일에 몰두했습니다. 사비를 털어 전력투구하는 아버지가 이해가 되지 않았고 못마땅했을 정도였지요."

그는 부친이 1985년에 작고할 때까지 말도 제대로 섞지 않을 정 도로 냉담하게 지냈다고 한다. 그러던 어느 날 유품을 정리하다가 조선 통신사 자료와 기록들을 살펴보며 깜짝 놀라고 만다.

> "두 나라 사이에 이런 역사가 있었다니 부친의 노력이 헛된 것이 아니었구나, 전율이 일었습니다. 뒤늦게야 아버지를 이해하게 된 거지요."

그는 부친의 뒤를 이어 조선 통신사 행렬 재현 행사를 매해 챙기고 있다. 쇼노는 30~40대를 주축으로 한 모임도 만들고 있기에 쓰시마 섬과 조선 통신사의 인연은 자신이 죽은 뒤에도 계속될 것이라고 했다.

가와바타 거리에 그려진 조선 통신사 행렬도를 찬찬히 살펴보다 보니 무사들의 호위를 받으며 가마에 오른 조선 선비들의 엄숙한 표정과 이들을 신기한 듯 올려다보는 일본 주민들의 표정이 대비되어 슬며시 웃음이 나왔다. 그들의 얼굴에 쇼노의 얼굴이 겹쳐졌다.

쓰시마 섬에서는 조선 통신사를 기리는 기념물을 곳곳에서 볼 수 있다. 이 섬의 가와바타 거리 중심가 벽면에는 조선 통신사 행렬도가 그려져 있다.

37
통신사의 숙소로 애용된 세 번째 섬

후쿠오카 현 가스야 군 아이노시마 섬

200여 년에 걸쳐 총 열두 차례 일본을 다녀온 조선 통신사들은 한 번에 많을 때는 500명, 적을 때는 300명 내외였다. 통신사들의 여정은 여러 달 동안 바다를 항해하는 고되고 힘든 일정이었다. 목적지인 에도에서 임무를 마치고 부산으로 돌아올 때는 온 길을 꼬박 되짚어 오는 일정이었는데, 한양부터 에도까지 왕복 거리가 4,000킬로미터가 넘어 한 번 사행길에만 1년이 훌쩍 넘었다.

당시 돛을 단 범선으로 바다를 항해한다는 것은 위험천만한 일이었다. 예기치 못한 풍랑에 배가 침몰하거나 심한 뱃멀미로 배 안에서 사투를 벌이는 일도 흔했다. 1764년 통신사 행단의 최고 책임자인 정사(正使)로 선정되었던 정상순의 경우에는 가지 않겠다고 버티다 3년간 김해로 유배를 가기까지 했다.

작고 아름다운 섬마을

총 열두 차례의 일본행에서 쓰시마 섬까지만 갔던 마지막 사행을 빼고 열한 번의 왕복 때마다 통신사들이 머문 섬이 있으니 후쿠오카에서 가까운 작은 섬 아이노시마[相島] 섬이다. 일행들이 쓰시마 섬에 도착한 후 다시 바람이 순한 날을 택해 이키[壹岐] 섬을 거쳐 세 번째로 찾던 섬이다. 일단 아이노시마 섬에 도착하면 이후 항해는 바다의 변덕이 잦아드는 세토나이카이로 접어드는 가장 가까운 곳에 도착한 것이었기 때문에 통신사들은 일단 안도의 한숨을 내쉴 수 있었다. 현지 전문가들은 "일본 본토의 첫 착륙지인 시모노세키 항이 가까운 데다가 외딴섬이어서 통신사에 대한 경비 보호에도 적합했기 때문"이라고 설명했다. 일각에서는 임진왜란 때 끌고 온 조선 도공들과 통신사의 접촉을 일절 차단키 위해 당대 최고의 조선 도공들이 모여 살았다는 후쿠오카 대신 아이노시마 섬으로 안내했다는 분석도 있다.

곳곳에 한글 간판

아이노시마는 후쿠오카 시내에서 열차와 버스를 갈아타고 40여 분을 간 뒤 신구[新宮] 항에 도착해 다시 배를 타고 20분 들어가면 만날 수 있다.

신구 항에서 7.5킬로미터 떨어진 이곳은 둘레 6.14킬로미터, 면적 1.22제곱킬로미터에 불과한 초승달 모양의 작고 아름다운 섬이다. 집이라곤 포구 주변이 전부인 것처럼 보였고, 그나마 산자락 아래 좁은 평지에 한일자로 다닥다닥 붙어 있었다. 방문객들이라고 해봐야 소일 나온 낚시꾼들이 전부였다. 섬 주변을 천천히 돌아보는 데에도 두 시간이면 충분했다.

그럼에도 불구하고 항구에 내리니 포구 게시판에 '어서 오십시오' 한글 간판을 비롯해 곳곳에 한글이 보였다. 간판들을 반가운 마음으로 보고 있노라니 400여 년 전 조선에서 방문한 손님들이 이곳에서 지금의 한류 붐과는 비교도 안 되는 성대한 환영과 접대를 받았다는 흔적이라도 되는 듯 느껴졌다.

300명 사는 마을에 수천 명 상륙

아이노시마의 안내를 맡아준 신구역사자료관 니시다 다이스케 학예사는 먼저 항구 방파제로 안내했다. 그는 방파제 두 개를 가리키며 당시 조선 통신사와 일본 쓰시마 섬에서 함께 온 일본인 호위 인력들이 바로 저 방파제를 이용했다고 했다. 검은색 돌로 쌓아 올린 평범하고 소박해 보이는 방파제였지만, 1682년에 오직 조선 통신사만을 위해 이 작은 섬으로 3,800여 명을 동원하여 두 달에 걸쳐 완성한 것이라고 한다.

아이노시마 섬은 지금도 그렇지만 당시에도 인구가 300명 정도밖에 안 되었다. 하지만 통신사들이 올 때면 섬 전체가 들썩였다.

"500여 명에 달하는 통신사와 안내 경호를 맡은 쓰시마 섬 무사들을 비롯해 1,000여 명의 수행 인원들, 아이노시마 섬이 속해 있던 후쿠오카 번 무사들까지 포함하면 주민의 몇 배가 되는 사람들이 섬에 가득했습니다."

1719년에는 통신사 환영을 나갔던 주민들이 풍랑을 맞아 60여명이 익사한 사건도 있었다. 섬에는 그들의 묘지가 아직도 남아 있다. 통신사가 올 때면 가장 큰 고민이 숙박이었다. 요즘처럼 대형 호텔이 있는 것도 아니니 수백, 수천 명에 이르는 사람들이 한꺼번에 묵을 수 있는 숙박 시설을 장만하는 것이 보통 어려운 일이 아니었을 것이다. 섬사람들은 통신사들이 올 때마다 객사를 새로 지었다. 게다가 통신사 안에서도 정사, 부사(부책임자), 종사관(감사 및 기록관) 등 신분이 제각각이어서 정사, 부사가 묵을 시설은 따로 짓는 등세심한 주의가 필요했다. 건물을 짓는 것 자체도 어려운 일이었지만 건축 자재부터 일꾼들이 먹을 식료품까지를 모두 배로 실어 나르는 것도 보통 일이 아니었다. 1682년의 경우 객사 신축을 위해 반입한 다다미만 931장이었다는 기록도 있다.

윤지혜의 논문 「아이노시마의 통신사 접대」에 따르면 보통 이 섬에서의 숙박은 왕복 여정 동안 1박씩 예정되었으나 바람이나 파도, 조수 간만 등의 일기 변화와 그에 따른 사건 사고 등으로 9일 이상 체류하는 일도 여러 번 있었다. 1764년의 11차 사행 때는 무려 23일을 머물기도 했다. 많은 사람들을 하루 재우는 것만도 막대한 식량

통신사 일행이 숙식한 장소인 통신사 객관 터는 당초 섬 동북지역에 위치한 것으로 알려졌
으나 조선 통신사가 방문한 곳을 표시한 고지도가 1995년에 발견되면서 서남쪽에 대규모
객사가 설치됐음이 확인됐다.

과 노동력이 필요한 일이었을 텐데 체류 일정이 길어졌을 때 섬사람들이 얼마나 큰 부담을 치러야 했을지는 말할 것도 없겠다. 아이노시마 섬에서 1박을 했던 7차 사행(1682년)의 경우 후쿠오카 번이 쓴 비용을 항목별로 보면 식비가 31%, 물품비 27%, 숙소 건축비 23%, 인건비 16%, 부도건설비 1%, 기타 2%였다. 윤지혜는 "총금액을 현재 환율로 환산하면 수백억 원이 나오는데 이는 번의 재정에 막대한 부담을 주었을 것이다. 당시 일본은 이런 재정 출혈까지 감수하면서 통신사 일행들을 접대했다"라고 해석한다.

채소밭으로 바뀐 객사 터

1748년에 제작된 고지도 〈아이노시마도(圖)〉가 1995년에 발견되면서 서남쪽에 대규모 객사가 설치됐음이 확인되어 이곳 사람들을 놀라게 했다. 1994년부터 1년 동안 신구 정 교육위원회가 중심이 되어 터에 대한 발굴조사가 진행됐다.

니시다 학예사를 따라 한적한 마을 골목길을 10여 분 걸어가자 터가 나왔다. '조선통신사객관적(朝鮮通信使客官跡)'이라는 한자 아래 한글로 '조선 통신사 객관 터'라 적어놓은 조그만 안내판만 서 있을 뿐 온통 채소밭이었다. 다소 실망한 기색을 숨길 수 없을 때, 니시다 학예사가 설명을 시작했다.

"발굴 장소가 도민들의 중요한 생활 터전이라 조사가 끝난 후 다시 주민들에게 되돌려줄 수밖에 없었습니다. 이 지점이 객사 나무 기둥이 있었던 곳입니다. 통신사가 머물렀던 객사의 실제 면적은 수천 평을 차지할 만큼 크고 웅장했습니다. 발굴 작업 당시 다량의 고급 도자기와 나막신 등도 나왔습니다. 하얀 자갈도 무더기로 나왔는데 통신사 일행을 위해 만들었던 정원에 쓰였던 것으로 추정됩니다."

물이 귀한 작은 섬마을에 정원까지 만들었을 정도였는지 의아해졌다. 니시다 학예사는 이렇게 답했다.

"조선에서 온 손님들을 위한 관상용이자 정성의 표시였습니다. 정원 조성에는 최고급 자재가 쓰였고, 조경용 대나무는 에도에서 따로 운반해왔다는 기록도 있습니다. 심지어 물을 공급하기 위해 우물도 새로 파고 물통을 실은 배를 30척가량 준비해놓기도 했습니다."

실제로 신유한이 적은 사행기록인 《해유록(海游錄)》에는 "통신사들이 도착하는 날, 네덜란드산 최고급 비단 양탄자가 깔리고 인조견으로 만든 등을 117개나 단 풍광이 어찌나 화려해 보였는지 우리의 초파일 등불은 중들의 조그마한 장난 짓처럼 여겨진다"라고 기록되어 있다. 객사 터에서 발굴된 관련 유물을 전시하고 있는 신구역사자료관으로 발길을 옮겼다. 이곳에 전시된 다양한 색감의 꽃무늬 사발, 바다 풍경을 담은 수묵화 접시, 아담한 술잔 등은 당시의 화려했을 접대 장면을 증명해주고 있었다.

"조선의 선비들이 저 도자기 식기에 담긴 음식을 먹고 술을 마신 뒤 한밤에 정원을 산책했을지도 모르겠네요……."

홉사 독백처럼 들리던 니시다 학예사의 설명을 들으며 유리 진열관 너머를 보고 있자니 이 작은 섬마을에서 수백 년 전에 펼쳐졌던 한일의 교류 향연이 눈앞에 그려지는 듯했다.

38
성신교린을 강조한
아메노모리 호슈
시가 현 나가하마 시 아메노모리 마을

2015년, 아베 신조 총리와 첫 정상회담을 한 박근혜 대통령이 '성신지교(誠信之交)'를 강조하며 거론한 일본의 선각자 아메노모리 호슈는 조선 통신사들이 오가던 에도시대의 외교관이자 유학자였다. 일본에서 최초로 조선말 교본을 만들고 통신사들과 깊게 교유했으며 '우삼동(雨森東)'이라는 조선식 이름을 가질 정도로 조선을 사랑했던 그는 어떤 사람이고 그가 내세운 '성신교린' 철학의 진정한 의미는 무엇일까?

아메노모리[雨森] 마을은 통신사들이 한 번도 들르지 않았던 곳이었지만, 한일 관계에서 그토록 상징적인 인물이었던 아메노모리 호슈의 고향인 만큼 방문하여 그의 발자취를 좇아보기로 했다. 그의 고향 마을은 일본에서 가장 큰 호수인 비와 호 북동쪽 연안에 있는 시가 현 나가하마[長濱] 시 다카쓰키[高月] 정에 속해 있다. 아메노모리 마을 주민들은 고인의 생가를 기념관으로 조성해 지금까지도 조선 통신사를 매개로 한 한일 '성신 교류'를 잇고 있었다.

한 해 방문객만 1만여 명

히코네 역에서 기차를 타고 도착한 마을은 전형적인 농촌 시골이었다. 역 휴게실에 '조선 통신사'라는 한자가 적혀 있는 포스터가 붙어 있어 가까이 가보니 시 예술문화회관에서 '아메노모리 호슈와 조선 통신사'를 주제로 심포지엄이 열린다는 안내문이었다. 마을은 온통 꽃의 천국이었다. 집집 골목마다 백일홍, 베고니아 같은 꽃이 활짝 피어 있어 저절로 기분이 좋아졌다. 또 수차(水車)로 끌어 올린 물이 도로 한쪽으로 흐르고 있어 고즈넉한 정취를 더했다. 이 마을은 일본 전국을 대상으로 실시한 '마을 가꾸기 대회'에서 아름다운 마을로 선정되었을 정도라고 한다.

역에서 기념관까지는 차로 5분도 걸리지 않았다. 최대한 생가 원형을 훼손하지 않은 듯 전형적인 일본 가정집처럼 생긴 기념관 앞에 도착하니 '동아시아 교류 하우스 아메노모리 호슈 암(庵)'이라는 일본어 간판과 '어서 오세요'라는 한글 간판이 서 있었다. 기역 자 구조로 된 건물 안은 아메노모리의 책, 글씨 등을 전시하는 공간과 교육용으로 쓰는 널찍한 다다미방으로 구성돼 있었다. 집 안 가운데에는 자갈이 깔려 있는 넓은 마당과 아름다운 정원도 있다. 히라이 시게히코 관장은 일본에서 조선 통신사에 대한 관심이 시작되던 1980년대 초에서야 비로소 아메노모리 호슈의 존재를 알게 되었다고 말했다.

"이런 작은 시골 마을에서 아메노모리 선생이 태어났다는 사실에 새삼 자부심이 느껴졌습니다. 선생이 평생 추구했던 조선과의 관계 개선에

아메노모리 호슈는 1728년에 쓴 대조선외교 지침서《교린제성》에서 "조선의 독자적인 문화와 풍습을 무시하고 일본 문화로 사고하면 편견과 독단이 생겨 좋은 결과를 얻을 수 없다."라며 교류에서 가장 중요한 것으로 존경과 배려를 강조했다. 기념관에 있는 아메노모리 호슈의 좌상.

주민들의 열성에 공감한 시가 현도 모자라는 예산을 지원하고 있
는데, 이 기념관에는 매해 한국과 일본에서 1만 명 정도가 찾는다
고 한다. 전시실에 들어서니 스피커에서 아메노모리의 일생과 기념
관이 조성된 경위를 소개하는 내용이 한국어와 일본어로 번갈아 흘
러나왔다. 정면에는 아메노모리의 모습을 실제 크기로 재현한 좌상
이 놓여 있었고 그 옆으로는 아메노모리의 유품과 조선 통신사 관
련 자료들이 놓여 있었다. 일본 전국 각지에서 만들어지고 있는 다
양한 통신사 인형과 그림들도 있었다. 이곳에만 오면 통신사에 대한
웬만한 지식은 쌓을 수 있겠다는 생각이 들 정도였다. 다다미방에는
세 개 벽면에 걸쳐 조선 통신사 행렬도가 길게 붙어 있었는데, 아메
노모리가 말을 타고 인도하는 모습도 담겨 있다.

일본 최초의 조선어 학습서

아메노모리는 1668년 의사의 아들로 태어나 청소년기에 교토
로 유학하여 의학을 배웠다. 그의 집안은 본래 지역 영주 집안이었
으나 도요토미 히데요시 일파에 의해 화를 입어 몰락했다. 14세였
던 1682년, 교토에 7차 통신사가 왔을 때 들썩이는 환영 인파를 보

고 깜짝 놀랐던 그는 무엇보다 자신을 가르치던 스승이 통신사에게 시문을 보이고는 칭찬을 받더니 매우 기뻐하는 모습을 보고 더 놀랐다. 그는 이후 진로를 바꿔 당대 최고 성리학자였던 기노시타 준안의 문하로 들어간다. 기노시타 문하에서 뛰어난 제자로 손꼽혔던 그는 스승의 추천으로 1689년 쓰시마 번 관리로 근무하게 되었고, 9년 뒤인 1698년에는 조선방좌역(朝鮮方佐役, 현 차관급)에 임명되어 본격적으로 대(對)조선 관련 업무를 맡게 되었다. 1702년에는 처음으로 부산 땅을 밟아 3년 동안 일본인 특별 거주지이자 일본에서 온 사신들을 접대하고 재우는 시설이 있던 부산 왜관에서 일하게 되었는데, 이때부터 아메노모리는 조선말 배우기에 몰두했다.

당시 조선 통역관들을 위해 일본어 사전인《왜어류해(倭語類解)》편집을 돕던 아메노모리는 반대로 일본 통역관들을 위한《교린수지(交隣須知)》라는 조선말 교본을 쓰기에 이른다. 일본 최초의 조선어 학습서라고 할 수 있는 책에는 경상도 사투리가 상당수 있어 아메노모리가 사투리까지 구사했던 것으로 추정된다. 책은 메이지 시대 초기까지 널리 읽혀 일본 내 조선말 보급에 큰 역할을 했다. 아메노모리는 접대와 문서를 관리하는 진문역(眞文役) 자격으로 1711년과 1719년 두 차례 통신사를 에도까지 안내한다. 1719년에 아메노모리와 사행을 함께하며 우정을 쌓았던 신유한은 사행록《해유록》에서 "한어(漢語)에 능통하고 시문에 밝은 일본에서 제일가는 학자"라고 그를 평했다. 아메노모리의 성신 정신은 1728년에 쓴 대조선 외교 지침서《교린제성(交隣提醒)》에 집약되어 있다. 이 책에서 그는

"조선의 독자적인 문화와 풍습을 무시하고 일본 문화로 사고하게 되면 편견과 독단이 생겨 좋은 결과를 얻을 수 없다."라며 교류에서 가장 중요한 사항으로 존중과 배려를 강조했다. 그러면서 내세운 '지켜야 할 54가지 항목' 중 마지막 항목에서 '성신'을 내세우며 "진실한 마음을 갖고 서로 속이지 않고 다투지 않으며 진실을 가지고 교제하는 것"이라고 정의했다. 더불어 임진왜란에 대해서는 '명분 없는 살상극'이라 했으며 조선인의 귀와 코를 베어와 묻은 귀 무덤을 두고 '일본의 불학무식(不學無識)을 드러낸 것'이라고 개탄했다.

1755년 쓰시마 섬에서 87세의 나이로 세상을 뜬 아메노모리는 현재 쓰시마 섬 이즈하라에 부인, 아들과 함께 나란히 묻혀 있다.

한국 어린이들을 우리 집에서

아메노모리 마을 사람들은 한일 관계가 악화된 최근 분위기에도 아랑곳하지 않고 고인의 뜻을 잇는 진실한 우정을 한국과 나누고 있었다. 특히 무려 20년이나 넘게 미래 세대에게 교류 정신을 새기려는 노력이 인상적이었다. 부산과 서울의 초등학교와 상호 교류하면서 30~40명의 초등학생들이 여름에 이곳에 오면 주민들이 한 명씩 맡아 집에서 재우면서 홈스테이를 시키고 있었던 것. 나가하마 민단 부인회의 조정순 회장에 따르면 처음에 서먹해하던 아이들도 헤어질 때는 눈물을 흘리곤 한다고 한다.

옆에서 이 말을 듣고 있던 히라이 관장은 조선 통신사들도 고국으로 떠나면서 아메노모리와 눈물의 작별 인사를 했었다고 말했다. 특히 사행록을 쓴 신유한은 쓰고 있던 유건(儒巾)*을 건넸을 정도라고 말하면서 유리관에 보관돼 있던 유건을 꺼내 보여주었다. 고인의 책 속에 접혀 보관돼 있던 것을 90년 전에 우연히 발견해 기념관으로 옮겨왔다면서 말이다. 보존 상태가 너무 좋아 300여 년 전 것이라는 게 믿기지 않았다.

아메노모리는 조선인 통역관 현덕윤과도 각별했다. 1711년 일본에서 아메노모리와 만난 현덕윤은 16년 뒤인 1727년에 부산에서 그와 재회한 뒤 사재를 들여 오래된 관청을 고치면서 건물 이름을 '성신당'이라고 지었을 정도다. 아메노모리는 이에 대한 감사의 뜻으로 《성신당기(誠信堂記)》를 저술했는데, 이런 구절이 있다.

교린의 길은 성신에 있고 지금부터 훗날도 그렇게 되지 않으면 안 된다. 진실한 성의의 마음은 돼지나 물고기에게까지 미치는 것이지만, 그 순간 그 장소에 한정된 성의는 어린아이도 움직일 수 없다.

아메노모리처럼 상대국을 존중과 배려의 마음으로 이해하는 성신의 마음을 가진 사람들이 앞장선다면 한일 관계에 미래가 보이지 않을까.

* 선비들이 실내에서 쓰는 모자.

아메노모리 호슈 기념관의 히라이 시게히코 관장이 1719년 사행에서 아메노모리 호슈와
우정을 쌓은 신유한이 우정의 징표로 건넨 유건을 들어 보이고 있다.

39

상차림에서 나타난
극진한 예우

히로시마 현 구레 시 시모카마가리 섬

매년 10월이 되면 히로시마 현 시모카마가리 섬마을에서는 조선 통신사 재현 행렬이 열린다. 통신사들이 들렀던 일본 내 60여 곳에서 여는 행사 중 당시 행렬을 가장 잘 구현한다는 평을 듣는다. 최근 한일 관계가 악화되면서 일부 지역에서는 행사가 끊어지기도 했지만 이 섬에서는 12년째 이어지고 있다. 시모카마가리 섬은 통신사들이 총 12차례에 걸친 사행에서 딱 한 번만 빼고 모두 들렀을 정도로 조선 통신사와 인연이 깊다. 섬마을 사람들은 그런 인연을 잊지 않고 일본 내에서 유일하게 조선 통신사 자료관을 운영하면서 한국인들의 흔적을 기억하고 있었다.

접대가 단연 으뜸

섬은 히로시마 번이 관할했던 지역으로, 통신사들이 세토나이카이에 들어서고 가장 먼저 들른 곳이었다. 인구 3,000여 명의 작은 마을이지만 겨울에도 날씨가 따뜻하고 밀감이 많이 생산되는 지역이어서 거센 바닷길에 지친 통신사들에게는 이곳에서의 휴식이 큰 위로가 되었을 것이다. 하지만 무엇보다 가장 큰 위로는 지극정성으로 맞았던 섬사람들의 따뜻한 마음이었다. 통신사 일행 중 우두머리인 정사로 파견됐던 조엄은 《해사일기》에 "쇼군이 조선 통신사와 동행한 쓰시마 번주에게 '어느 곳에서의 접대가 최고였느냐'라고 묻자 번주가 '시모카마가리가 제일이었다'라고 답했다"라고 적었다. 제일 먼저 들렀던 조선 통신사 자료관인 고치소이치반칸에서 들은 번주의 말이 과장이 아니었음을 실감했다.

파격적으로 화려한 상차림

히로시마 도심에서 고속도로로 약 두 시간 달리자 한적한 주택가에 위치한 자료관에 도착했다. 입구에는 정사가 탔던 길이 30미터, 폭 10미터짜리 쌍돛의 배가 10분의 1 축소 모형으로 전시되어 있었다. 모형만 보아도 멋스럽고 화려했으니 과거 이 배를 본 일본인들이 그 규모와 화려함에 탄성을 내질렀다는 말이 이해가 되었다. 자료관 입구에서 기다리고 있던 오가와 에이지 학예사는 "일본에서 가장 화려하고 실감 나게 통신사들을 대접한 증거를 그대로 재현한 곳에 오신 것을 환영한다"라며 인삿말을 건넸다.

자료관 안에는 실물 크기로 복원한 정사, 부사의 복장과 통신사 행렬도, 행렬 모형 등 다양한 시각 자료들이 전시되어 있었다. 특히 압권은 통신사들에게 제공되었던 상차림이었다. 오가와 학예사는 전문가들에게 자문을 구해 1988년에 재현한 것이라고 하면서 요리 복원에 참가했던 한 일본 요리 전문가가 "현대 일본 요리의 시작을 이 상차림에서 보는 것 같다"라고 말했을 정도라고 전했다. 실물 크기인 모형은 가로 10여 미터에 달하는 전시관 한 면 전체를 차지하고 있었다. 상에 놓인 음식들을 보니 화려하게 장식된 꿩고기를 비롯해 연어와 전복찜 등 산해진미가 가득했다. 족히 3~4인분은 될 것이라 짐작했는데 오가와 학예사는 "고위급 통신사를 위한 1인분"이라며 이렇게 말했다.

> "상차림은 지위에 따라 달랐습니다. 최고위급인 정사, 부사, 종사관에게는 아침과 저녁마다 일곱 가지, 다섯 가지, 세 가지 요리가 순서대로 나오는 '7·5·3' 상을 차렸고, 점심으로는 '5·5·3' 상을 차렸습니다. 하지만 이건 먹는 시늉만 하는 에피타이저였고 이게 끝나면 국 세 가지, 요리 열다섯 가지가 나오는 메인 음식을 내놨습니다."

통신사 종사관으로 일본에 갔던 황호는 《동사록(東槎錄)》에 이렇게 적고 있다.

> 물새를 잡아 깃털은 그대로 둔 채 날개를 펼친 상태에서 등에 금칠을 하고 과일과 생선, 고기 등에 모두 금박을 했다 (…) (그릇도) 흰 목판 및

조선 통신사 자료관인 고치소이치반칸에 복원 전시되어 있는 통신사 접대 만찬상. 실물 크기인 모형은 가로 10여 미터에 달하는 전시관 한 면 전체를 차지하고 있다. 상에는 화려한 장식에 둘러싸인 꿩고기를 비롯해 연어와 전복찜 등 산해진미가 가득했다. 고위급 통신사를 위한 1인분 식탁이다.

질그릇에 금은을 칠한 것을 쓰는데 끝나면 깨끗한 곳에 버리고 다시 쓰지 않았다.

'조선 통신사와 음식'을 연구한 대전보건대 전통조리과 교수를 지낸 김상보 선생에 따르면 지역과 시점마다 다소 차이는 있었지만 시모카마가리에서는 보편적으로 정사, 부사, 종사관에게 아침과 저녁에는 7·5·3선(膳)과 3즙(汁) 15채(菜)를 올리고 점심은 5·5·3선과 3즙 15채를 접대하도록 했다.

"'7·5·3선'이란 일곱 가지, 다섯 가지, 세 가지 요리, '5·5·3선'은 다섯 가지, 다섯 가지, 세 가지 요리를 차린 상차림이 차례로 나오는 것이고 '3즙 15채'란 세 가지 국과 열다섯 가지 요리를 차린 상을 의미한다. (…) 시모카마가리에서의 대접이 기록으로 제일 잘 보존되어 있는 편이다.

당시 에도막부만 해도 자신들끼리의 연회 때 다이묘[大名]*에게는 '2즙 7채', 고급 공무원은 '2즙 5채', 1천 석 이상의 봉록을 받는 무사는 '1즙 3채', 500석 이상 무사는 '1즙 2채'를 하도록 명하고 엄격하게 시행하고 있었기 때문에 통신사 최고위급에 제공된 '3즙 15채'는 지극 정성을 다한 파격적인 접대였던 셈이다.

* 봉록이 1만 석 이상인 무사.

메뉴 짜는 데만도 몇 달

화려한 상차림을 위해서는 좋은 식재료를 쓰는 것은 물론이고 신선도를 유지하는 것이 관건이다. 시모카마가리 사람들은 닭, 돼지, 꿩, 오리를 생포해 별도의 가축우리를 만들어 보관했을 정도였다.

"날개 달린 짐승을 산 채로 잡는다는 것은 쉽지 않은 일이었습니다. 맘에 드는 꿩이 잡히지 않자 히로시마 번주가 지금 한국 돈으로 치면 마리당 150만 원이라는 큰돈을 꿩값으로 내걸었을 정도였지요."

물도 중요했다. 지금 이 섬은 2000년에 육지와 연결하는 다리가 건설되어 자동차로도 들어올 수 있지만, 배가 유일한 교통수단이었던 당시에는 물을 비롯한 모든 식자재가 귀했을 것이다. 오가와 학예사는 "조선에서 오신 귀한 손님들을 위해 100여 척의 배를 이용해 멀리 히로시마 우물에서 물을 실어 왔을 정도"라고 했다. 시모카마가리 조선 통신사 접대 총책임자 오카모토 다이쇼가 작성한 《히로시마 번 조선 통신사 내빙기(來聘記)》에 따르면 섬 주민들은 통신사 도착이 예정된 9월이 되기 한참 전부터 정보를 수집하기 위해 1월에는 쓰시마 섬으로, 3월과 6월에는 아이노시마 섬을 비롯한 인근 통신사 방문지를 답사해 통신사들이 좋아했던 음식과 싫어했던 음식을 조사하고 술과 안주는 무엇이 적당한지 등을 세세하게 탐문했다.

정보 수집이 끝나면 인근 37개 정과 촌에서 수백 명을 징발해 청소하는 사람, 물 나르는 사람, 불 때는 사람, 등불 켜는 사람, 소, 돼지, 닭 돌보는 사람까지 정해 일을 맡겼다.

시모카마가리 섬 사람들은 통신사들이 숙소 이외의 장소에서도 직접 음식을 만들어 먹을 수 있도록 쌀 등 잡곡에서부터 해산물, 채소류, 양념류 등 각종 식품 재료들을 직접 제공했는데 이는 다른 지역도 마찬가지였다. 에도 시대 일본은 가축이 귀하기도 했지만 불교를 국교로 삼았기 때문에 일반인들에게까지 육식이 금지되었지만, 통신사들이 묵는 사찰의 경우엔 '흑문(黑門)'이라는 별도 출입문까지 만들어 고기를 운반했을 정도였다.

조리해 먹을 수 있는 식재료들은 '오일하정(五日下程)'이라 하여 5일에 한 번씩 제공되었는데 그 양이 하도 많아 1636년의 통신사들의 경우에는 남은 것을 강에 버렸을 정도였다고 한다.

통신사를 극진히 예우하라

섬사람들은 이런 융숭한 접대와 별도로 통신사 예우에 대한 세부 조항을 만들어 주민들에게 주지시켰다. 《히로시마 번 조선 통신사 내빙기》는 그 조항들을 다음과 같이 밝히고 있다.

○ 비좁은 길에서 조선 통신사나 쓰시마 번주 등 통신사 일행을 만났을 때는 길을 비켜라.
○ 조선 통신사에게 붓이나 글을 요구하지 말라.
○ 식사에 대해서도 규정한 것 이외에는 권하지 말라.

○ 집을 청소하고 깨끗한 옷을 입어 통신사가 일본에 대한 좋은 인상을
　갖고 떠날 수 있도록 하라.

　이런 '접대'에는 막대한 비용이 따를 수밖에 없었다. 당시 시모카
마가리에서 통신사 대접에 쓴 비용만 3,000냥(1636년 기준)으로, 이
를 현 시세로 환산하면 12억~14억 엔(약 120억~140억 원)이라는
분석도 있다. 막부의 가신이던 아라이 하쿠세키가 "일본 조정에서
천자의 사자를 대접하는 데에도 이러한 사례가 없다."라며 간소화를
요구하기도 했지만, 조선 통신사에 대한 극진한 대접은 오랫동안 계
속됐다.

40
한일 관계의 관문
시모노세키
야마구치 현 시모노세키 시

　도쿄로 들어가는 관문이라 할 수 있는 혼슈 서쪽 최남단 항구 도
시 시모노세키는 임진왜란 전후로 총 17회 파견된 통신사 중 16회
의 통신사가 모두 발을 디딘 한일 우호의 관문이다. 하지만 또 한편
으로는 아픔과 슬픔의 관문이기도 하다. 임진왜란 때에는 전쟁 물자
를 한반도로 옮기는 침략 거점이었으며, 청일전쟁에서 이긴 일본이
청나라와 1895년 4월 17일 한국 병탄의 첫걸음이 된 시모노세키
조약을 맺은 곳이기도 하기 때문이다.

　식민지 시절에는 부산과 시모노세키를 잇는 관부(關釜) 연락선을
타고 많은 조선인들이 강제 징용되어 건너갔다. 행정구역상 혼슈 최
남단의 주고쿠 지방 야마구치 현에 속한 이곳은 아베 신조 총리의
지역구이기도 하다.

조선 통신사 마중

부산을 출발한 통신사는 시모노세키에 닿기까지 세 개의 큰 바다를 넘어야 했다. 부산에서 쓰시마 섬까지, 쓰시마 섬에서 아이노시마 섬까지, 그리고 다시 아이노시마 섬에서 시모노세키까지의 바다들이다. 통신사들은 시모노세키에 들어서면 파도가 잔잔해지는 세토나이카이 내해로 들어가기 때문에 일단 큰 고비를 넘긴 셈이 되었다. 일행들은 이곳에서 일주일 정도 머물렀다고 한다. 숙소는 아미다사[阿彌陀寺]와 인조사[引接寺] 두 사찰이었다.

1763년 통신사 일행의 우두머리 격인 정사로 파견됐던 조엄은 《해사일기》에서 화려했던 시모노세키 풍경이 당시 조선보다 나았다고 전한다.

관소(숙소)에 이르기까지 왼편 해안에 민가가 서로 잇대어 있고 사방의 장삿배가 모두 모여들어 용산이나 마포 같다. 집들이 화려하고 화초가 우거진 것은 한층 훌륭하니 좋은 강산이라고 할 만하다.

이곳 사람들은 오랜 항로에 지쳤을 통신사 일행들을 정성을 다해 맞았다. 통신사를 안내하던 100여 척의 일본 배에는 화려한 빨강, 파랑의 채색 깃발을 단 호위선까지 따라붙었는데 해가 진 후 도착할 경우에는 항구 일대가 불야성을 이루는 장관을 연출했다고 한다. 1682년 통신사 일행으로 이곳에 도착한 역관 김지남은 당시 풍경을 《동사일록(東槎日錄)》에서 이렇게 묘사했다.

마중 나온 왜선들이 수백 척인데 전후좌우에서 일시에 등불을 켜고 멀리 바다 가운데를 덮고 있다. 그 찬란하기가 많은 별들을 뿌려놓은 것 같은데, 배에 가까워지자 환하기가 대낮 등불을 보는 것 같다.

통신사 배가 항구에 도착하면 일본인들은 바닷물에 나무 기둥을 박고 그 위에 판자를 덮은 간이 선착장을 만들어 이들을 환대했다.

조선 통신사 상륙 기념비

통신사가 첫발을 내디딘 지점은 현재의 아카마[赤間] 신궁 앞 항구 터다. 후쿠오카에서 고속열차 신칸센을 타고 한 시간 반 만에 도착할 수 있었다. 가장 먼저 눈에 띈 것은 조선 통신사 상륙 기념비였다. 연회색 돌비석 위에 '조선통신사상륙엄류지지(朝鮮通信使上陸 淹留之地)'라는 말이 새겨져 있었는데, 이는 '통신사가 도착해 오랫동안 머물렀던 땅'이라는 뜻이다. 한일의원연맹 한국 측 회장을 맡았던 김종필 전 총리의 친필이었다. 안내를 맡은 민단 야마구치 현 지방 본부의 서학규 사무국장은 "2001년 8월 비석 제막식에 일본 측 초청을 받은 당시 자민련 명예 총재였던 김종필 전 총리와 당시 관방장관이었던 아베 총리 등 양국 관계자 70여 명이 참가했다"라고 전했다. 당시 보도에 따르면 김종필 전 총리는 이 자리에서 "한일 양국의 협력을 영원히 이어가기 위해서는 일본이 역사 인식을 바로잡지 않으면 안 된다."라며 '돌직구'를 던졌다고 한다. 아베 당시 장관

조선 통신사가 시모노세키에 도착해 첫발을 내디딘 항구 지점에 세워진 조선 통신사상륙 기념비. 2001년 당시 한일의원연맹 한국 측 회장을 맡았던 김종필 자민당 명예총재의 친필로 새겨졌다.

安流相送右失迺

筑移松窗属時眼圍乎乾走
滄溟空遠眼渻涼末極荒
詞轄葦託生涯
征帆晚偶去云停儀松雲旋
降大豈一老氏枝子夫知云
駐海里杳茫々
湖末鴻玄幾時家松樹名沙
溟海東景域興云學雲而々
傷回棹又雲午
　　　　　辛卯李舫

조선 통신사의 숙소로 사용된 아미다사 터에 자리 잡은 아카마 신궁에는 1711년 부사로 이
곳에 들렀던 임수간의 시문이 액자에 담겨 보존돼 있다.

은 무슨 생각을 했을까?

아카마 신궁은 통신사들이 묵었던 사찰 아미다사[阿弥陀寺]가 있던 곳이었다. 1718년 아미다사에 묵었던 신유한은 당시 숙소에 대해 "금병풍, 비단 장막에 푸른 모기장을 치고 마루에 붉은 담요를 깔아 매우 사치스럽다"라고 기록했다. 이곳 사람들이 일본의 첫인상을 강렬하게 심기 위해 많은 노력을 쏟았음을 짐작하게 하는 대목이다.

일왕을 걱정하는 시

미즈노 신관은 대를 이어 신궁을 지키고 있었다. 그는 흔쾌히 통신사와 관련한 유물을 보여주겠다며 오래된 그림이 들어 있는 두 개의 액자를 내놓은 뒤 이렇게 설명했다.

"첫 번째 그림은 18세기 시모노세키 모습을 그린 것입니다. 수십 년 전 제 부친께서 구매한 것인데 복사본입니다. 원본은 한국 국립중앙도서관이 소장한 (통신사의 여정을 담은) 〈사로승구도〉의 일부분이라고 들었습니다. 여기 그려진 선착장이 통신사 배가 처음 닿은 곳입니다."

붓글씨가 보관된 두 번째 액자에는 1711년 통신사 부사로 이곳을 방문했던 임수간의 시가 담겨 있었다.

외로운 고아와 늙은이가 어려운 때를 만나

나라의 운명은 바다 섬 사이에서 위태로웠네

남은 한은 깊고 깊어 바다보다 더하고

황량한 사당 고요한데 생전 얼굴을 의탁했네….

통신사들이 왜 이런 글을 썼을까? 미즈노 신관은 "여덟 살 어린 나이에 이곳 바다에 빠져 죽은 안토쿠 왕을 추모하는 시"라고 했다.

아카마 신궁은 안토쿠 왕을 기리는 신사다. 안토쿠 왕은 1185년 당시 일본을 양분한 다이라와 미나모토 두 가문의 명운을 가른 단노우라 전투에서 패배한 다이라군 쪽이 바다에 안고 뛰어드는 바람에 어린 나이에 죽게 된다. 이후 일본에서 왕은 권력을 모두 잃은 상징적 존재로만 남게 되었으며 일본은 무사들이 다스리는 막부시대를 맞게 된다. 이곳에 묵었던 통신사들은 어린 왕의 비극적 삶을 잘 알고 있었다. 일찍이 1604년에 일본을 방문해 임진왜란 때 끌려간 조선인 포로 3,500명을 데리고 온 사명대사도 안토쿠 왕의 죽음을 애도하는 시를 지은 바 있다. 일각에서는 통신사들이 막부 정치를 비난하려는 의도도 있었다고 해석한다. 조선을 침략했던 막부에 대한 우회적 비판이었다는 것이다. 이를 의식해서였을까, 시모노세키에서는 1711년부터 통신사들에게 현재는 없어진 일왕을 모신 사당을 공개하지 않았다. '성신교린'이라는 화기애애한 교류 뒤에도 양국 간의 팽팽한 신경전이 존재했음을 짐작해볼 수 있는 대목이다.

41
객지에서 눈 감은
조선 통신사의 혼을 달래다
오사카 부 오사카 시 지쿠린사, 니시혼간사 쓰무라 별원

  오사카 중심가에서 서쪽으로 걸어가다 보면 마쓰시마[松島] 공원이 나온다. 임진왜란 이후 열두 차례 파견된 조선 통신사 행렬이 들렀던 곳이다. 아이들이 뛰놀고 있는 공원 안에 지쿠린사[竹林寺]라는 사찰이 있는데, 이곳에 통신사 일행으로 왔다가 병으로 숨진 조선인의 묘비가 있다.

  1층 사무실 초인종을 눌렀더니 나이 든 여성의 걸걸한 목소리가 들려왔다. 한자로 쓰인 명함을 초인종 앞 카메라에 갖다 대니 한참 뒤에 일흔이 넘어 보이는 노인이 나왔다. 절 사무실에서 일하는 사람, 한국 사찰에서 흔히 이야기하는 보살 같았다. 영어로 이름을 밝혔더니 두 손으로 합장하며 머리를 숙였다. 곧이어 "김한중?"이라고 물었더니 급히 신발을 챙겨 신고 절 마당으로 나왔다. 본당 뒤편으로 따라가니 김한중의 묘비가 서 있었다. 김한중은 1764년 4월에 열한 번째 통신사에 소동(小童)*으로 뽑혔다가 쓰시마 섬에서 오사카로 오는 도중 풍토병에 걸려 그만 이곳에서 숨을 거둔 인물이다. 높이 70센티미터 짜리 비석은 외로이 서 있었다.

1981년 1월 오사카 재일동포들은 이곳에서 그의 영혼을 달래기 위해 위령제를 지냈다. 비 옆과 아래에는 아직 풍수에 닳지 않은 듯 색과 형태가 온전한 화강암이 둘러쳐져 있었다. 누군가가 최근 새로 단장했다는 것을 보여주는 흔적이었다. 비석 앞에는 아직 시들지 않은 분홍색 꽃이 놓여 있었다.

477명 통신사의 일원이었던 김한중은 당시 22세였다. 험한 뱃길을 무사히 건너 일본 본토에 도착한 뒤 육로로 오사카로 가던 도중에 그만 병에 걸린 것이다. 오사카에 도착했을 때에는 위독한 상태였다. 당시의 조선 통신사 정사였던 조엄을 비롯한 직속 상관들은 그를 서둘러 이곳 지쿠린사로 옮겨 치료를 맡긴다. 하지만 병세는 갈수록 악화돼 결국 숨을 거두고 만다. 김한중이 눈을 감기 직전 조선에 남겨두고 떠난 두 아이를 보고 싶다고 하자 지쿠린사 주지가 이웃의 일본 아이 둘을 데려와 보여줬다는 일화가 지금까지 전해지고 있다. 죽음의 문턱에서 김한중은 지쿠린사에 이런 시를 남겼다. 낯선 땅에서 죽음을 맞이해야 할 운명에 대한 안타까움이 절절히 배어 있다.

---

* 학식을 갖춘 젊은 춤꾼.

올봄에는 일본의 손님이지만

지난해에는 조선에 있던 사람이었네

뜬구름 같은 세상에 어찌 다시 만날 것을 기약할 것인가

옛 땅의 봄을 다시 느낄 수 있을 것인가

그가 숨지자 당시 지쿠린사 주지는 나무아미타불 염불을 100만 번 읊었다고 한다.

최초의 통신사 피살 사건

이런저런 상념에서 깨어 이번에는 최천종의 비석을 물었다. 그러자 노인은 없다는 뜻으로 손을 흔들며 본당을 가리키더니 절하는 몸짓을 했다. 위패만 모셔두고 제사를 지낸다는 뜻이었다. 최천종 역시 김한중과 같은 일행으로 11회 통신사 일행이 되어 일본에 왔다가 불행하게 삶을 마감한 통신사였다. 통역과 사무를 돕는 도훈도(都訓導) 자격으로 왔던 그는 일본인과의 사소한 말싸움 끝에 일본인이 휘두른 칼에 찔려 숨졌다.

오사카에 온 통신사들은 정사 등 고위층은 오사카 시내 니시혼간사[西本願寺] 쓰무라[津村] 별원에서 잠을 자고 하위직 100여 명은 배에서 묵었다. 니시혼간사에 묵던 최천종은 어느날 거울을 잃어버리자 쓰시마에서 함께 온 일본인 스즈키 덴조에게 찾아내라고 하다가 말다툼을 벌였다. 분을 삭이지 못한 스즈키는 밤에 최천종이 자

는 방에 침입해 그를 칼로 찔러 죽이고 달아나버린다. 니시혼간사 쓰무라 별원은 지하철 혼마치 역을 빠져나오자 바로 보였다. 안으로 들어서니 건물 규모가 커서 놀랐다. 휴대전화 화면에 다 들어오지 않을 정도였다. 통신사들이 묵었을 때에는 규모가 더 커서 방만 1,000칸이 넘었고 한꺼번에 500명을 수용할 만큼 으리으리했다고 한다. 사무실에 들어서서 조선 통신사들이 묵었던 숙소를 보여줄 수 있는지 물었더니 검은색 승복을 입은 사무장이 다가와 이 건물은 평상시에는 주로 회의나 전시회 임대용으로 쓰일 뿐, 통신사 숙소의 흔적은 남아 있지 않다며 고개를 저었다. 다만 안내 책자에 적힌 "1655년 조선 사절단의 여관으로 조선과의 외교에서 한몫을 했다."라는 문구만이 당시의 역사를 증언하고 있을 뿐이었다.

현재 건물은 1945년 오사카가 폭격을 맞았을 때 불타 없어진 것을 1964년 다시 지은 것이다. '별원'이라는 명칭은 절의 중심이 교토로 옮긴 뒤에 생겼다고 한다. 사무장의 말대로 옛날 숙소가 남아 있을 리 없었다. 최천종 피살 사건은 당연히 한일 간 외교 문제로 비화될 수밖에 없었다. 일본인들은 군사 2,000여 명을 풀어 사건 발생 11일 만에 범인을 체포하고 보름 뒤 사형에 처한다. 그때까지 통신사들은 일정을 중단하고 일본의 대응을 지켜보았다. 최천종의 시신은 지쿠린사에서 조선식으로 장례를 치른 뒤 조선으로 옮겨진다. 위패는 이 절에서 안치되어 있었다. 일본 사회에서는 '통신사 피살 사건'이라는 희귀성 때문에 최천종 피살을 그린 문학과 연극이 상당 기간 이어졌다고 한다. 관람객이 인산인해를 이룬 가부키도 공연됐다가 중단되기도 했다. 또 다른 외교 문제로 비화할 것을 우려한 막부의 압력 때문이었다.

미욱한 손길로 남긴 통신사 환영 그림

한 번에 수백 명이 이동하는 통신사들의 일정이다 보니 이처럼 예기치 않은 불의의 사고들이 있었다. 하지만 대부분의 경우 일본인들은 짧은 기간에 손님을 대접하고 우정을 나누기 위해 혼신의 노력을 다했다. 특히 오사카 주민들은 통신사들에게 원숭이 칼춤과 고래잡이 현장을 보여주며 피로를 잊게 배려했다. 이에 통신사들은 일본인들에게 말 위에서 재주를 부리는 마상재와 조선의 춤을 답례로 선보였다. 조선 통신사들은 귀한 일본 준마에게 금색 안장을 얹고 덧신을 신긴 뒤 난바교와 니시혼간사까지 이어진 오사카 거리를 행진했고, 일본 관리들은 당시 비밀에 싸여 있던 왕궁까지 조선 통신사들에게 개방했다.

오사카 시내 요도가와[淀川] 강변은 쓰시마 섬을 떠난 통신사들의 배가 도착하면 정박하던 곳이었다. 하지만 강변을 찾은 지금에는 오사카 시청 환경국이 강 오염물을 치우고 하천을 정비하기 위해 세워놓은 바지선 몇 척이 밧줄에 묶여 있을 뿐이었다. 조선 통신사가 오갈 때 일본인들은 강 양쪽에 늘어서 행렬을 지켜봤을 것이라는 상상이 들었다. 오로지 통신사를 보려는 목적으로 사흘 동안 걸어서 이 강변에 도착한 사람들도 있었다고 한다. 오사카 남쪽 돈다바야

조선 통신사 일행이던 최천종이 피살된 니시혼간사 쓰무라 별원 터에는 현대식 불교 건물
이 들어서 있다. 통신사 일행 중 고위급 인사들이 오사카에 도착한 뒤 숙소로 이용했던 곳
이다.

시의 미구쿠루미타마[美具久留御魂] 신사에 보관돼 있는 통신사 그림은 당시 오사카 주민들의 이런 환대를 묘사한 것이다. 그림을 보기 위해 신사에 들렀다.

오사카 시내에서 승용차를 타고 고속도로에 진입해 40분쯤 지나 도착한 신사에서 사무국 문을 두드렸더니 아오다니 마사요시 궁사가 응접실로 안내했다. 그는 "젊었을 때 화학 플랜트 엔지니어로 일했는데 울산 산업단지에서도 일해본 적이 있어 한국과 인연이 깊다"라고 자신을 소개했다. 그가 안내하는 대로 본전에 붙어 있는 방으로 들어가니 벽에 그림 몇 개가 걸려 있었다. 그중 조선 통신사가 배를 타고 지나가는 모습을 그린 그림은 출입문 쪽 벽 상단에 걸려 있었다. 아오다니 궁사는 "1795년 조선 통신사 일행이 요도가와 강을 지나갈 때 신사 주변 마을 사람 열 명이 그 장면을 보기 위해 사흘을 걸어 오사카에 도착했다"라며 그림을 그린 사람들이 평민들임을 강조했다. 그림에는 정사, 부사, 종사관 등 삼사를 뜻하는 깃발이 배 위에 그려져 있고, 웃통을 벗은 일본인들이 노를 젓거나 배에서 시중을 드는 모습이 선명하게 보였다. 동행한 동오사카 문화재학회의 미나미 미쓰히로 회장은 "당시 평민들이 본 광경을 그대로 그린 것으로, 원근법도 쓰이지 않은 소박한 그림"이라고 소개했다. 이에 아오다니 궁사는 "그림을 그린 사람들은 성(姓)도 따로 갖지 않았던 평민들이었는데, 놀라운 광경을 그린 그림이니 진귀한 물건이라고 여겨 신사에 봉납했다"라고 덧붙였다.

일본 막부의 쇼군들은 통신사가 도착하기 전부터 강 밑바닥의 흙을 퍼내 배가 지날 수 있도록 준비하는 등 대규모 토목 공사를 벌이고 인력을 동원했다. 조선 통신사가 배를 타고 지나가는 수로 주변의 섬을 깎거나 사들였다는 기록도 나온다. 일행들의 잠자리로 당시 오사카에서 가장 규모가 컸던 건물인 니시혼간사를 내준 것은 물론 화재에 대비해 예비 숙소까지 따로 마련해 놓을 정도로 세심했다. 숙소에서는 통신사의 관직에 따라 색깔과 재질이 다른 이부자리를 준비했는데, 몇몇 조선인은 소매가 달린 이불을 받고 수의 같다며 되돌려줬다는 기록도 남아 있다.

42
통신사들이 존경했던
벳슈 소엔 스님
교토 부 교토 시 쇼코쿠사

일본 교토를 대표하는 사찰로 쇼코쿠사[相國寺]가 있다. 우리에게
익숙한 킨카쿠사[金閣寺]와 긴카쿠사[銀閣寺]도 이 절의 말사다. 쇼
코쿠사에 붙어 있는 분원(分院)인 지쇼인[慈照院]의 경우에는 18세
기 조선 통신사 유물을 대거 보관하고 있는 곳으로 유명하다. 지쇼
인은 통신사와는 별 관계가 없는 곳인데도 통신사들이 남긴 각종
시문과 서화 100여 점을 보관하고 있다. 여기엔 9대 주지를 지낸 벳
슈 소엔 스님의 조선인들에 대한 남달랐던 애정이 숨겨져 있다.

창고 속에서 나온 통신사의 흔적들

교토 북쪽에 자리한 지쇼인은 윤동주와 정지용이 유학해 한국인
에게도 친숙한 도시샤대학에서 가깝지만 쇼코쿠사와는 10분 정도
떨어진 한적한 주택가에 외따로 자리 잡고 있어서 찾기가 쉽지 않

다. 교토 5대 선종 사찰(교토 5산) 중 하나인 쇼코쿠사는 한때 132만 2,300제곱미터(약 40만 평)의 부지를 보유한 큰 절이었지만 분원인 지쇼인은 작은 정원, 본관 건물, 창고 한 개로 매우 아담하고 소박했다. 규모는 작지만 정원과 본관 모두 티끌 하나 없이 깔끔해 스님과 신도들이 얼마나 공들여 관리하는지 한눈에 알 수 있었다. 지쇼인의 히사야마 류쇼 주지 스님이 내준 녹차 또한 정원에서 스님이 직접 기른 것으로, 시중에서 파는 일반 녹차와는 비교할 수 없을 만큼의 깊은 맛이 느껴졌다. 히사야마 주지 스님은 10대 후반에 출가해 수십 년간 선대 주지를 지낸 숙부로부터 후계자 수업을 받았고 1980년에 숙부가 타계하면서 주지 자리를 이어받았다고 한다. 그러던 1982년 3월 중순의 어느 날 창고 청소를 하다가 통신사들이 남긴 흔적들을 발견하고 깜짝 놀랐다.

"며칠 전부터 절 뒤편 창고에서 흰개미 떼가 들끓기 시작한 겁니다. 물건이 썩어서 그런가 보다 생각해 창고 정리를 시작했지요. 한참 동안 잡동사니와 쓰레기를 치우는데 가장 안쪽에서 오래된 후스마[襖]*가 나온 거예요. 수북하게 쌓인 먼지를 털어내니 한눈에 보기에도 진귀해 보이는 각종 시와 그림들이 붙어 있었습니다. 하나하나 세어보니 59점에 달했습니다."

＊　추위와 바람을 막기 위해 실내 문에 덧대는 일종의 중문.

보통 물건이 아님을 직감적으로 알아본 그는 이것들이 100여 년 전 일본에 왔던 조선 통신사들이 남긴 것이라는 말을 듣게 되었고, 통신사 연구에 명망이 높았던 재일동포 사학자 신기수 선생을 수소문해 만나게 된다. 마침내 신기수 선생으로부터 그 병풍이 1711년에 일본을 방문한 통신사 일행과 지쇼인 9대 주지였던 벳슈 소엔 스님이 교류한 흔적임을 확인했다. 그들의 인연은 어떻게 만들어졌던 것일까?

자유로운 당시의 화풍을 담은 병풍

당시 일본을 방문했던 통신사는 영조 때 우의정까지 오른 평천 조태억이 이끄는 일행이었다. 약 400명의 통신사는 에도막부 6대 쇼군 도쿠가와 이에노부의 쇼군 취임을 축하하기 위해 일본에 왔다가 벳슈 스님과 인연을 맺는다.

탁월한 학식과 뛰어난 시문 능력을 지녀 일본에서도 유명했던 벳슈 스님은 통신사가 쓰시마 섬에서 에도로 향할 때 오사카, 교토, 에도로 이어지는 구간을 동행하며 안내와 접대를 맡았던 접반승(接伴僧)이었다. 히사야마 주지 스님은 "창고에서 나온 병풍들이 다 썩어 있어서 새로 틀을 짜 그림과 시를 붙여 원형을 복원하려 했다"라며 안쪽 방으로 안내했다. 직접 확인한 그림과 시문들은 고미술 문외한이 보더라도 남달라 보일 것이었다. 우리가 흔히 보는 직사각형 한지가 아니라 부채, 매화, 살구꽃, 복숭아, 다각형 등 다양한 모양으로 오린 종이에 글을 적거나 그림을 그린 것들이어서 생동감 있고 자유롭게 느껴졌다. 히사야마 주지 스님은 일본 전통 유물 중에 이런 특이한 형태의 종이에 글과 그림이 있는 유물이 거의 없다면서, 당시 통신사들의 예술적 감각과 창의성이 매우 뛰어났음을 보여준다고 말했다. 꼬장꼬장하던 조선 선비들이 꽃 모양으로 종이를 오리고 그 위에 글을 쓰고 그림을 그렸다고 생각하니 절로 미소가 지어졌다. 고미술 분야 권위자로서 지쇼인 병풍 도록 작업에 참여했던 이화여대 미술사학과 홍선표 교수에 의하면 이처럼 그림, 글씨, 탁본, 도장 등을 붙인 병풍을 백납병풍(百衲屛風)이라고 한다. 숫자 '백(百)'과 누더기 옷을 뜻하는 '납(衲)'을 결합한 단어로, 수많은 그림을 마치 누더기 옷을 깁듯 겹쳐 붙여놓았다는 뜻이다. 홍선표 교수는 지쇼인 병풍을 두고 18세기 조선 서화가 일본에 유입된 양상을 파악할 수 있는 자료로도 매우 중요하다고 덧붙였다.

또 다른 유물 한객사장

지쇼인에는 통신사 일행이 벳슈 스님에게 남긴 약 100점의 시를 총 네 개의 두루마리 형태로 모아놓은 것도 있었다. 이 귀한 물건의 이름은 '조선에서 온 손님들이 남긴 감사의 글'이라는 뜻의 한객사장(韓客詞章)으로, 세로 21센티미터, 가로 48센티미터, 높이 21센티미터의 나무상자에 잘 보존되어 있다. 상자 안쪽에는 "1711년 벳슈 소엔이 쇼군의 명을 받들어 한국인들을 접대하며 주고받은 허다한 시편이 있어 세상에 출판하였다. 이를 네 개의 두루마리로 만들어 영구히 보관한다"라는 벳슈 스님의 글귀가 새겨져 있었다. 히사야마 주지 스님은 2009년 3월 부산시, 조선 통신사 문화사업회와 손잡고 소장 유물을 형태, 연대, 인물별로 분류한 뒤 이름과 번호를 붙인 도록을 발간했다. 제작에는 경성대 한문학과 정경주 교수, 부산대 일어일문학과 조강희 교수, 히로시마대 다와타 신이치로 교수 등 한일 학자들이 두루 참여했다. 18세기에 한국과 일본이 교류한 흔적이 21세기 양국 지식인들의 교류로 이어진 것이었다. 한객사장 중에는 통신사 일행이던 이현과 이방언이 남긴 벳슈 스님에 대한 고마움이 담긴 시도 보였다.

문안 인사 자주 옴이 놀랍거니와
맑은 시 기쁘게 다시 보노라니
새벽 종은 옛 절을 울리고
가을 달은 겹겹 멧부리에 걸렸네 _이현

여관 침상에 턱을 괴니 등불만 깊어
홀로 거문고 잡아 향수를 달래는데
고마워라 스님의 소중한 마음 씀씀이
좋은 시를 자주 보내어 발소리를 대신하네 _이방언

부산대 국어국문과의 한태문 교수는 "새벽 종, 가을 달, 향수 같은

지쇼인의 주지인 히사야마 류쇼 스님이 18세기 조선 통신사 일행의 유물인 백납병풍을 배경으로 정좌해 있다.

서정적인 단어에서 알 수 있듯 벳슈는 머나먼 이국땅에서 고향을 그리워하며 잠 못 이루는 조선인들을 달래주던 현지인이었다"라며, 접반승이라는 공식 업무 때문만이 아니라 인간 대 인간으로 통신사 일행을 배려했으며 통신사들 또한 그의 따뜻하고 진정성 있는 마음에 감동했음이 시에 잘 드러난다고 설명했다. 당시 통신사 서기를 맡았던 홍순연이 "비단을 머금은 듯 민첩하고 격조는 솟구친 봉우리처럼 높다"라며 벳슈의 재능을 칭찬한 글도 있었다. 한태문 교수는 "벳슈를 남송시대에 명망을 떨쳤던 중국 최고 승려시인 혜휴와 비견하는 시도 있고 자신의 문학적 재능이 벳슈만큼 뛰어나지 못함을 부끄러워하는 시도 있다"라고 전했다.

이런 벳슈 스님과 이별하는 것을 통신사들은 못내 서운해했다. 정사 조태억이 지은 시에는 그런 심경이 잘 드러나 있다.

흰 구름 가득한 넓은 바다가 돌아갈 노정
한 조각 돛단배는 고국을 향한 마음뿐
서글프다 스님과는 이제부터 소식조차 막히리니
불가(佛家)의 맑은 만남 다시 이루기 어려우리

일반인이 보기 힘든 유물

매년 교토를 방문하는 한국인은 수십만 명에 달하지만 지쇼인 유물들을 접하기는 힘들다. 몇 년에 한 번씩 특별 전시 때만 공개하는

데, 가장 큰 이유는 비용 때문이다. 여타 많은 일본 절과 마찬가지로 지쇼인 또한 신도들의 기부금으로만 운영되는 터라 기본 경비를 충당하기에도 벅차다. 이런 와중에도 히사야마 주지는 유물이 발견됐던 낡은 나무 창고를 화재와 통풍에 강한 세라믹 소재로 바꿔 짓고 있다. 총 5억 원이 드는 사업이다. 주지는 "앞으로 3억 원 정도가 더 필요한데 주차장 이용료, 입장료 등을 모으다 보면 시간이 오래 걸리더라도 언젠가는 가능하지 않겠어요?"라며 웃어 보였다. 전시관 건립에 한일 양국 정부나 기업의 후원이 필요한지 묻자 조심스레 지원을 받으면 제약도 커지지 않겠느냐고 했다.

히사야마 주지는 2007년에 조태억의 11대 후손이 이곳을 방문한 적이 있었다며, "선조의 흔적을 보며 기뻐하는 모습에 나 역시 뿌듯했다"라고 했다.

43

통신사가 가는 곳마다
몰려든 사람들

기후 현 오가키 시 젠쇼사, 향토민속박물관
시즈오카 현 시즈오카 시 세이켄사
가나가와 현 아시가라시모 군 하코네 정 소운사

조선 통신사는 가는 곳마다 사람을 구름처럼 몰고 다녔다고 전해진다. 1764년 열한 번째 통신사 서기였던 김인겸은 기행가사 〈일동장유가(日東壯遊歌)〉에 그 풍경을 이렇게 적었다.

구경꾼들이 구름처럼 몰렸다. 융단을 깔고 금병풍을 세우고 많은 여자들이 비좁게 앉았다. 아이는 앞에 앉히고 어른은 뒤에 앉았는데 통신사 행렬보다 많았으나 큰 소리 하나 내지 않았다. 아이가 울면 입을 손으로 막는 걸로 봐서 구경꾼들에게 엄격한 통제를 하고 있음을 알 수 있었다.

육로와 해로를 가리지 않고 몰려든 사람들

통신사들이 배에서 내리면 이를 가까이 가서 구경하고 싶어 하는 사람들을 위해 돈을 받고 태워주는 배까지 등장했다. 험한 바닷길을 헤치고 본토로 접어든 통신사들이 지나는 길에도 새벽부터 구경 나온 사람들에게 주먹밥 같은 먹을거리를 파는 장사꾼들이 즐비했다. 통신사를 보기 위해 홋카이도처럼 먼 곳에서 오는 사람이 있을 정도였다.

당시 일본인들이 그린 조선 통신사 행렬도에 통신사 일행인 소동이 말을 탄 채로 종이를 들고 서 있는 일본 사람에게 뭔가 글을 써주는 장면이 있을 정도로 일본 대중은 통신사의 글과 그림을 받으려고 안달했다. 지금으로 치면 한류 스타에게 사인을 받기 위해 늘어서 있는 모습 같아 보인다.

1711년에 지금의 나고야 일대인 오와리[尾張] 번의 하급 무사가 쓴《오무로 일기》에는 "일본 사람을 위해 통신사 일행은 한숨도 자지 못하고 휘호를 써주었다."라는 기록과 함께 "통신사 숙소 근처를 얼쩡거리다가 경고를 받았지만 새벽에 몰래 들어가 그림 네 장을 받는 데 성공했다."라는 기록이 적혀 있을 정도였다. 일본인들은 통신사들의 글이나 시를 금장식 병풍이나 비단 족자로 만들어 가보처럼 받들었다. 통신사들이 묵었던 시즈오카[静岡]의 세이켄사[清見寺]나 하코네[箱根]의 소운사[早雲寺] 등 일본 각지의 사찰에서는 지금도 300~400년 전 우리 선조들이 쓴 글씨를 현판으로 사용하는 것을 확인할 수 있었다.

시문창화(詩文唱和)와 의학 전수

지식인 계층은 통신사의 숙소로 직접 찾아와 필담을 나누고, 운을 떼면 시를 지어 주고받는 시문창화(詩文唱和)를 열기도 했다. 기후현의 3대 강을 모두 품고 있어 '물의 도시'라 불리는 오가키[大垣]에서는 특히 의학적 교류가 많았다. 일본의 명의인 기타오 슌보와의 교류 덕분이었다. 통신사는 오가키에 도착하면 젠쇼사[全昌寺]에 묵곤 했는데, 1711년 사행 때 기타오 슌보가 젠쇼사로 찾아온 것이다. 자긍심이 대단해 웬만한 사람은 마중이나 배웅하지 않는다던 그가 통신사의 의원 기두문을 찾아와 조선 약초인 사삼(沙蔘)과 만삼(蔓蔘)의 구별법을 포함한 필담을 나눈 뒤 이를 바탕으로 의학서를 쓴 것이다. 1748년에는 자신의 다섯 아들을 모두 데리고 와서 통신사를 만나 조언을 청할 정도였다. 당시 일본에서는 조선 의학서에 대한 신뢰가 아주 높았다. 특히 허준의 《동의보감》에 대한 인기가 대단해 에도막부는 《동의보감》을 1723년 일본에서 한자 원문 그대로 발간할 정도였다. 1682년 사행 때 숙종은 "의술은 인술이므로 일본을 많이 도와주라"라면서 내과, 외과, 잡과, 약과, 침구과 등에 대한 국내 제1급 의서를 보내기도 했다.

9월 초 찾은 젠쇼사 인근에는 조선 통신사 일행이 배다리*로 건넜을 수로가 지금도 남아 있었다. 젠쇼사는 당시에 승려가 100여 명이나 되는 큰 절이었지만 2차 대전 때 미군에게 공습을 당하거나 하면서 그 규모가 지금은 3분의 1 정도로 줄었다. 젠쇼사는 통신사 접대를 위해 1764년경 대규모로 절을 증축했는데, 당시 설계도가

___

*　배를 이어 만든 임시 다리.

조선 통신사가 묵었던 젠쇼사 앞 수로. 에도막부는 이곳에 배를 이어 만든 부교를 설치해 통신사들이 걸어서 숙소로 들어가도록 배려했다.

아직 남아 전해진다.

젠쇼사의 후아 에메이 주지 스님은 철로 만든 오래된 작은 찻잔용 삼발이를 하나 보여주며 "조선 통신사가 초와 밀랍을 이용해 주물틀을 만드는 방법을 알려줘 인근 미즈호[瑞穗] 시가 이를 이용해 경제적으로 번성했다"라고 말했다. 조선 통신사가 전해준 기술이 지역 경제에도 영향을 끼친 것이다.

곳곳의 사찰에 남은 선조들의 자취

시즈오카에 있는 세이켄사는 해안의 절경지에 자리한 데다가 조선과의 화해를 요청했던 도쿠가와 이에야스가 어린 시절을 보낸 곳이기도 하다. 그런 연유로 일본 측이 거의 매번 통신사 숙소로 지정하면서 70여 점에 달하는 시와 편액 등 우리 선조들의 흔적이 많이 남게 되었다. 본당과 종루 건물 현판은 대부분 아직도 통신사들이 써준 것을 그대로 사용하고 있었다. 본당에 걸린 '흥국(興國)'이라는 편액에는 '조선(朝鮮)'이라는 글자가 선명하게 보였다. 1988년까지만 해도 통신사 유물인지 몰랐다가 재일동포 사학자인 김양기 선생에 의해 조선 통신사와의 관련성이 밝혀졌다. 김양기 선생은 "버젓이 '朝鮮'이라는 글자가 나와 있었지만 조선 통신사 흔적이라는 것을 알지 못할 정도로 조선과 일본의 교류 역사가 묻혀 있었던 것이다"라고 해석했다.

목적지인 에도와 가까운 가나가와 현 하코네에 있는 소운사에도

절 대문에 큼지막하게 '금탕산(金湯山)'이라고 쓴 현판이 걸려 있다. 1643년 통신사 일행 중 사자관(寫字官)*을 맡았던 설봉 김의신의 글씨다. 절에는 하코네 인근의 열 가지 풍광을 보고 지은 〈금탕산조운선사십경〉이라는 시도 두루마리 형태로 깨끗하게 보관되어 있다.

민속으로 남은 조선 통신사

쇄국정책을 쓰던 에도 시대에 조선 통신사는 사실상 유일한 외국 사절단이었기에 더더욱 일본 대중의 관심을 끌었다. 길을 비우라는 의미의 청도(淸道)기를 앞세운 조선 통신사 행렬은 당시 일본 사람들에게 평생에 몇 번 볼 수 없는 귀한 볼거리였다. 나팔과 북소리가 울리고 소동은 행렬이 지루하지 않도록 춤을 췄다. 말 위에서 무예를 보이는 마상재(馬上才)도 펼쳐졌으니 일본 대중에게는 인상 깊은 공연과도 같았을 것이다. 특히 소동의 길게 땋은 머리카락과 조선 사람들이 즐겨 쓴 모자는 일본에선 볼 수 없는 이국적인 풍모여서 특히 눈길을 끌었을 터였다. 조선 통신사 행렬은 일본의 마쓰리 문화에도 고스란히 스며들었다. 오가키 시 다케시마[竹島] 정의 조센야마[朝鮮輪]**가 대표적이다.

오가키 시 향토민속박물관 자료실에는 '조선왕(朝鮮王)'이라고 쓰인 큰 깃발과 행렬에 등장하는 왕 인형 등이 전시되어 있었다. 상업

* 글씨를 잘 써 필사를 담당한 직책.
** 조선 통신사 행렬을 그대로 본뜬 마차.

하코네 소운사에 남아 있는 〈금탕산조운선사십경〉을 지요다 조테이 주지 스님이 펼쳐 보
이고 있다.

오가키 시 향토민속박물관에 전시된 통신사를 본뜬 유물들. 전시관 안에 '조선왕(朝鮮王)'
이라는 깃발이 보인다.

적으로 성공해 부유한 동네였던 다케시마 정에서는 조선 통신사의 모자도 정교하게 만들고 모자에 꽂힌 깃도 공작 털로 만들었다고 한다. 전시관의 후쿠다 에이치로는 "당시 경제적으로 여유가 있었던 다케시마 정에서는 나고야까지 사람을 보내 통신사 행렬을 그릴 정도로 높은 관심을 보였다"라고 말했다. 에도시대 이후 메이지 정부 때 일본 고유의 민족 종교인 신도와 관련 없는 축제 행렬을 금하자 다케시마 정 주민들은 가장 행렬은 그대로 유지한 채 조선왕 깃발 대신 다른 신의 이름을 적은 깃발을 만들어 조센야마를 보존했을 정도였다.

통신사 관련 물품들도 기념품으로 만들어져 인기를 끌었다. 통신사 인형을 비롯해 촛대, 연적, 접시 등 다양한 물건이 만들어져 팔렸다. 지금도 히로시마 현의 하리코 인형* 중 '나팔 부는 남자'와 같이 통신사를 모델로 한 인형은 기념품으로 제작되어 팔리고 있다.

이런 야만의 나라에 부를 내리다니

일본 대중들의 파격적인 환호와는 별개로 통신사들은 일본에서 복잡한 심경을 느꼈다. 조선보다 훨씬 경제적으로 부유했고, 도시들이 잘 정비돼 있었기 때문이다.

1719년 사행록인 《해유록》에서 신유한은 오사카에서 교토까지

---

* 일본의 전통 종이인 화지(和紙)로 만든 인형.

요도가와 강을 따라 인부들이 밧줄로 끄는 배를 타고 거슬러 올라가면서 강변 제방이 잘 정비돼 있으며 건물이 정교하고 깨끗한 것을 보고 이렇게 말한다.

한탄스럽다. 부귀영화가 잘못되어서 이런 흙으로 빚은 꼭두각시 같은 자들에게 돌아갔으니…….

전쟁을 일으킨 야만의 나라에 이렇게 부가 축적된 것은 이치에 맞지 않는다는 뜻이다. 1643년에 부사로 일본에 갔던 조경은 〈하코네 호수〉라는 시에서 호수의 푸른 물을 피로 물들이는 상상을 하며 절치부심하기도 한다.

총 12회에 걸친 조선 통신사는 초기 3회까지는 일본의 국서에 답한다는 회답과 조선인 포로를 데려오는 쇄환의 임무가 강했다. 그래서 '통신사'가 아닌 '회답 겸 쇄환사'라는 명칭을 썼는데 그 임무 수행이 쉽지 않아 통신사들의 마음도 편치 않았다. 1617년 사행록에는 "일본 측은 포로를 찾는 일에 시늉은 하지만 실제로는 현지 사람들과 입을 맞추고선 진정한 노력을 하지 않는다. 책임 회피를 위한 변명에 더 화가 난다"라는 글귀가 보인다.

결국 4회째부터는 '통신사'라는 명칭을 쓰면서 에도막부의 쇼군이 새로 자리에 오르는 것과 같이 축하할 일이 있을 때에만 통신사를 보냈다.

44

한일 우호를 향한
2,000킬로미터의 여정

가나가와 현 아시가라시모 군 하코네 검문소
도쿄 도 히가시혼간사, 니혼바시, 에도 성
도치기 현 닛코 시 린노사

통신사는 목적지인 에도에 들어가기 전 지금의 가나가와 현 하코네에서 검문소를 통과해야 했다. 에도막부는 지방 번주들의 반란을 막기 위해 검문소를 엄격하게 관리했다. 검문소를 거치지 않고 다른 길로 들어오려다 발각되는 사람은 남녀노소를 불문하고 극형에 처해졌다. 방법도 옆구리부터 어깨까지 창을 대각선으로 찔러 죽이든지, 단칼에 목을 벤 후 3일간 머리를 효수해 공포감을 조성했다. 인근 마을 사람들은 무단으로 산을 넘어 에도로 들어오는 사람들이 보이면 즉각 신고해야 했고 누군가가 무단으로 통과한 것이 밝혀지면 마을 사람 전체가 처벌을 받았다. 에도 부근에서 가장 살벌한 검문소가 바로 하코네 검문소였다.

오늘날 찾은 하코네는 풍광 좋은 아시노[蘆/] 호수 곁에 있는 조용한 관광지였다. 그 옛날 검문소는 길을 가로막은 두 개의 문과 그 사이 부속 건물로 이뤄져 있었다. 두 문 사이의 거리는 어른의 보통

걸음으로 47보가량 됐고, 양쪽 문 사이에 사무실, 검문소 숙소, 마구간 등이 길 양옆으로 배치돼 있었다. 통신사들은 이곳을 무사통과한 것은 물론이고 대대적인 환영도 받았다.

"당시 검문소 기록을 살펴보면 통신사가 온다는 소식이 전해지면 청색 장막을 특별한 손님들이 통과할 때만 다는 흰색으로 바꾸고 접객실을 화려하게 치장하는 등 대단한 준비를 했다고 나와 있습니다."

통신사 행렬의 주인공 '국서'

한양을 떠난 통신사들은 평균 약 6개월간의 여정 끝에 목적지 에도에 당도했다. 에도는 이미 인구 100만 명의 대도시였다. 일행들은 도착 첫날 바로 숙소인 히가시혼간사[東本願寺]로 향했는데, 가는 길에 번화가인 니혼바시[日本橋] 부근을 지났다. 《해유록》은 주변 풍경에 대해 "빽빽하게 들어선 인가와 상점, 화려한 옷차림의 구경꾼들이 오사카의 세 배 이상"이라고 기록하고 있다.

통신사들이 니혼바시 인근을 지나는 장면은 〈조선인내조도(朝鮮人來朝圖)〉라는 이름의 그림에 잘 남아 있다. 번화한 거리와 화려한 옷차림의 에도 사람들이 인상적이다. 그런데 여기서 '내조(來朝)'란 '조공(朝貢)의 일로 온다'라는 의미다. 에도막부가 통신사들을 국민들에게 그런 식으로 선전을 했거나, 아니면 통신사를 조공 사절로 잘못 알고 있는 사람들이 있었다는 것을 의미한다. 통신사의 최종 임무는

평소엔 살벌했지만 조선 통신사들만큼은 검문도 하지 않고 통과시켰던 하코네 검문소.

당시 최고 지도자 쇼군을 만나 국서를 전달하는 것이었다. 에도 성을 찾아가보니, 성의 일부 안쪽과 바깥 공간이 공원으로 개방돼 있어 휴일 아침 달리기를 하는 사람들 모습도 눈에 띄었다. 일왕은 현재 성 서쪽 구역에 기거하는데 일반인의 출입은 허용되지 않는다.

통신사들이 지참한 국서는 모든 번주가 지켜보는 가운데 성대한 전달식이 치러졌다. 현재 에도 성에는 통신사 일행이 통과한 정문만 그대로 남아 있다. 전달식이 열렸던 장소도 잔디밭 어딘가로 추정될 뿐이다.

닛코까지 간 사연

국서를 전달한 통신사들은 쇼군의 답서가 작성되기를 기다리며 한 달가량 머문 뒤 돌아갈 때 사용할 배와 일꾼들이 기다리고 있는 오사카로 돌아가는 것이 통례였다.

그런데 1636년 4차 통신사는 국서 전달이 끝났음에도 오사카로 바로 가지 못했다. 에도막부가 에도에서 150킬로미터나 북쪽에 있는 닛코[日光]까지 가달라고 강력하게 요청했기 때문이다. 정사 임광은 처음엔 거절했다. 일본 방문 목적은 두 나라의 태평을 축하하기 위한 것이었고, 그 일이 끝났기 때문이었다. 청나라의 위협이 거세지고 있는 때이기도 해서 귀국을 서둘러야 했기도 했다. 무엇보다 닛코는 에도막부를 연 도쿠가와 이에야스의 사당 도쇼구[東照宮]가 있는 곳이기도 했다. 사당 참배는 명분 없는 행위였다.

그럼에도 불구하고 에도막부가 통신사들에게 닛코행을 강력하게

청한 배경에는 정치적 계산이 숨어 있었다. 도쇼구는 대대적인 중건을 마무리해 1636년에 새 단장을 마친 터였다. 도쿠가와 이에야스 손자인 도쿠가와 이에미쓰가 조부를 기리기 위해 일본 전역에서 약 1만 5,000명의 장인과 450만 명의 인력을 동원해 작은 신사를 금박으로 장식한 화려하고 웅장한 곳으로 탈바꿈한 것이었다. 에도 막부는 화려한 사당을 조선에 보임으로써 막부의 힘을 과시하고 싶었으며, 동시에 통신사들이 사당에 들렀다는 것이 백성들에게 알려지면 막부의 권위를 높일 수 있다는 전략이었다. 막부의 요청이 거듭되자 결국 통신사들은 유람만 하겠다는 조건으로 수락했다. 이후 1643년과 1655년의 5, 6차 통신사들도 닛코를 찾았다.

닛코 인근 도치기 현 이마이치[今市] 시에 있는 스기나미키[杉並木] 공원은 통신사들이 묵었던 숙소 터다. 에도막부는 당시 보리밭이던 이곳에 에도에서 가져온 건축 자재로 100칸이 넘는 숙소를 만들었다. 민단 도치기 현 본부는 2007년 조선 통신사 400주년을 기념해 이곳에 객관터 유적비를 세웠다. 현장을 안내해준 한상영 사무국장은 닛코 시와 현지 역사연구가들과의 협력으로 유적비가 건립되었다며 "400년 전 선조들의 발길이 오늘날의 교류 협력으로도 이어진 것 같아 뿌듯했다"라고 말했다.

연 1,200만이 찾는 관광지 속 '작은 조선'

도쿄 역에서 기차를 타고 약 두 시간을 달리면 도부닛코[東武日

光]역에 도착하고, 거기서 차로 10분가량 가면 도쿠가와 이에야스의 사당과 무덤이 있는 도쇼구와 일본 천태종의 본산인 린노사[輪王寺]가 나온다. 유명 관광지답게 역 앞의 상가와 린노사 일대는 사람들로 붐볐다. 닛코 시는 인구 9만 정도의 작은 도시지만 관광객은 연간 1,200만 명에 이른다. 한국인을 포함한 외국인 관광객들이 빠뜨리지 않고 찾는 곳이 도쇼구와 린노사다.

우선 린노사에는 귀한 유물이 있었는데 바로 효종의 친필이었다. '영산법계 숭효정원(靈山法界 崇孝淨院)'이라는 글로, '신령스러운 정기와 불교적 기운이 가득한 곳에 있는 효를 숭상하는 정결한 장소'라는 의미였다. 스즈키 조겐 스님은 효종의 친필을 두고 "사람의 인품을 느낄 수 있는 강직한 글씨"라고 말하며, 이 친필을 비롯해 거문고와 피리 등 조선 통신사 유물들을 1년에 한 차례씩 번갈아가며 특별 전시하고 있다고 소개했다.

린노사의 가파른 계단을 한참 올라 화려한 장식을 뽐내는 가라몬[唐門] 앞에 도착했다. 앞 널찍한 공간의 좌우에 어른 키보다 높은 청동 등이 20여 개 서 있는데 그중 두 개가 조선 통신사의 유물이었다. 도쇼구에도 조선이 보낸 동종이 걸려 있었다. 동종은 쇼군 이에미쓰가 마흔 살에 아들을 얻은 것을 축하해주는 사절로 온 1643년의 5차 통신사가 가져온 것이다. 닛코에 남아 있는 통신사 유물들 중에는 종이 많이 있었는데 이는 에도막부가 요청한 것이었다. 당시 조선은 구리가 없다는 이유로 거절했지만 막부는 쓰시마에서 구리와 납을 제공할 테니 그렇게라도 만들어달라고 간청했다.

린노사에 있는 청동 등. 맨 앞에 '조선국(朝鮮國)'이란 글자가 선명하다. 사헌부 대사헌 채
유후가 쓴 글을 종에 새긴 것으로 통신사들이 가져온 것이다.

에도막부의 성지라 할 수 있는 도쿠가와 이에야스의 무덤이 있는 닛코 곳곳에는 통신사들
이 남긴 유물이 많이 남아있다. 도쿠가와 무덤 앞에 놓인 삼구족(화병, 향로, 촛대).

통신사 유물의 절정을 느낀 것은 도쿄구 깊은 곳에 있었던 도쿠가와 이에야스의 무덤 앞에서였다. 무덤 앞에 놓인 화병, 향로, 촛대 곧 삼구족(三具足)이 바로 조선에서 건너온 것이었다. 1812년에 불에 타 없어진 것을 막부가 재현해놓았다. 하지만 어디에도 이런 역사를 알리는 일본어나 영어 안내문은 없었다.

신의로써 교류한 과거를 다시 기억하며

양국의 평화와 공존·공영을 위해, 때론 목숨까지 위태로운 사태를 겪으며 약 4,000킬로미터의 길을 왕복했던 조선 통신사의 여정을 중심으로 훑어본 '평화의 드라마'는 양국 관계가 좋지 않은 지금 시점에서 보면 놀라울 따름이다. 불구대천의 원한이 쌓였을 전쟁이 끝난 뒤 200여 년이나 양국이 문화 교류의 꽃을 피웠다는 점은 세계사에서도 귀한 사례로 평가받는다.

'통신(通信)'은 두 나라가 서로 신의로써 교류한다는 의미다. 조선 통신사 유네스코 기록유산 한일공동등재 한국 측 학술위원장인 강남주 위원장은 "조선을 사랑했던 일본의 외교관 아메노모리 호슈의 말처럼 지금의 한일 관계를 푸는 실마리는 '싸우지 않고 속이지 말며 진실로 대하는 것'뿐"이라고 말한다. 400여 년 전 양국 우호 교류의 역사가 동아시아에 진정한 평화를 가져오는 씨앗이 되기를 바란다는 기대는 누구에게나 다르지 않을 것이다.

허문명

나 역시 반일(反日) 교육을 받고 자란 만큼 일본이라는 나라를 대할 때 불편한 감정이 앞섰지만, 일본을 깊이 알면 알수록 본받을 점이 많은 나라라는 생각으로 바뀌었다. 갈등을 만들고 키운 것은 정치인들이지 시민들이 아니었다. 2000년 교류의 역사를 통해 지구상에서 우리와 가장 가까운 동질의 문화를 공유한 나라가 일본이다. 교류의 폭과 깊이는 갈수록 넓어지며 깊어지고 있으며, 한국을 좋아하고 사랑하는 일본인들도 많아지고 있다. 고대에서부터 조선시대 통신사에 이르기까지 조상들의 교류 흔적을 찾아가면서 새삼 두 나라의 운명에 대해 많은 것을 느끼고 배웠다. 시리즈에 동참해준 후배들에게 먼저 고맙고 취재에 협조해주신 분들에게 감사하다.

정미경

일본인들의 문화재와 유적에 대한 자긍심은 우리와는 비교가 안 된다. 교토 아라시야마의 이름도 없는 조그만 공원 옆에 세워진 한일 교류 비석이 지금도 기억에 남는다. 누군가가 쓸고 닦았는지 깨끗하고 먼지 하나 없었다. 누가 알아주는 것이 아니어도 조상의 발자취를 보여주는 흔적들을 정성껏 관리할 줄 아는 '깨인 의식'. 처음에는 일본에 문화를 전수한 한국이라는 우월감에 사로잡혀 취재를 시작했지만 일본이 과거 역사를 이렇게 소중하게 남겨놓았으니 교류의 흔적을 찾는 일이 가능하구나 하는 경탄으로 바뀌었다. 소박한 주민들이 역사를 바라보는 눈이 일본 지도층의 왜곡된 역사 인식과는 다르다는 것을 여러 번 느꼈다.

정위용

일주일도 되지 않는 짧은 시간에 어떻게 고대사를 섭렵할 수 있을까. 서점을 둘러봤지만 일본 고대의 중추, 불교의 뿌리를 통쾌하게 설명해주는 책이나 사료는 턱없이 부족했다. 자포자기 상태에서 오사카에 들어갔는데, 일본에서는 그나마 자료들을 접할 수 있었다. 일본어는 도통 몰랐지만 그들의 박물관에는 취재의 계기를 줄만한 자료들이 있었다. 부끄러웠다. 이런 상태에서 극일을 외친다니. 도요토미 히데요시가 지배했던 오사카가 다시 보였다. 온통 호수와 습지였던 땅이 닌토쿠의 토목공사로 육지로 변했듯 오사카는 그런 식으로 역사의 단락마다 옷을 갈아입어 세월의 두께에 접근하지 못하도록 했다. 그 분위기를 글에 담아보려고 노력했다.

권재현

고대 일본의 원형이 형성된 아스카 지역을 취재했다. 충남 공주나 부여의 풍경과 아주 비슷한 곳이었다. 이 지역에서 '일본 불교의 1번지'로 불리는 아스카사를 필두로 한 불교 유적과 '일본 영혼의 원점'으로 불리는 쇼토쿠 태자의 유지를 찾아보며 백제와 일본이 형제국이었음을 재확인했다. 대륙 부여에서 원류해 반도 부여(백제)를 휘감았던 덩굴줄기가 열도 부여(일본)에서 뿌리를 내리고 다시 꽃을 피운 게 오늘날의 일본이다. 아스카에는 이시부타이[石舞臺]라는 집채만 한 두 바위가 어깨동무를 한 대형 돌무덤이 서 있다. 그 옛날 한반도에서 건너가 아스카 문화를 이룬 소가노 우마코의 것으로 추정된다. 벚꽃 흩날리는 날, 돌무덤을 바라보며 두 개의 바위가 한국과 일본을 상징하는 것 같다고 생각했다.

성동기

일본 열도를 이루는 네 개의 큰 섬 중 가장 남쪽에 있는 규슈를 취재했다. 규슈에서도 남쪽에 해당하는 미야자키 현과 가고시마 현이 담당 구역이었다. 미야자키 현의 '산골짜기 마을' 난고손에 있다는 백제 마을을 찾아가는 것부터가 고민이었다. 대중교통이 없기 때문이었다. 고민을 해결해준 분이 심동섭 당시 주일 한국문화원장이었다. 우리의 기획 취지를 전해들은 심 원장이 '렌터카 드라이버'를 하겠다고 손을 든 것이다. 덕분에 '고위급 공무원'이 모는 차를 타고 취재하는 호사를 누렸다. 다시 한 번 감사드리고 싶다. 가고시마 현의 심수관 가마를 찾아가는 길에는 활화산으로 유명한 사쿠라지마에 잠시 들렀다. 그때가 2015년 4월이었는데 그해 들어 벌써 400회 이상 소규모 분화를 했다고 했다. '저러다 터지지 않을까' 걱정이 되었던 기억인데, 실제로 이듬해 2월에 폭발적 분화가 일어났다고 한다. 한일 교류의 흔적을 찾아 나선 이번 취재에서 화산 구경은 덤이었다.

허진석

조선 통신사 부문을 기획·취재했다. 한일 교류 역사의 한 실마리를 찾아내 눈에 잘 띄도록 '현재'와 이어놓은 기분이었다. 통신사의 여정을 따라간 쓰시마에서 닛코까지의 여정에서 일본인들이 유물을 아낌없이 보여주고 재일본대한민국민단에서 통역을 도와준 덕분에 가능했다. 더 없이 감사하다. 400여 년 전 선조들의 땀이 밴 유건(儒巾)과 밤을 새우며 썼을 친필을 열심히 설명하시던 일본인들을 만나며 마치 현대판 조선 통신사의 역할을 수행하는 듯해 뿌듯했다. 조선 통신사가 지향했던 '성신교린'의 정신은 지금의 한일 위정자와 국민들에게도 더없이 필요한 것이라 느꼈다. 200여 년간 한일이 화평을 이룰 수 있었던 동력이었던 조선 통신사. 그 역사는 한일 관계가 어려움을 겪을 때마다 다시 살아나 영원할 것이라 믿는다.

김정안

부산을 출발한 조선 통신사는 목조 배에 의지해 크고 거친 바다들을 넘어야 했다. 목숨을 걸어야 할 만큼 위험한 뱃길이었기에 유서까지 남기고 가족들에게 작별을 고했다고 한다. 지난해 가을 부산항에서 쓰시마행 배를 기다리며 문득 그 비장함이 떠올라 숙연해졌던 기억이 생생하다. 통신사의 첫 도착지 쓰시마 섬을 시작으로 아이노시마, 시모카마가리, 시모노세키에 남긴 통신사들의 흔적을 더듬으면서 새로운 한일 관계에 대한 희망을 품을 수 있었던 것 또한 큰 보람으로 남는다. 진심어린 환대와 교류, 국서 위조까지 눈감아가면서도 실리를 챙겼던 선조들의 대범함……. 이들이 남긴 발자취는 여전히 만만치 않은 도전들로 가득한 한일 관계에 유용한 메시지다.

하정민

일본인들의 꼼꼼하고 철저한 자료 정리와 문서 보관 능력에 정말 감탄했다. 취재 첫날 오사카 간사이 공항에서 차로 약 두 시간 반 거리에 있는 시가 현의 작은 마을 히노 정에 갔다. 서른 가구가 거주한다는 이 작은 시골 마을에서 60~70대 할아버지 세 분이 길거리에 직접 나와 맞아주었다. 만나자마자 이 마을이 1940년부터 현재까지 신사를 관리하면서 보관해온 방명록 스무 권을 하나하나 다 보여주었는데, 대도시의 대형 박물관이나 도서관도 아니고 평범한 시골 노인들이 무려 75년간 스무 권의 방명록을 훼손 없이 보관해왔다는 것이 놀라웠다. 18세기 조선 통신사 유물을 보관하고 있는 교토 지쇼인의 주지 스님도 1980년대 초 신문 기사와 각종 팸플릿 등을 일일이 보관해두고 있었다. 일본이 짧은 시간에 세계적 부국이 된 비결을 새삼 확인한 일이었다.

이유종

개인적으로 일본에 대한 관심이 거의 없었다. 2005년 생애 처음으로 일본에 갔을 때에도 별다른 감흥을 느끼지 못했다. 그러다 이번 시리즈를 취재하면서 생각이 많이 달라졌다. 많은 유럽인들이 새 삶을 찾아 아메리카 대륙으로 떠났듯 고대 한반도인들도 일본 열도에 선진 문물을 전달하고 그대로 정착했다. 한국인과 일본인은 같은 뿌리에서 나온 형제들이었다. 2003년에 도쿄대 의학부의 도쿠나가 가쓰시 교수는 이미 유전자 분석을 통해 일본인의 뿌리가 한반도 도래인이라고 밝히기도 했다. 중국의 부상으로 경제, 안보의 위협이 높아지는 상황에서 한일 양국은 생존을 위해서라도 서로 반목과 갈등을 걷어내야 한다. 이번 취재로 이런 점을 더욱 절실히 느꼈다. 취재에 큰 도움을 준 재일대한민국민단 오사카지부에 특히 감사하다는 뜻을 전하고 싶다.

주성하

규슈 북부를 다녀왔다. 후쿠오카, 다자이후, 가라쓰, 무령왕의 탄생지 가카라시마, 조선 침략의 거점 히젠 나고야 성 등을 두루 돌았다. 이번 기획을 통해 사실 제일 많이 배운 사람은 취재를 담당한 기자들이었다고 생각한다. 일본과 한반도가 1만 2,000년 전에는 붙어 있어서 같은 핏줄의 사람이 살았다는 사실도 처음 알았다. 그런데

도 한국과 일본은 싸우고 화해하고를 수천 년 동안 반복하고 있다. 사람이 살면서 가장 많이 싸우는 관계도 부부관계리라. 한일 관계가 참 악화된 지난해 취재를 마치고는 '부부가 행복한 관계를 이어가려면 나빴던 기억을 계속 이야기하기보다는 서로 좋았던 때를 계속 이야기하는 것이 중요한 것처럼, 한일 관계도 그런 태도로 접근해야 하지 않을까' 생각을 하게 됐다. 배우고 느낀 게 참 많았던 취재였다.

유덕영

일본으로 가기 전 일본인들이 수백 년 전 조선에서 끌려온 도공을 지금도 기억할까 생각했다. 이런 의심은 사가 현 아리타의 이즈미 산 앞에서 우연히 마주친 노신사가 자신의 일행에게 설명하는 말을 듣게 되면서 단숨에 날아갔다. 노신사는 "조선에서 온 이삼평 선생이 여기 흙으로 일본에서 처음으로 자기를 만들었고, 덕분에 아리타의 도자기 산업이 시작됐다"라고 말했다. 조선인 도공 이삼평을 신으로 모신 도잔 신사를 비롯해 아리타 곳곳에서는 이삼평의 자취를 살펴볼 수 있었고, 이마리 '비요의 마을'에서는 도공무연탑과 고려인의 비 등에서 무명 도공들의 흔적과 함께 주민들이 가진 감사의 마음도 느낄 수 있었다. 더불어 고대 유적 요시노가리에서 한국식 동검, 덧띠토기 등을 눈으로 직접 보니 2,000년 전 한일 교류가 생생하게 전해져왔다.

최창봉

벚꽃이 흐드러지게 핀 4월의 교토를 여행하는 것은 오랜 꿈 중 하나였다. 바쁜 업무에 쫓겨서 매번 다음 해로 미뤄왔던 그 꿈이 이토록 우연하게, 극적으로 이뤄질지는 상상조차 못했다. 단순한 여행이었다면 그저 바라보다 올 것인데, 새로운 사실을 더 알게 되고 더 많이 깨달을 수 있어서 기자라는 직업을 택한 것이 새삼 뿌듯했다. 9세기 초 일본 고승이 들여온 신라신(神)의 흔적을 찾아 진흙 밭로 산길을 헤맬 때도, 신령스러운 히에이잔에 올라 눈 덮인 법당 옆에서 시린 손을 녹일 때도, 매 순간이 신나고 즐거웠다. 졸고를 반짝반짝 빛나는 문장으로 다듬어주신 허문명 선배께 감사드린다. 일본 전역을 봇짐장수처럼 누비고 다닌 선후배 여러분께 정말 고생하셨다는 말 드리고 싶다. 도와

주신 분들이 너무 많지만 교토불교대 이승엽 교수와 교토대 임락근 씨에게 특별히 고마운 말 전한다.

이설

전 부원이 참여하는 출장 시리즈는 넘지 못할 산 같았다. 주어진 예산과 현업에 지장을 주지 않는 선에서 일정을 짜야 했다. '한일 교류사'라는 주제를 뾰족하게 다듬는 일도 만만치 않았다. 불가능해 보였던 도전 과제를 위해 우리들은 매일 머리를 맞댔다. 책을 돌려 보고 해당 분야 대가들의 연락처를 공유했다. 누가 시키지 않아도 각자의 자리에서 필요한 일들을 차근차근 해나가다 보니 길이 열렸다. 그리고 1년에 걸친 프로젝트는 결국 완성의 꽃을 피웠다. 취재 과정도 가슴 벅참의 연속이었다. 무엇보다 일본인들의 백제에 대한 애정과 긍지가 천 년의 인연을 가능케 했다는 사실이 감동으로 다가왔다. "한일은 국익을 위해 맞설 일이 비일비재하지만 개인 대 개인은 인류애 차원에서 교류해야 한다. 우리는 형제니까." 78년 일생을 백제 연구에 헌신한 백제회 하나무라 회장이 건넨 당부가 길게 남았다.

전주영

처음엔 불가능한 줄 알았다. 일본어도 잘 모르는 데다 낯선 곳에 홀로 취재해야 한다는 마음에 '과연 시리즈를 완성할 수 있을까' 생각했다. 시작은 두려웠지만 끝은 창대해 매우 기쁘다. 2015년 수교 50년, 교류 2000년을 맞아 나를 포함한 선배들, 특히 시리즈를 전체적으로 통솔해주었던 허문명 선배가 큰 열정을 갖고 시리즈에 임했기 때문이라 생각한다. 이소노카미 신궁에서 잠자고 있는 백제 근초고왕의 칠지도, 도다이사, 교키 스님, 쇼소인 등을 취재하며 나라 현 곳곳에 숨어 있는 교류의 역사를 느꼈다. 이번 취재는 한국과 일본, 우리의 역사와 문화에 대해 마음껏 자랑스러워할 수 있었던 시간이었다. 마지막으로 모든 일정을 섬세하게 관리해주신 도쿄 한국문화원 김강식 팀장께 감사의 말씀을 드리고 싶다.

한국의 일본, 일본의 한국

1판 1쇄 인쇄 2016년 9월 23일
1판 1쇄 발행 2016년 9월 30일

지은이 · 허문명 외
펴낸이 · 주연선

책임편집 · 윤이든
편집 · 이진희 심하은 백다흠 강건모 이경란 강승현
디자인 · 이승욱 김서영 권예진
마케팅 · 장병수 김한밀 정재은
관리 · 김두만 유효정 신민영

(주)은행나무
04035 서울특별시 마포구 양화로11길 54
전화 · 02)3143-0651~3 | 팩스 · 02)3143-0654
신고번호 · 제 1997-000168호(1997. 12. 12)
www.ehbook.co.kr
ehbook@ehbook.co.kr

잘못된 책은 바꿔드립니다.

ISBN 978-89-5660-998-0 (03910)